“广西师范大学21世纪马克思主义研究中心”

系列学术丛书

《〈淮南子〉中的儒学思想研究》 王学伟 著

《学思践悟——社会主义核心价值观的理论源流和实践之路》 孟宪平 著

《中国特色社会主义文化哲学新论》 孟宪平 著

《中国道路与文明价值研究》 谭培文 著

《当代青少年精神世界的文化建构研究》 彭红艳 著

当代青少年精神世界的文化建构研究

彭红艳 著

Dangdai Qingshaonian Jingshen Shijie De
Wenhua Jiangou Yanjiu

人民出版社

目　录

绪　论

一、问题缘起与研究意义

（一）问题缘起

青少年是国家的希望，是民族的未来，其发展状况直接决定着我国的未来发展状况，尤其是其精神世界的发展，直接关系到整个社会的文明与进步。然而，成长于我国社会全面转型时期的当代青少年，其精神世界的发展因受到社会经济、政治、文化发展所带来的双重效应的影响而出现了一系列问题。有学者曾深入探究改革开放以来青少年的精神世界面临的矛盾和冲突，并将其概括为六个方面，这六个方面分别是："有些人对新社会变革和现实环境无法适应，在精神上感到迷茫和痛苦；有些人对异常激烈的各种思想文化激荡和思想文化渗透无所警惕，在思想上产生矛盾和迷惑；有些人对社会多样化和价值多元化的现实感到无所适从，在认识上出现混乱、疑惑和偏差；有些人因其缺乏安全感、人际冷漠、人格得不到尊重，而在心理上出现失落、焦虑和烦恼；有些人对'努力得不到回报'这种不满意的生存境遇感到无能为力，在信仰上出现某种危机；有些人对只追求物质财富增长而轻视人文精神建设的现实感到无所归依，在行动上犹豫不决，随波逐流。"①的确，在现

① 韩庆祥：《重建当代中国人的精神世界》，《中国职工教育》2010 年第 11 期。

实生活中，当代青少年在物质生活越发丰裕的同时，普遍遭遇着精神贫乏、意义失落等困扰，部分青少年的精神世界发展甚至出现危机，这严重影响了当代青少年的健康成长与发展成才。因此，当代青少年的发展现实内在要求必须重视并时刻关注其精神世界的建构与发展。

关注当代青少年精神世界的建构与发展不仅是现实要求，而且有其理论合理性。因为人的发展问题既是一个重大的实践问题，也是一个重大的理论问题，它在马克思主义的整个理论体系中居于十分重要的地位。“人的自由全面发展”是马克思主义的核心主题之一。马克思曾说过：“人双重地存在着：主观上作为他自身而存在着，客观上又存在于自己生存的这些自然无机条件之中。”①在马克思看来，人同时生活在两个世界——物质世界和精神世界之中，人的生活主要表现为物质生活和精神生活两个方面。其中，物质生活是人的现实的一种生存方式，而精神生活则是人通过自我意识把自身从自在世界中提升出来的一种活动反映，本质上是人的精神世界外化的表现。马克思的话同时也在表明，人的精神世界是表征个人存在的根本尺度。因此，按照马克思的观点，促进人的自由全面发展，关键与核心在于促进人的精神世界的健康、和谐发展。所以说，不管是基于当代青少年的发展现实，还是基于人的自由全面发展理论，都需要重视对当代青少年精神世界的建构与发展问题的研究。

当代青少年的精神世界是其意识活动与外部客观存在相互作用的产物，这表明，当代青少年的精神世界不是先天存在的、“预成的”，而是在外部客观存在与个体能动反映的相互作用下生成发展起来的。当代青少年精神世界的这一特性决定了其具有被外部客观存在建构和塑造的可能性。在所有的外部客观存在中，文化是对当代青少年精神世

① 《马克思恩格斯全集》第 46 卷，人民出版社 1979 年版，第 491 页。

界产生建构效用最为显著的一种客观存在。因为人是文化建构的产物,而精神世界又是人之为人的根本特质,那么,文化对人的精神世界的生成发展自然具有建构意义。因此,作为青少年教育的理论研究者和实际工作者,要想促进当代青少年精神世界的建构与发展,就必须重视运用先进文化去影响、熏陶、感染当代青少年,必须重视研究和探索具体如何通过文化路径去建构当代青少年的精神世界这一重要问题。

(二)研究意义

用科学的理论和先进思想文化去建构当代青少年的精神世界,关系将当代青少年培养成什么样的人以及如何培养、为谁培养的问题,是当代青少年教育要解决的核心问题、重大问题。加强当代青少年精神世界的文化建构研究,着力促进当代青少年精神品质的提升和自由全面发展的实现,具有重要的理论价值和现实意义。

1. 理论价值

(1)拓展关于人的精神世界及其发展问题的理论研究。当下,人们的物质生活越来越丰裕,但在人们物质生活愈发丰裕之时,人们的精神生活却呈现出愈发贫乏的状态,因此,人的精神发展、精神生活、精神世界的问题在近年来逐渐引起国内学者的关注和重视。综观当前学术界关于人的精神世界问题的研究成果,完整的、系统的研究精神世界的理论成果很少,大都侧重于精神世界的某一领域或侧面,而且对精神世界的内涵与结构界定得不明显,也没有从逻辑上进行界分,另外,对精神世界的建构内容和建构途径也缺少足够的关注。本书对精神世界的内涵进行了界定,并对其构成要素进行了划分,更探索了如何运用文化去促进当代青少年精神世界的建构与发展的途径。这些问题的研究能够弥补当前学术界关于人的精神世界研究存在的不足,并为精神世界的研究提供新的视角和新的路径,对拓展精神世界的理论研究有一定的作用。

(2)深化现代化尤其是人的现代化问题的研究。现代化是不可逆转的全球性历史进程,加快现代化的步伐已成为世界各国社会发展的必然选择,我国亦在加快推进社会主义现代化建设。在社会现代化进程中,人的现代化是最关键的因素。而人的现代化的核心是思想观念的现代化,其实质是人的思想素质、精神境界全面提高的过程。因此,在推进现代化建设的进程中,最重要、最关键的是要促进人的精神世界及其外化表现出来的精神生活的现代化。近些年来,不管是国外还是国内,人的现代化问题已成为重要的学术问题,并形成了许多学术成果。但是,关于青少年精神世界及其外化表现出来的精神生活的现代化问题的研究少之又少,甚至可以说基本处于空白。本书正是基于此,从马克思主义的人学视角来关注、研究当代青少年精神世界的建构与发展问题,最终的目标指向是提高当代青少年的思想素质、促进当代青少年的自由全面发展。从这个意义上来说,本书能够在一定程度上深化关于人的现代化问题的研究,能够丰富人的发展理论。

(3)丰富青少年思想道德教育的内容和方法体系。青少年思想道德教育是社会精神文明建设的重要组成部分,从根本上说,它是做人的工作,它肩负着不断提高青少年学生思想水平、政治觉悟、道德品质、文化素养,让青少年学生成为德才兼备、全面发展的人才的重大责任。与家庭影响和社会引导相比,青少年思想道德教育在促进当代青少年精神世界的建构与发展上扮演着十分重要的角色,发挥着不可替代的作用。而青少年思想道德教育要担负起立德树人的责任并发挥其对当代青少年精神世界建构与发展的促进作用,必须依托教育内容的科学选择和教育方法的科学运用。在多元文化不断交融、信息技术高度发展的现实背景下,面对当代青少年这一个性鲜明、价值多元、独立自我的特定群体,思想道德教育有效性的提升面临着更为复杂的现实挑战。所以,对当代青少年精神世界文化建构的内容、方式等问题展开系统的研究,将在很大程度上丰富和拓展青少年思想道德教育的内容和方法体系。

2. 现实意义

(1)有助于促进当代青少年的自由全面发展。当代青少年群体中部分地存在着精神贫乏、精神懈怠、精神动力不足等问题,这在本质上是一种精神的缺失。这种精神缺失对当代青少年的健康成长、全面发展造成极大的危害。如部分青少年时常出现急躁、烦闷、抑郁的心态,这种失调的、不健康的心态严重影响青少年的学习效率和生活品质,更有严重者由此引发心理疾病,甚至出现精神危机,引发自杀或他杀行为,直接摧毁了自己或他人的美好人生。所以,要促进当代青少年的自由全面发展,就必须要以解决当代青少年的现实问题为前提;要促进当代青少年的自由全面发展,就必须要着重提升当代青少年的生活质量和生活幸福感。而要提升当代青少年的生活质量和生活幸福感,必须要以解决当代青少年的精神困扰与丰富当代青少年的精神世界为前提。因此,探索如何通过文化的路径来促进当代青少年精神世界的健康、和谐发展,对解决当代青少年的现实问题和提高其生命质量具有直接的现实意义。

(2)有助于青少年思想道德教育完成立德树人的根本任务。党的十八大报告明确提出要把"立德树人"作为教育的根本任务,思想道德教育更是担负着立德树人的主要责任。当代青少年能否构建和谐的精神世界,能否养成健康的精神生活方式,是否具备较高的思想水平、政治觉悟、道德品质以及文化素养,都直接体现着青少年思想道德教育"立德树人"的实效。毫无疑问,探索如何通过文化路径去促进当代青少年精神世界的建构与发展,将有效地促进当代青少年的健康成长和精神发展,确保青少年思想道德教育"立德树人"这一根本任务的顺利完成。

(3)有助于我国的社会主义精神文明建设。社会主义精神文明建设是社会主义条件下人们为满足自己的精神生活需求、提高自己的精神生活质量而在社会层面进行的一种精神生产活动,它是人类社会重视精神生活的主要体现,其在本质上是一种社会化的、意识形态化的精神世界建构行为。提高人的思想道德素质和科学文化素质,促进人的精神世界的健康、和谐发展本身就是社会主义精神文明建设的宗旨。那么,从文化的视角探索促进当代青少年精神世界建构与发展的策略对社会主义精神文明建设的现实意义也就不言自明了,尤其是对中华传统文化的传承,以及文化自信的构建和文化软实力建设,具有十分重要的现实促进作用。

二、相关研究述评

自从先哲们发现了人类“精神”的存在,便有无数古今中外的思想家、哲学家、教育家以及心理学家对人类的“精神”展开研究,给我们留下了汗牛充栋的有关人类“精神”研究的理论文献,其中不乏直接研究人的“精神世界”的理论论著,这为当下研究当代青少年精神世界的文化建构问题提供了重要的理论借鉴。

精神世界作为衡量个人存在的深层尺度,自古以来就受到西方思想家、哲学家、教育家的广泛关注。早在古希腊时期,就有众多的思想家和哲学家开始了对人的精神系统、精神世界进行研究,包括赫拉克利特、苏格拉底、德谟克利特、柏拉图以及亚里士多德等人。后来学者们又在他们研究的基础上继续深化、拓展和创新。综观西方对人的精神世界的研究,影响比较大的主要有以下两种研究视角:

一是从哲学的视角研究人的精神世界,着重探究精神的本质、精神与物质的关系问题。在西方哲人看来,人的精神世界就是人的精神所存在的世界,因此,他们在探究人的精神世界时,都先探究人的“精神”

的本质。综观西方哲学家们对人的精神的本质以及精神与物质关系问题的认识史，对这些问题进行研究的哲学家们主要可以分为三大派别，分别是唯心主义、唯物主义和二元论。其中，唯心主义哲学家们认为，精神是一种与物质根本对立的、超物质的存在，它高居物质之上，是世界万事万物的本源。持这种观点的最具代表性意义的就是柏拉图的“理念说”和黑格尔的“绝对精神”。与唯心主义观点相反，唯物主义哲学家认为，精神是人脑对客观物质世界的能动反映，是第二性的，世界的本源是物质。持这种观点的比较具有代表意义的如英国哲学家洛克的“白板说”。此外，恩格斯等也持这种观点并作过论述。如恩格斯曾说过：“我们自己所属的物质的、可以感知的世界，是唯一现实的；而我们的意识和思维，不论它看起来是多么超感觉的，总是物质的、肉体的器官即人脑的产物。物质不是精神的产物，而精神却只是物质的最高产物。”①除了唯物主义和唯心主义，西方哲学家们对人的精神的本质以及精神与物质的关系问题的思考还存在着一个中间派别，即二元论。持这种观点的最具代表意义的哲学家就是法国哲学家笛卡尔，他认为：“世界是由两种截然不同的实体构成的，一种是能够进行思维的心灵实体，另一种是空间上广延的物质实体……心灵实体与物质实体是二元的，两者本质不同，互不相关，而上帝是居于二者之上的最高实体，也是精神实体与物质实体的创造者。”②他的著名命题“我思故我在”便是他这种哲学观点的最好说明。

二是从教育学的视角研究人的精神世界，着重探究教育与人的精神世界的发展之间的关系，主张进行精神教育。首先，西方教育家十分肯定人的精神世界的存在及其发展对人的生活的意义与价值。如狄尔泰认为精神因素是生命的根本因素，生命的本质是精神活动，精神因素

① 《马克思恩格斯选集》第4卷，人民出版社1972年版，第223页。

② 转引自陈定学：《精神的革命》，郑州大学出版社2015年版，第23页。

以哲学世界观的方式影响人的整个生命活动。其次,西方教育家认为教育对人的精神世界发展具有重要的引导作用,所以,要通过教育来促进人的精神世界的发展。如康德认为:“人只有靠教育才能成人。人完全是教育的结果。”①爱尔维修也指出:“我们在人与人之间所见到的精神上的差异,是由于他们所处的不同的环境,由于他们所接受的不同教育所致。”②正因为教育对人的精神世界的发展具有重要的引导作用,所以,众多西方教育家主张在教育中重视人的精神世界的发展,并推行精神教育,即“一种旨在提升人的精神发展水平,改进人的生活质量的教育”③。

通过考察西方关于精神世界的研究成果,可以发现,不管是思想家,还是哲学家、教育家,都十分关注人的精神世界的发展问题,虽然在众多的探索成果中,不免存在一些不合理、不科学的见解,但是,总的来说,西方哲学家关于“精神”本质以及精神与物质关系的分析对于本书探究精神的内涵与构成及其在人的发展中的地位等问题具有十分重要的参考、借鉴意义。另外,西方教育家关于人的精神世界发展与教育关系的各种思想、观点,也给本研究带来很多的启发。

本书重点探讨文化建构当代青少年精神世界的路径问题,目前国内学术界关于人的精神世界的研究、文化研究视角以及文化育人方面的研究能够为本书提供理论参考和借鉴。因此,这里将着重对国内关于人的精神世界、文化研究视角以及文化育人这三个方面的研究成果进行相应的梳理和评述。

1. 关于人的精神世界的研究述评

通过在国家图书馆、读秀学术搜索以及中国知网上检索有关精神

---

① [德]康德:《康德教育论》,瞿菊农译,商务印书馆 1926 年版,第 5 页。

② 北京大学哲学系外国哲学史教研室编译:《十八世纪法国哲学》,商务印书馆 1963 年版,第 467—468 页。

③ 王坤庆:《当代西方精神教育研究述评》,《教育研究》2002 年第 9 期。

世界的研究发现,20 世纪 80 年代开始出现一些探讨这一问题的文献。自 2000 年后,有关人的精神世界问题研究的学术成果逐渐增多并呈逐年递增的趋势。就目前的研究情况来看,对人的精神世界的研究主要表现为两种状态:一是从整体上研究人的精神世界问题;二是侧重从人的精神世界的某一领域或某一侧面展开研究。

就目前从整体上研究人的精神世界的情况而言,仅有少数学者和博士论文做过比较系统、全面的研究,此类的学术成果并不是很多。这些学者和博士主要关注、研究精神世界的内涵与结构、形成与发展以及建构路径等方面的问题,下面就从这些方面对目前的研究成果作一简要论述。

(1)关于精神世界的内涵与结构的研究

精神性是人的本质属性,精神世界是人所独有的世界。张守刚教授认为,“精神世界是高度组织起来的社会化了的达到了自我意识的物质实体——人在实践中形成和发展起来的内心世界(也称为主观世界),它是人脑对于外部物质世界的能动反映和主观体验,包括知识、思想观念、理想信念和情感意志等观念形态的东西”。(张守刚,1992)另外,有学者认为,“精神世界是人在认识世界及自身、变革世界及自身的过程中不断生成的意义世界,是个人生命意义的源泉”(杨国荣,2009),张健认为,“精神世界是人的意识活动所生成的世界,它包括意识活动本身和意识活动的结果两个方面”。(张健,2011)可见,学术界对于精神世界这一概念的定义有多种,虽说表达上有所差异,但是都注意到了精神世界与意识之间的关系,都探索出了精神世界的本质属性所在。

人的精神世界是十分复杂的,精神世界的复杂性决定了其内容,或者说是构成要素的丰富性。有学者指出,人的精神世界主要由六种人类的超越意识所构成,分别是:“超越‘对象’的‘表象’;超越‘映像’的

'想象';超越'形象'的'思想';超越'知识'的'智力';超越'逻辑'的'智慧';超越'现实'的'理想'。"(孙正聿,2007)张健立足于生成论和存在论两种视角,根据人的意识活动的不同模式作用下所产生的结果,得出人的精神世界的不同构成,分别是人的意识活动的刺激——反应模式生成人的心理层面、人的意识活动的疑问——探究模式生成人的思维与认识层面、人的意识活动的意义——反思层面生成人的道德与价值观层面、人的意识活动的本质——追问模式生成人的思想层面。这四大层面共同构成人的精神世界的主要内容。(张健,2011)王海滨则根据涵摄因素的不同、遵循逻辑的不同和适应原理的不同,将个体的精神世界划分为欲求世界、情感世界、认知世界、评价世界、伦理世界和超验世界。王海滨将这看作是人的精神世界的"一体六维"结构。(王海滨,2012)还有学者认为,人的精神世界是有层次结构的,是由认知系统、动力系统、反思控制系统和操作系统构成的复杂的动态巨系统。人的精神世界的这四个系统是各司其职又协同工作的,共同支配、驱动和控制人的思想和行动。(张守刚,1992)

(2)关于精神世界的生成与发展的研究

人的精神世界不是人生而具有的,而是后天形成的。有学者指出,人的精神世界的生成是一个自然历史过程,主要经历了三个阶段和两个环节。其中,三个阶段分别是"从物质的反映特性到低级生物的刺激感应性;从低级生物的刺激感应性到动物的心理;从动物的心理到人的意识",两个环节分别是"动物共有的心理和人所特有的意识"。(张健,2011)张守刚教授认为,一个人的精神世界是同他的先天生理素质、实践的广度和深度,所受的文化教育以及个人的努力程度紧密相关的。尽管先天的条件在精神世界的形成中起一定的作用,但对人的精神世界形成和发展起决定作用的还是后天的实践,不同的实践活动会形成各不相同的精神世界。(张守刚,1992)还有学者从神经生理学与细胞生物学的角度探究精神世界的生成发展问题。陈定学、陈虹认为，“大脑神经元的胞体是存储精神的微型仓库，大脑皮层中140亿个神经元细胞构筑成一个博大的精神存储库，人脑中浩瀚的精神就存储于此。浩瀚的精神与博大的存储库结合起来就构筑成了人脑中的精神世界。真正的精神世界是由大脑产生的物质构筑而成，脑中的精神世界与物质世界是同一的”。（陈定学、陈虹，2004）

（3）关于精神世界的建构路径的研究

关注、研究人的精神世界的问题，最终落脚点都在于如何促进人的精神世界的建构与发展。关于人的精神世界的建构路径问题，张守刚教授基于人的精神世界的复杂构成，强调培养和塑造人的精神世界工作要增强系统性，要统观全局、系统运筹，依据人的精神世界的不同特点，用不同方式叩动不同的精神世界。（张守刚，1992）韩庆祥认为，真正破解当代中国人精神世界重建的关键在于确立全民共同的价值观。在他看来，建立全民共同价值观，一要从逻辑的完整性上来考虑人的精神结构，即要考虑到人的价值取向、思维方式、道德情操、精神状态；二要从现实针对性上来提炼，即自觉地反映和提升现实生活世界中人民大众的呼声。具体来讲，应当确立‘能力本位’、‘和谐共生’、‘公共利益’、‘创造个性’的全民共同价值观。（韩庆祥，2010）张健在分析现代化进程中人的精神世界发展变化的基础上提出精神世界的建构问题，阐述了精神世界建构的向度（21世纪、传统文化、市场经济）以及精神世界建构的内容（心理层面：幸福与成功意识、主体意识；思维与认识层面：超越意识、全球意识；伦理与价值观层面：自由平等意识、民主意识、法治意识、公正意识、爱国意识、新集体主义价值取向；思想层面：审美意识、能力理念）。（张健，2011）王海滨在分析现代化征程中人的精神世界出现的诸多问题的基础上，提出“要不断改善精神世界重建的外部环境；要综合把握并系统划分内在精神结构；要重建精神生活的历史传承性、主观能动性和整体统一性”，以保障当代中国人精神世界的有效重建。（王海滨，2014）还有学者主张运用社会主义核心价值观来引领当代中国人精神世界的重建，具体对策包括：“与时俱进宣传核心价值，唱响精神主旋律；党员干部争当价值模范，传递精神正能量；综合创新中西价值之源，注入精神新活力；融入日常生活价值践履，形成精神新自觉。”（杨振闻，2017）还有学者从教育的角度来关注人的精神世界的建构，认为应该通过精神教育来促进人的精神世界的发展。（庞桂美，2010）

除了上述比较系统、全面研究人的精神世界的代表性论著、观点外，也有一些学者从精神世界的某一领域或侧面展开研究，主要集中在心理、道德、价值观和理想信念等领域。目前国内学术界关于这些领域的研究成果可谓是汗牛充栋、浩如烟海。这里仅就与本书研究相关的一些研究成果进行梳理。

首先是关于心理的生成建构及其与文化的关系研究。心理是精神世界的基础构成，关于心理是如何生成发展的问题，有学者指出，人的心理的产生必须具备两个前提条件：一个是人脑，一个是客观现实。二者通过人所从事的各种实践活动发生联系，从而形成人的心理内容。（耿希峰，2015）张贵仁从心理学和教育学的视角，系统分析了人的心理形成发展的规律，他指出：“遗传素质是人心理发展的物质基础，环境是人心理发展的现实条件，主观能动性是人心理发展的内部因素，人的内部矛盾运动是心理发展的动力来源。”（张贵仁，1992）还有学者从社会建构论的视角出发，认为特定的心理现象与社会文化有关，心理与文化之间存在着紧密的联系，二者是相互构成或相互建构的。（李炳全，2007）石凤妍亦认为人的心理发展与文化存在莫大关系，她认为，人的心理就是在人与文化的相互创造中建构发展起来的。（石凤妍，1999）

其次是关于道德的生成建构及其与文化的关系研究。道德是伦理学和德育的核心范畴，道德的生成发展问题是它们研究的重点问题。有学者指出，个体道德的生成建构需要内外条件的促成，其中，“自我意识和自由意志是产生个体道德的基本前提”，生命实践活动构成道德产生和发展的外部条件，自我意识与实践活动之间的信息交流、协同调整是个体道德形成的关键。（李军、聂丽，2015）陈万柏、张耀灿认为，“人的思想品德是在主体实践的过程中主观因素和客观因素交互作用的产物，思想品德形成和发展的过程是外部制约和内在转化的辩证统一过程”。（陈万柏、张耀灿，2009）王易亦认为，人的思想品德的形成发展主要经历“思想品德规范的内化阶段、思想品德矛盾斗争的冲突阶段和思想品德行为习惯的养成阶段”三个阶段。另外，她还指出了思想品德形成发展的三大规律，即矛盾协调律、渐进反复律和社会适应律。（王易，2012）还有学者从文化的视角来考察道德的自我建构，万增奎认为，道德是文化创生的一种存在，它受到来自文化的各种习俗的限定，道德自我的建构是依附于文化的。（万增奎，2010）曹世敏探究了思想品德结构与文化之间的关系，认为思想品德结构的形成发展深受文化的影响与制约，因此他认为应该倡导文化学形态的德育学研究。（曹世敏，1996）李英林基于道德的文化本性，解析了当代人的道德矛盾现状的文化成因，并指出要通过保持清醒的文化自觉意识、积极参与文化实践、营造高雅的文化环境等文化路径来促进人生成理想的道德人格。（李英林，2007）

再次是关于价值观的生成建构及其与文化的关系研究。价值观是个体精神世界的重要构成，其对个体的成长发展具有至关重要的作用，因此，学者和教育者都十分注重对价值观问题的研究，尤其注重对价值观的生成发展规律的研究。有学者指出，价值观不是先天固有的，而是在后天的实践活动中形成的，其中“主体的需要和自我意识是价值观形成的逻辑前提,物质生活和文化传统是价值观形成的社会条件,主体的实践活动是价值观形成的现实根据”。(吴向东,2008)刘波分析了青年学生价值观的形成发展过程与内在机制,他认为,“青年学生价值观是在内外因素反复作用下,群体与个体相互作用过程中逐步形成与发展起来的。”青年学生价值观的形成主要经历价值心理、价值观念凝聚和价值观外化三个环节。青年学生价值观的形成是有其内在机制的,主要包括心理内驱——理性引导机制、价值观念内化机制和各类价值观互动影响机制。(刘波,2010)还有学者从文化的视角来考察人的价值观问题,汪澍白认为价值观是文化的核心,价值观的形成发展是个人先天禀赋和后天文化涵育的结果。(汪澍白,1991)

最后是关于理想信念的生成建构及其与文化的关系研究。理想信念是精神世界的核心构成,其生成发展规律一直是学者们比较关心的问题。有学者就理想信念的最高层次——信仰的生成发展问题进行研究,认为信仰的生成是自我行为和社会实践共同影响的结果,其生成机制有需要认同机制、伦理内化机制、心理整合机制、环境塑造机制和实践确认机制。其发展遵循着模仿——创新、个体——社会、层次——发展、突变——连续的一般规律。(李东坡,2015)汪先平、张斌从生命教育的视角来研究人的信仰的生成问题,在他们看来,生命知识是信仰生成的基石,生命教育促进信仰生成。(汪先平、张斌,2012)魏雷东则指出了信仰生成的认知规律(规范→情感→理性)、发展规律(义务→良心→和谐)和培育规律(法律→道德→政治)三大规律。(魏雷东,2010)还有学者探究了信仰与文化之间的关系,万俊人从文化批判的视角来揭示现代信仰危机的文化根源,他认为信仰本身就构成了人类文化的重要内容,信仰危机实质上是一种内在的文化价值冲突。(万俊人,2001)

通过对目前国内学术界关于人的精神世界研究的成果梳理发现,

学术界对人的精神世界问题虽然比较关注,但是全面的、系统的研究人的精神世界的成果并不多,大部分的研究成果仅限于精神世界的某一领域或某些领域和侧面(比如道德领域、价值观领域、信仰领域等)。另外,目前学术界对精神世界的内涵、结构、生成发展过程及规律等问题还没有作十分深入的研究,对精神世界的建构内容和建构途径也缺少足够的关注,特别是从文化的视角来研究青少年的精神世界问题,少有涉及。因此,通过梳理目前学术界关于人的精神世界问题的研究成果,一方面可以为本研究提供不少的理论参照和借鉴,另一方面也说明了本研究的意义与价值所在。

2. 关于文化研究视角的述评

自 20 世纪 80 年代以来,我国学术界便兴起了研究文化的热潮。通过文献检索发现,目前国内学界关于文化研究方面的学术成果相当丰富,这里就从文化研究的角度对这些研究成果作一简单梳理。总的来说,我国学者关于文化问题的研究,主要有从哲学、人类学、教育学、中西文化对比、文化传承与创新等视角来进行研究的。

(1)有学者从文化哲学的角度研究文化的本质与文化的价值、功能问题,比较有代表性的理论著作有:①周晓阳、张多来的《现代文化哲学》(湖南大学出版社,2004),他们认为,“文化的本质是由人的本质决定的,人的本质在于社会实践,那么,文化的本质则在于人的实践创造性。”(周晓阳、张多来,2004)②李鹏程的《当代文化哲学沉思》(人民出版社,2010),李鹏程认为,文化是人的自我生长、自我组织和自我创造的过程,文化的本质是人的自我的生命存在及其活动。文化价值是人对自己生命存在的文化意义的理解和确定。它决定人的追求、信念和理想,从而它是人的精神生活的全部内容。③周正刚的《文化哲学论》(研究出版社,2008),周正刚认为,文化的功能主要表现在文化传递、文化教化和文化控制三个方面。另外,比较有代表性的著作还有司马云杰的《文化价值论——关于文化建构价值意识的学说》(安徽教育出版社,2011)、《文化悖论——关于文化价值悖谬及其超越的理论研究》(安徽教育出版社,2011),胡潇的《文化的形上之思》(湖南美术出版社,2002)、许苏民的《文化哲学》(上海人民出版社,1990)等。

(2)有学者从文化人类学的角度研究文化与人的发展之间的关系问题,认为人是文化动物,人的发展受文化的影响和制约,如学者周晓阳、张多来就说道:"人生的目的就是为了创造文化、占有文化和消费文化,从而实现自由;文化是人的目的所在。"①也有学者就人的某一方面的发展与文化之间的关系进行研究,成果最多的要数文化与人格关系问题的研究,最早涉及这方面研究的学者是欧阳仑,他在其著作《中国人的性格》(陕西人民教育出版社,1987)中就揭示了文化与人格之间的关系,认为文化人格是个体对特定文化内化的结果。在这之后,亦有大量学者对这个问题进行了研究,形成了众多研究成果,如刘承华的《文化与人格——对中西文化差异的一次比较》(中国科学技术大学出版社,2002)通过中西方人格的差异主要是由于中西方文化差异导致的;陈红的《人格与文化》(安徽教育出版社,2009)强调文化对人格生成的重要影响;彭晓琳的《人格与幸福　文化视角下的青年人格塑造》(中国民主法制出版社,2011)通过考察当代中国青年人格发展的现状,提出要以社会主义核心价值体系来引领当代青年健康人格的塑造。另外,还有一些博士论文也对此问题进行了研究,如杨秀莲的《论人格的文化生成》(东北师范大学,2007)、姚崇的《大众文化与社会心态——基于现代民众优良人格的培育》(陕西师范大学,2015)等等。

(3)有学者从教育学的角度研究教育与文化的关系问题,比较有代表性的理论著作有:肖川的《教育与文化》(湖南教育出版社,1990)、

① 周晓阳、张多来:《现代文化哲学》,湖南大学出版社2004年版,第91页。

张应强的《文化视野中的高等教育》(南京师范大学出版社,1999)、郑金洲的《教育文化学》(江苏教育出版社,2000)、刁培萼的《教育文化学》(江苏教育出版社,2010)、黄书光等的《中国基础教育改革的文化使命》(教育科学出版社,2001)、顾明远的《中国教育的文化基础》(山西教育出版社,2004)、丁钢的《文化的传递与嬗变:中国文化与教育》(广西师范大学出版社,2009)、戚万学的《道德教育的文化使命》(教育科学出版社,2010)等。还有许多博士论文也围绕这一论域进行研究,对文化与教育的关系进行了思考。如华中师范大学冯青来的《文化与教育——教育理念的文化哲学沉思》(2007)、华东师范大学朱炜的《文化视域中的高校德育研究》(2006)等。

(4)有学者从中西文化对比的视角研究各自文化的发展历程与文化特征,如陈锐的《中西文化的振荡与循环》(陕西人民出版社,2000)。还有的学者从文化的传承与创新的角度研究我国的文化传统,如张岱年、程宜山的《中国文化与文化论争》(中国人民大学出版社,1990),彭立荣的《儒文化社会学》(人民出版社,2003),等等。到了 20 世纪 90 年代中期,在全球化浪潮的冲击下,国内学者关于文化问题的研究开始关注、研究文化本土化与文化全球化的关系问题,以及在全球化浪潮冲击下如何发展、繁荣我国文化等问题。比较有代表性的著作有:孙洪斌的《文化全球化研究》(四川师范大学出版社,2009)、方铁等的《民族文化与全球化》(民族出版社,2009)。

通过从文化研究视角来梳理目前国内学术界关于文化相关问题研究的成果发现,这方面的理论成果是相当丰富的,这为本书提供了大量的理论文献资料。但是,通过梳理也发现,鲜少有将文化与人的精神世界发展结合起来进行研究的理论成果,虽然有大量文化与人格发展方面的研究成果,但直接研究文化与人的精神世界发展的文献少之又少,甚至可以说没有。因此,本书的研究在一定意义上可以拓展和丰富文化与人的发展问题的研究。

3. 关于文化育人的研究述评

随着“文化育人”观点的提出，国内众多学者便结合大学根本任务，从不同角度研究文化育人，形成了众多研究成果。通过梳理发现，国内关于文化育人的研究主要视角有：文化育人的价值意义、文化育人的机制、文化育人的路径以及文化育人的体系构建等方面。

有学者探究了文化育人的价值意义，如刘献君认为，文化育人对于增强国家文化软实力、维护国家文化安全和打牢教育之根具有重大的、深远的意义。（刘献君，2013）李建国认为，从小来看，文化育人有助于个体的身心和谐；从大来看，文化育人直接关系到国家的文化安全和未来社会的成就。“文化育人既能够培育个体人格的内在统一和外在持存，更能够为人的类塑造集体的文化身份。”（李建国，2014）

有学者探究了文化育人的机制，如杨连生探究了大学学科文化的育人机制，他认为，“学科文化育人目标的实现基于学生主体与学科文化客体的共同作用，其育人的现实起点在于使大学生对学科文化精髓产生初级的整体性认识，落脚点则在于促进大学生对学科文化的理解、整合、内化。”（杨连生，2011）夏锋着重探析了大学文化育人的渗透机制，他认为，大学文化育人功能的发挥必须依托渗透机制，因此，要想发挥大学文化育人的功能，就要注重提升渗透机制的高度，实现主导性与主体性相统一；增强渗透机制的深度，坚持切入点与着力点相结合；把握渗透机制的力度，找准强化与弱化之间的张力。（夏峰，2013）薛绍聪、周菲则探究了大学文化育人的心理机制，在肯定心理与文化之间的双向建构关系基础上，着重探讨了学生的价值系统、选择系统、动力系统和情感系统，以期为大学文化育人的实施提供理论支持。（薛绍聪、周菲，2011）

有学者探究了文化育人的路径，如李家珉认为，“文化育人必须高扬社会主义核心价值体系主旋律，积极探索当代大学生成长的规律，努力营造文明和谐的学校文化环境。”（李家珉，2012）杨咏着重探讨大学文化育人的实现路径，他认为，“可以通过突出教师在文化育人中的核心作用、围绕大学文化特色营造良好文化环境、注重利用新传播手段以点带面等路径有效实现文化育人”。（杨咏，2015）华玉武主张通过推进文化的传承创新来促进文化育人功能的发挥，而推进文化传承创新的根本着力点在于加强社会主义核心价值体系建设。（华玉武，2012）徐公芳、李强则认为，文化育人是一项系统工程，要充分发挥文化育人的功能，就必须树立文化育人的理念、培养高质量的教师队伍、营造优良的文化环境、建立文化育人基地、构建文化育人载体、弘扬学校精神、推进校企合作、打造文化品牌。（徐公芳、李强，2011）吴翼泽认为高校人才培养中的文化育人应当关注三个领域，即加强思想政治理论课建设，培育社会主义核心价值观；开展校园公益活动，构建校园感恩文化；立足文明寝室建设，形成学生公寓“家文化”。（吴翼泽，2015）

有的学者探究了文化育人的体系构建，如尹建华认为，融合是学校文化育人体系建构的关键，学校要通过“批判继承，融合传统文化与现代文化；借鉴吸收，融合东方文化与西方文化；相辅相成，融合物质文化与精神文化；开放互动，融合学校文化与社会文化；科学引领，融合知识育人与文化育人”。来增强文化育人的实效。（尹建华，2010）刘克利认为，高校文化研究、文化素质教育、校园文化建设时高校文化育人系统的有机组成，高校文化育人体系的构建须将三者协调结合起来。（刘克利，2007）

综上，学术界对文化育人的价值意义、文化育人的机制、文化育人的路径以及文化育人体系的构建等方面都非常关注，并取得了一定理论成果，为本书研究如何通过文化去促进当代青少年精神世界的建构提供了重要的借鉴和参考。但同时也应看到，学者们多是从人的全面发展的角度来谈文化对人的教育、培育作用，鲜有谈到文化建构、培育人的精神世界的问题。本书尝试将两者结合起来，以期将文化理论与精神世界理论衔接起来，探究如何通过文化路径去促进当代青少年精神世界的建构与发展，这对于这方面的研究来说是一个创新。

三、研究内容与研究方法

（一）研究内容

青少年的精神世界不是先天存在的、“预成的”，而是在外部客观存在与个体能动反映的相互作用下生成发展起来的。青少年精神世界的这一特性决定了其具有被外部客观存在建构和塑造的可能性。在所有的外部客观存在中，文化是对青少年的精神世界产生建构效用最为显著的一种客观存在。然而，客观存在的文化对青少年精神世界的模塑、建构主要是通过一种“文化无意识”的方式表现出来的。这种影响方式具有潜移默化以及影响性质双重化的特征，即先进文化会对青少年的精神世界不自觉地产生积极的影响，而腐旧文化会对青少年的精神世界不自觉地产生消极的影响。因此，作为当代青少年教育的理论研究者和实践工作者，必须注意规避消极文化对当代青少年精神世界的无意识影响，要有意识地、有计划地、有目的地利用先进文化去影响当代青少年，引导当代青少年的精神世界朝着和谐的、健康的方向发展。这正是本书所主张的运用文化去建构当代青少年精神世界的主旨所在。这也是本书的核心思想。从这一核心思想出发，可以引出本书需要着重回答的三个问题：为什么要用文化来建构当代青少年的精神世界？为什么能用文化来建构当代青少年的精神世界？如何运用文化来建构当代青少年的精神世界？对这三个问题的回答便构成了本书的基本框架，具体包括五个方面的内容：

第一，文化与当代青少年精神世界建构的逻辑关联。这里主要是通过梳理文化与当代青少年精神世界的建构与发展之间的关系，得出必须要运用文化去建构当代青少年的精神世界的结论。文章首先从文化哲学的基本观点，即人是文化建构的产物出发，详细论证了文化对人的本质形成以及人的存在和人的发展的影响与制约，继而分析了精神世界在人这一存在中的地位，得出精神世界是人的本质反映这一结论。那么，便不难推论出，当代青少年精神世界的生成与发展必然深受其所处的文化环境的影响与制约，或者可以说文化之于当代青少年的精神世界具有十分重要的建构意义。文化与当代青少年精神世界的生成发展存在的这一逻辑联系在理论上要求必须重视运用文化去促进当代青少年精神世界的建构与发展。

第二，文化建构当代青少年精神世界的理论溯源。本部分主要从经典马克思主义关于文化与人的全面发展观以及中国化的马克思主义关于文化与人的全面发展思想、中国古代的教化传统中找寻论证文化具备建构当代青少年精神世界的可能性的理论依据。

第三，当代青少年精神世界建构的价值引领。在人的精神世界构成中，核心价值观居于核心和主导地位，其发展程度直接决定了精神世界的发展程度。因此，在运用文化去建构当代青少年的精神世界时必须注重对当代青少年精神世界的建构与发展进行价值引领。而在当代中国，社会主义核心价值观无疑能够对当代青少年精神世界的建构与发展发挥积极的引领作用。因此，要用社会主义核心价值观去引领当代青少年精神世界的建构与发展。本部分具体论述了以社会主义核心价值观引领当代青少年精神世界建构的必要性与可能性、以社会主义核心价值观引领当代青少年精神世界建构的主要内容表达与路径选择等方面问题。

第四，当代青少年精神世界建构的文化内容。在运用文化去建构当代青少年精神世界的实践中，文化内容的选择是一个十分重要的问题，选择什么样的文化内容直接影响到当代青少年的精神品质。本部分首先客观地、正确地分析了我国当前文化的内容构成，继而在此基础上重点论述了建构当代青少年精神世界的文化内容选择问题，具体包括当代青少年精神世界建构的文化内容选择之必然性、当代青少年精神世界建构的文化内容选择之原则，以及当代青少年精神世界建构的具体文化内容选择、创新这四个问题的论述。

第五，当代青少年精神世界建构的文化方式。方式是言行所采用的方法和样式，有效的方式方法能够起到“事半功倍”的作用，无效的方式方法则是“事倍功半”，甚至会“徒劳无功”。对于运用文化去建构当代青少年的精神世界而言，把握文化建构的方式十分重要。总的来说，当代青少年精神世界建构的文化方式主要包括文化教育、文化消费和文化活动三个方面。在运用文化去建构当代青少年的精神世界时应着重把握好这三种文化方式。

以上五个方面的内容逻辑地构成三大板块：第一板块即对上述第一个方面问题的研究，其内容构成本书的第一章，主要回答运用文化去建构当代青少年精神世界的必要性问题，第二板块即对上述第二个方面问题的研究，其内容构成本书的第二章，主要回答文化建构当代青少年精神世界的可能性问题，第三板块主要回答如何通过文化路径去建构当代青少年的精神世界问题，即对上述第三、四、五三个方面问题的研究，其内容分别构成本书的第三章、第四章和第五章。

（二）研究方法

1. 文献研究法

这是本书采用的基本研究方法。本书按照文献分类，分别对已有的涉及当代青少年、文化以及精神世界（精神生活、精神家园、精神文明建设）的中央文件、报纸、杂志、新闻报道等资料进行搜集和整理。并利用中国知网对已公开发表的相关期刊论文、学位论文进行检索，以及利用国家图书馆、读书学术搜索等平台对已出版的相关著作进行检索。在坚持全面参考、重点掌握的原则基础上,对与本书紧密相关的文献进行了系统的整理和分析,为本书的论证积累有力的、扎实的理论依据,同时也从中获得展开本书的理论指导。这是本书得以顺利完成的保障。

2. 多学科研究法

这是本书采用的另一重要研究方法。文化的性质决定着本书必须采用这一研究方法。文化与人的发展密切相关,因此,关注、研究文化问题的学科较多,比如哲学、文化学、教育学以及思想政治教育学等学科。所以,本书在分析文化建构当代青少年精神世界的必要性与可能性时综合运用了哲学、文化学、教育学、思想政治教育学等多学科的理论、方法和成果,以为研究提供有力的理论依据。

3. 系统分析法

系统是普遍存在的,世界上的任何事物都可以看作是一个独立的有机整体。显然,当代青少年的精神世界也是作为一个系统存在的。因此,在本书中必须要运用系统分析的方法,将当代青少年的精神世界看作是一个整体,并系统地分析其要素构成和层次结构,以对当代青少年的精神世界有一个全面、整体的把握。全面、整体地把握当代青少年的精神世界是研究运用文化去建构当代青少年精神世界的基础和前提。此外,文化亦是一个复杂的系统存在,那么,运用文化去建构当代青少年的精神世界必然是一项复杂的系统工程。这也要求本书必须运用系统分析的方法,把当代青少年精神世界的建构看作是一个整体,并系统分析文化建构当代青少年精神世界的价值引领、内容及方式等问题。本书自始至终都在贯彻、使用这一方法。

第一章　文化与当代青少年精神世界建构的逻辑关联

文化作为一种精神财富与物质财富的集合体,其发展与人存在着紧密的联系,并对人的生存与发展有着十分重要的影响。正是因为文化与人之间的紧密联系及其对人的生存与发展具有的重要作用,才使得文化建构当代青少年的精神世界成为可能与必要。本章主要分析文化建构当代青少年精神世界的必要性问题,即为什么要运用文化去促进当代青少年精神世界的建构与发展。这个问题的答案,就藏在文化与当代青少年精神世界的生成发展的关系之中。文化与当代青少年精神世界的生成与发展之间的逻辑联系构成了文化建构当代青少年精神世界的理论逻辑。

第一节　人是文化建构的产物

人这一"斯芬克司之谜",似乎具有无穷的魅力,吸引着无数古今中外的哲人们绞尽脑汁探索其奥秘。"人是什么""人从哪里来"的问题便成为了一个万古亘新的话题,西方哲人更是将此问题作为哲学最高层次的问题。从"斯芬克司之谜"开始,便标志着人类文明启动了"认识人自己"这个具有最高价值的哲学课题。最初,哲人们普遍从神话世界中认识人自己。如在古老的西方，哲人们一开始认为并相信人是上帝按照自己的形象创造的，生存于世的人都是上帝的孩子。因此，在西方社会，人们总是像对待生母一样对待上帝，时刻对上帝保有感恩之心。同一时期，中国古人亦从神话世界中寻找人的来源，最著名的神话传说当数“女娲抟土造人”，在古书《太平御览》中有记载：“俗说天地开辟，未有人民，女娲抟黄土作人，剧务，力不暇供，乃引绳于絙泥中，举以为人。故富贵者，黄土人也，贫贱凡庸者，絙人也。”①在不发达的古代，先哲们对于“人”的最初认识与设想虽说带有强烈的唯心主义和神秘色彩，但它是古人凭借自己丰富的想象力，对自身及其存在奥秘的探索与思考，反映了早期人类对研究自身和了解世界的渴望。

伴随着社会的发展以及科学知识的日益丰富与完善，哲人们对“人是什么”这一问题的思索又向前迈进了一步。在这一阶段，哲人们对“人”的认识与动物联系了起来，之所以会出现这一转向，主要是缘于生物学家达尔文在《人类的由来》一书中提出了人类是由猴子演变而来的结论，他认为“人是动物”。达尔文的这一观点不仅让那些坚信亚当和夏娃是人类始祖的宗教信徒们难以接受，同时也让那些不含偏见的人们难以理解。对于达尔文的研究结论，哲学家们认为人与动物确实存在着密切的联系，但与动物也具有不同之处。于是，哲学家们试图在“动物”一词之前加上某种限定词来说明人所不同于动物的特点，他们在给人下定义时，往往将动物作为谓项。自此，人们便开始思索“人究竟是一种怎样的动物？”于是，哲学史上就出现了许多“人是……动物”这样的命题。例如，柏拉图认为人是无羽毛的两足动物、亚里士多德认为人是政治动物、本·富兰克林认为人是能制造工具的动物、海

① 李昉：《太平御览》，中华书局1960年版，第365页。

德格尔认为人是理性动物等等。不仅西方哲学家依循达尔文的研究结论展开对“人”的认识，中国古代的哲学家、思想家在对“人”进行判断时，也常常将人与动物相提并论。如王充在《论衡·辨祟》中说道：“倮虫三百六十，人为之长。”刘禹锡在《天论·上》中说道：“人，动物之尤者也。”《无能子·圣过》亦说道：“人者，倮虫也。”“倮虫中繁其智虑者，其名曰人。”由此可见，古代先哲们对于“人是……动物”这一命题普遍持赞同态度，但是对于这一命题的中间项却是各说纷纭，没有达成一致的认识。而且，就已有的关于“人是……动物”的定义中，其涉及的定语，如“政治的”“理性的”“能制造工具的”等，都有待于进一步被规定和被解释，因此，它们都无法充当说明人之为人的本性的终极规定。如果追溯人的终极规定，就无法回避对文化的确认。因为文化即是人化，人与文化之间存在着一种互释互约的关系，二者之间的这种关系意味着对“人”的追问已不可能追溯到比文化更深刻的层次，文化是人的最深层的本体解释。于是，“人”的最后定义只能表述为：人是文化的动物。人是文化的动物这一哲学命题蕴含着两层意思，即“人是文化的创造者和人是文化建构的产物。人决定文化，文化反过来又模塑人。人就是在这种主体创造与客体模塑、能动与受动的相互激荡、相互推移中前进的。这是一个‘伟大的因果循环体系’”①。

其实，最早从人与文化的联系中来“认识人自己”的是哲学人类学家，哲学人类学对于“人是文化的动物”作了最为系统的探讨。德国著名哲学家恩斯特·卡西尔对“人”下的定义便以人类文化为依据，他在其著作《人论》中说道：“如果有什么关于人的本性或‘本质’的定义的话，那么这种定义只能被理解为一种功能性的定义，而不能是一种实体性的定义。我们不能以任何构成人的形而上学本质的内在原则来给人

① 刘进田：《文化哲学导论》，法律出版社 1999 年版，第 402 页。

下定义;我们也不能用可以靠经验的观察来确定的天生能力或本能来给人下定义。人的突出特征,人与众不同的标志,既不是他的形而上学本性也不是他的物理本性,而是人的劳作(work)。正是这种劳作,正是这种人类活动的体系,规定和划定了'人性'的圆周。语言、神话、宗教、艺术、科学、历史,都是这个圆的组成部分和各个扇面。……语言、艺术、神话、宗教决不是互不相干的任意创造。它们是被一个共同的纽带结合在一起的。但是这个纽带不是一种实体的纽带,如在经院哲学中所想像和形容的那样,而是一种功能的纽带。……我们必须力图追溯到一个共同的起源。"①在文章最后,卡西尔指出这一"共同的起源"即是文化。卡西尔关于人的定义,鲜明地表达出了文化是由人创造的及人是文化建构的产物这一哲学含义。后期的文化人类学家亦着重研究、探讨人与文化的关系,其研究结论亦论证了"人是文化建构的产物"这一哲学命题的合理性。如美国人类学家 L.A.怀特的研究发现:"每个个人都降生在先于他而存在的文化环境之中。这一文化自其诞生之日起便支配着他,并随着他成长和成熟的过程,赋予他以语言、习俗,信仰和工具。简言之,正是文化向他提供了人之为人的那种行为的形式和内容。……个人不过是承担着从外部作用于他,并且在他身上获得显性表现的文化力量和文化要素的机体而已。可以想见,个人无非是超生物学的文化传统在人类有机形态中的表现。"②另一位美国人类学家露丝·本尼迪克特基于其对萨摩亚人的研究发现中也发现了人的经验、行为、习惯、信念等的形成、发展、变化与文化存在着密不可分的关联。在《文化模式》这一书中,本尼迪克特指出:"个体生活历史首

① [德]恩斯特·卡西尔:《人论》,甘阳译,上海译文出版社 2004 年版,第 95—96 页。

② [美]L.A.怀特:《文化的科学——人类与文明研究》,沈原等译,山东人民出版社 1988 年版,第 162—163 页。

先是适应由他的社区代代相传下来的生活模式和标准。从他出生之时起,他生于其中的风俗就在塑造着他的经验与行为。到他能说话时,他就成了自己文化的小小的创造物,而当他长大成人并能参与这种文化的活动时,其文化的习惯就是他的习惯,其文化的信仰就是他的信仰,其文化的不可能性亦就是他的不可能性。"①

人不是上帝的或是自然的产物,而是文化建构的产物,文化是人的最深层的本体解释。这已是不容置辩的理论命题。人是文化建构的产物,实际上强调的是文化对人的发展的影响与制约作用,但需要注意的是,文化与人是相互影响、相互制约、相互建构的关系,人并不是被动地接受文化的影响,而是主动参与文化对自身的建构。既然说人是文化建构的产物,那么,其建构作用具体表现在哪些方面呢?文化对人的塑造与建构主要体现在哪些方面呢?基于马克思主义人学原理,笔者试图从文化与人的本质、文化与人的存在以及文化与人的发展之间的关系作一简要阐述。

一、文化赋予人之为"人"的本质特性

人的本质是人与动物相区别的最根本的特征,人的本质不是与生俱来的、"预成的",而是"形成的",在人的本质形成过程中,文化是其重要的决定因素,是其形成的基本前提和根据,有怎样的文化就有怎样的人的本质。不管是基于理论层面还是基于生活事实,文化对人的本质形成的作用都是毋庸置疑的。

首先,在理论层面,文化人类学以及社会学理论都从不同角度揭示了文化在人的本质形成中的作用:(1)在文化人类学中,著名的文化人类学家本尼迪克特、玛格丽特·米德、吉尔兹等人的研究都认为文化在

① [美]本尼迪克特:《文化模式》,何锡章、黄欢译,华夏出版社 1987 年版,第 2 页。

人的本性形成与发展上具有决定性作用。如本尼迪克特的著作《菊与刀》从文化层面考量了日本的民族特性，认为日本人的行为方式乃至日本民族的发展奇迹与困境都是文化影响的结果。米德基于对三个不同原始部落居民（阿拉佩什人、蒙杜古马人、德昌布利人）的生活方式与文化的研究发现："两性之间的人格差异不是以往人们所认为的完全是由生理因素决定的，而是由文化'监制'的。每一代男性和女性都要在文化机制的作用下，适应他们所处的社会文化环境。"①也就是说，在米德看来，两性人格特征并不是由生理因素而是由文化因素决定的。不仅如此，米德通过研究还发现，由于萨摩亚文化和美国文化不同，使得萨摩亚姑娘在青春期表现出与美国姑娘完全不同的景象，她们更容易度过青春期难关或危机期。因此，米德断定，不仅两性人格特征是由文化因素决定的，人的青春期心理特征在很大程度上都受文化的影响。（2）在社会学中，人性与文化、"天性与教养"的关系问题一直是各国社会学家关注的焦点问题之一。自 20 世纪中期开始社会学家们就"人性和社会行为究竟是遗传的产物（'天性'）还是学习的产物（'教养'）"这一问题展开了激烈的讨论。在 19 世纪末 20 世纪初，社会学家们普遍认为人性和社会行为是由"天性"决定的，然而，到本世纪，有社会学家在原始部落发现，西方文明人所说的作为人的本性中的"自私""贪婪"和"攻击性"并不完全存在，由此，社会学家不再单纯用遗传因素来说明人的本性和本质，而是用"教养""学习""社会化"来解释人的本质。如美国社会学家伊恩·罗伯逊在其著作《社会学》中声称："在很大限度内，我们说'人的本性'是什么，它就是什么。而我们的说法主要取决于我们生活在其中的文化。社会学观点中最开明的方面之一就是它彻底摒弃了有关我们的社会行为的种种神话，说明了那些看来似乎是'天性'或'本能'的

① ［美］米德：《三个原始部落的性别与气质》，宋践等译，浙江人民出版社 1988 年版，第 267 页。

东西通常只不过是人类社会的一种文化产品而已”。① 我国社会学家费孝通也讨论过文化对人的本能欲望的渗透和规范问题。他在著作《乡土中国》中说道:“欲望并非生物事实,而是文化事实。”②每个人都有为自己打算的“自私”本能,但是怎样打算法则是通过在社会上学习得来的。对于人的本能欲望而言,“问题不在于要的本身,而是在要什么的内容。这内容是文化所决定的。”③文化人类学和社会学的这些讨论都表明文化在形成人不同于动物的本质中所发挥的重要作用。当然,我们反对米德、本尼迪克特等人的文化决定论,但是文化是形成人的本质的重要决定因素确实是不容置辩的。

其次,从事实上看,人自呱呱坠地之时就处于一定的文化系统之中,并且此后永远被一定的、先在的文化结构和环境所包围,就如兰德曼所言:“我们已经历史地获悉不存在自然的人,甚至早期的人也生活在文化世界之中。”④奥地利哲学家维特根斯坦亦阐释过类似观点,在《文化和价值》这本书中,他说道:“文化是一种习惯,或至少是一种先前规定的习惯。”⑤每一个人自出生起就在接受着这种“习惯”的形塑,这种“习惯”会成为一个人深层心理结构中的基本部分,在较长时间内对他的思想感情、言论和行为发生作用。文化作为一种“习惯”显示了它塑造人的巨大力量。就如卡西尔所言,人的本性并非如柏拉图所认为的是以大写字母印在国家的本性上,而是以大写字母印在文化的本性上的。因此,可以说,人的本质和本性就是在其对所接触到的文化结

① ［美］伊恩·罗伯逊:《社会学》上册,黄育馥译,商务印书馆 1991 年版,第 73—74 页。

② 费孝通:《乡土中国》,北京大学出版社 2012 年版,第 136 页。

③ 费孝通:《乡土中国》,北京大学出版社 2012 年版,第 136 页。

④ 刘进田:《文化哲学导论》,法律出版社 1999 年版,第 405 页。

⑤ ［奥地利］路德维希·维特根斯坦:《文化和价值》,黄正东、唐少杰译,清华大学出版社 1987 年版,第 121 页。

构的同化中逐步形成的。就人的成长历程来说，当他处于幼儿期时，他会通过父母的脸色、表情、赞许、呵斥、教育等体验到这种文化结构，待到青少年时期，他会在学校老师那里接受教化和训练，离开学校之后会在社会上继续感受、认识、同化这种文化。在这一过程中，他“成为”人，他自诞生之日就碰到的文化对他进行了成功的模塑，他在这一过程中形成了自己的本性，并获取了人的本质。举一例子来说，中国传统文化倡导家族本位，十分重视双亲、兄妹这种血缘、家族内部的人际关系，中国的孩子自一出生，父母、老师皆向他们传递、灌输这种思想，受这种文化的影响，他们会特别重视家庭成员之间的人伦关系，并自觉承担起个人应尽的责任和义务，把个人的发展得失、荣辱与家庭、家族联系起来，具有强烈的家族本位意识。而西方正好与中国相反，西方文化提倡个人至上，注重个人的自由与发展，因此，西方人身上则凸显个人本位意识。中国人和西方人在人性上的差异便是由于不同的文化影响所致。

从上述分析可知，不管是基于理论层面，还是基于现实生活，文化对人的本质形成的作用是毋庸置疑的，但是需要注意的一点是，文化并不是决定人的本质的唯一因素，文化决定论是不可取的，在理解文化与人的关系上一定要符合辩证的、全面的立场。总之，文化是人的本质形成的基础和根据，人的本质是文化内在精神原则的浓缩的、集中的反映形式。

二、文化制约人的存在的“完成”

文化不仅是影响人的本质形成的重要决定因素，亦是影响人的存在的重要因素。历史地看，人的存在主要呈现为两种状态：一是个体的状态，一是群体的状态。从人的存在的个体状态来看，文化是使作为个体的人区别于动物，成为真正意义上的“人”的决定因素。从生物学的角度来看,人与动物的最大区别在于动物从一出生就是一种完成性、特定化、专门化的存在,而人却恰恰相反,表现为一种未完成性、非特定化的存在。正如兰德曼所说:"动物的器官适合于特殊的生活条件,而且每个物种的必要性,像一把钥匙一样,只适合于一把锁。动物的感觉器官也同样如此。这种特定化(the specialization)的效果和范围也是动物的本能,它规定了动物在各种形势下的行为。然而,人的器官没有片面地为了某种行为而被定向,在远古就未被特定化(人的食物也是如此;人的牙齿既非食草动物的牙齿,也非食肉动物的牙齿)。所以,人在本能上也是匮乏的。"①人在降临于世之初似乎就是自然的最孤独的儿童,是"被遗弃的、孱弱的、被剥夺了指导生活本能的物种"(赫德尔语),是由"裂口和缺点"构成的未完成的存在。动物的特定化,使动物的生命是"完善"的,"达到了完成"的,所以其在进入世界时就具有高度特化和稳定导向的趋势。"于是每类动物都生活在适合于其特定种类的特定环境中,有所谓鼠的世界、狗的世界、马的世界等等。与此相反,人天生的结构既非特定化的,又未被导向只适合特定物种的特定环境。就上述意义而言,不存在人的世界。人的世界不完全由他自己的生理结构所安排"②,而主要通过他后天的活动来形成。尽管与动物相比,人在这方面是不足的、无利的,但是,从其他方面来看,人似乎又是赋有特权的,他被召唤着趋向于更高级的事物。也即是说,人在天性上的匮乏或者说人的未完成性决定了人的行为不像动物一样是专门化了的,而是具有自为的、自决的、自由的和自我创造的"权利"。也正是人的未专门化、未完成性使其具有普遍适应一切环境的潜在可能性和创造理想世界的追求与能力。为了弥补自身天性上的匮乏,人必须发展

① [德]兰德曼:《哲学人类学》,阎嘉译,贵州人民出版社 1988 年版,第 195 页。

② [美]贝格尔:《神圣的帷幕 宗教社会学理论之要素》,高师宁译,上海人民出版社 1991 年版,第 10 页。

自身的能力,必须通过自己的认识和创造来摆脱匮乏的“装备”,完善“有缺陷”的本能。对于人的天性弥补、本能完善而言,文化起着最根本、最关键的作用。正如学者冯建军所言:“在生物进化过程中,文化发展与本能的完善程度是紧密相连的。……对人来说,文化发挥着补充作用”①,文化是作为人的未完成性的补偿而出现的。亦如格尔茨所言:人是“通过文化来使自己完备或完善的那种不完备和不完善的动物”②。因此,从文化人类学的视角来看,一名刚诞生于世的婴儿不能算作真正意义上的“人”,这里的“人”是指“社会的人”,他只能被看作是一个具有健全的感知器官和意识系统的生物,是一个与其他动物并无多大差别的生物人,或者说是自然人。依据社会学家的研究结果,一个人要想从生物人成为真正意义上的“人”,必须经历“社会化”这一过程。换句话说,就是生物人只有在与社会的交互作用中,不断学习和内化社会文化,才能胜任社会所期待其承担的角色,才能发展出自己的个性,成为一个社会人,一个真正意义上的人。简言之,一个人能否从生物人成功地发展为社会人,最重要、最关键的环节是学习并内化社会文化。因此,可以说,文化是人类的“第二天性”,每一个个体自出生后,都必须首先进入其所在的文化,学习接受并实践其群体文化传统的学问知识,掌握其群体文化的习惯、语言、风俗、技术、技巧等,只有如此,人才能把自己和动物真正区别开来。换言之,人正是借助于文化的力量才真正“完成”了自己的存在,使自己成为区别于动物、真正意义上的“人”的存在。所以,从这个意义上来说,人的存在不是由外在的自然决定的,而是由内在的文化决定的。

另外,从人的存在的群体状态来看,文化对由无数个体所组成的社

---

① 冯建军:《生命与教育》,教育科学出版社 2004 年版,第 35 页。

② [美]克利福德·格尔茨:《文化的解释》,韩莉译,译林出版社 1999 年版,第 62 页。

会群体的形成与发展亦具有重要的影响作用。因为文化本身是一个群体性范畴,是社会群体特有的规定性。从根本上来说,社会群体是一种以共同的文化为纽带的组合,其最一般的特征便是拥有共同的文化模式,分属于不同群体的个体会因文化模式的不同而表现出明显的差异。总的来说,文化对群体社会的作用主要体现在以下三个方面:

首先,文化是群体社会得以形成的基础。通过考察人类集群和社会形成与发展的历史,可以发现,文化在其中起着十分关键的作用。事实上,人类一切有意识的活动或者说是文化创造活动,都是围绕着人类生存而展开的。早期人类的文化创造活动所形成的生产关系形式对于人类社会的发展与演变产生着重要的影响。正如马克思所言,生产关系是构成所谓社会的基础和前提。任何一个社会群体,都有自己与其他社会群体相区别的、用以维系群体内不同个体共同存在的特定的目标、规范和价值观念。实质上,一定的目标、规范和价值观念是隶属于文化范畴的,它们本身也是一种文化。文化都是以人群作为载体的,不同人类群体之间是存在明显差别的,而这种差别主要是文化上的差异,也就是他们在生产生活方式、风俗习惯、思维模式和价值取向等方面表现不同。可以说,文化是群体内部相互认同的充分必要条件,是群体社会得以形成的基础。就像习近平总书记所指出的,中华文明作为四大古文明中唯一没有中断的文明,中华民族在长期生产生活实践中产生和形成的优秀传统文化,为中华民族的生息提供了丰厚的精神滋养。中华优秀传统文化是中华 5000 多年文明的结晶,是中华民族的独特标识。换句话说,中国人之所以为中国人的特性,中华民族之所以为中华民族的特性,不是生理的,而是文化的、精神的,没有中华文化,就不成其为中国人和中华民族。中华民族之所以是中华民族,就是因为中华优秀传统文化赋予的精神气质,这种精神气质与世界上其他民族文化所熏染出来的精神气质是完全不同的。所以说,文化是一个国家、一个民族的灵魂。没有这一“灵魂”的支撑，任何一个群体社会、国家、民族都不可能生成发展。

其次，文化是群体社会得以发展的保障。文化对于群体社会而言，最重要的一个作用便是催生一种内聚力，使得社会团结有了重要的基础和保障，进而推动社会不断向前发展。从根本上说，社会群体是人的社会组合或文化组合，其持续发展依托于文化对其的“教化”，即文化通过依附于人类的语言和其他文化载体，形成一种社会文化环境，由此对生活于其中的社会成员产生同化作用，让他们的价值观、审美观、是非观、善恶观等具有基本相同的“底色”，进而化作维系群体社会生生不息的巨大力量。正如习近平总书记所指出的：“文化是民族生存和发展的重要力量。人类社会每一次跃进，人类文明每一次升华，无不伴随着文化的历史性进步。中华民族有着 5000 多年的文明史，近代以前中国一直是世界强国之一。在几千年的历史流变中，中华民族从来不是一帆风顺的，遇到了无数艰难困苦，但我们都挺过来、走过来了，其中一个很重要的原因就是世世代代的中华儿女培育和发展了独具特色、博大精深的中华文化，为中华民族克服困难、生生不息提供了强大精神支撑。”①古往今来，世界各民族无一例外受到其在各个历史发展阶段上产生的文艺精品和文艺巨匠的深刻影响。文明，特别是思想文化，是一个国家、一个民族的灵魂。一个国家和民族如果丧失了根脉、丢掉了灵魂，就无法在世界上立足，更何谈成长与壮大。

最后，文化为群体成员提供行为规范体系，调节群体社会生活。文化对于群体社会所具有的另一最直接、最重要的作用便是使其具有系统的行为规范，使社会成员的社会性生活有章可循。历史地看，人们一旦聚为一个群体，要和谐地共同生活，就需要一定的规范体系，或正式

---

① 习近平：《在文艺工作座谈会上的讲话》，人民出版社 2015 年版，第 2 页。

制度、非正式的其他约束，来对个人行为作某种限定，而文化能为群体社会提供这一规范体系，这一规范体系具体包括风俗、习惯、道德、价值评判等，它们告知群体社会成员"可以做什么"和"不可以做什么"、"应该怎样做"和"不应该那样做"。文化便是通过这些规范"化"人的，群体社会成员便是按照这些规范来行为的。正如费孝通先生所说："每个人在一定社会角色中的所有行为和感情都不应该被看作只是'个人行为'，而都应被看作是在表演一套规范的行为和态度。"①可以说，文化对个体的行为具有先在的给定性和约束性。正是由于规范对群体社会中的个体行为的规制，才使群体社会得以化解各种矛盾，从而和谐、有序发展。

三、文化的发展是人的发展的重要条件

人的本质的形成、人的存在的"完成"都深受文化的影响与制约，人的发展亦是如此。从本质上看，人的发展与文化的发展是一致的。马克思人学理论的终极价值追求是实现"人的自由全面发展"，在马克思看来，物质生产实践活动对实现"人的自由全面发展"这一目标具有十分重要的作用，但是，物质生产的进步只是实现"人的自由全面发展"的前提，它并不能直接地满足人的发展的"全面性"的内容，亦不能直接地促进人的发展的"自由性"的实现。而文化的发展却能同时满足人的发展的"全面性"与"自由性"的要求和特点。因为文化的发展不仅为人的发展提供多种多样的精神文化产品和服务内容，而且能够最大程度地给予人自由。德国人类文化哲学家恩斯特·卡西尔认为自由是文化的灵魂，文化发展的历程也即人的自由不断发展的历程。他在其著作《人论》中就说道："作为一个整体的人类文化，可以被称之为

① 费孝通：《从实求知录》，北京大学出版社1998年版，第363页。

人不断自我解放的历程。”①人的“自我解放”即是人的自由。可以说，文化的发展是人自由全面发展的重要条件。就文化发展对人的发展的影响方面来说，主要反映在以下几个方面。

第一，文化为人的发展提供所必需的社会生活环境。真正意义上的“人”是社会的人，正如马克思所言：“人的本质不是单个人所固有的抽象物，在其现实性上，它是一切社会关系的总和。”②也即是说，人是社会的动物，人的生存和发展离不开特定的社会环境。社会环境既是人们通过交往建构起来的社会存在，又是制约和决定人的存在的先在前提。根据马斯洛需求层次理论，“人”除了有衣食住行这类基本的生活需要之外，还有人际交往、精神等方面的需要。人所创造的文化，比如服装、房屋、汽车、诗歌、绘画、文学艺术、风俗习惯等，这些不仅能够满足人的基本生活需要，还能为人提供生活养料、增添生活情趣，使人的生活丰富多彩。因此，可以说，文化不仅能够为人们提供物质生活环境，而且也能够为人们提供人际生活环境和精神生活环境。总之，它能够满足“人”的一般的生活需要，能够保障人按照“人”的标准生活。

第二，文化的发展状况直接制约着人的发展状况。从人类的发展历程来看，人类的发展与文化的发展基本上是一个同步的历史过程。文化，究其本质，就是“人化”，是人的本质活动的对象化，具有教化人、培育人的强大功能。文化的发展与人的发展表现为一种双向互动的关系。一方面，人的发展可以推动文化的发展。人不仅创造文化，而且在自己本质力量对象化的过程中也在不断地发展着文化。人的自由全面发展程度越高，文化发展的程度也会越高。另一方面，文化的发展会直

① ［德］恩斯特·卡西尔：《人论》，甘阳译，上海译文出版社 2004 年版，第 313 页。

② 《马克思恩格斯文集》第一卷，人民出版社 2009 年版，第 501 页。

接制约人的发展。“人的自由而全面发展”是马克思的终极价值追求。马克思十分强调物质生产实践活动对实现“人的自由而全面发展”这一目标的重要作用，但是，物质生产的进步只是实现“人的自由而全面发展”的前提，它并不能直接地满足人的发展的“全面性”的内容，亦不能直接地促进人的发展的“自由性”的实现。而文化的发展却能同时满足人的发展的“全面性”与“自由性”的要求和特点。历史地看，任何一次深刻的文化转型都会将人类的生存与发展推进到一个新的阶段。因为文化转型实质上是“人对自己的生命存在的最终意义的重新设定”，“在这个设定基础上，会形成新的人性规定和人格形象、新的伦理准则和新的道德规范，以及新的世界图景和新的社会理想”①，这必然会改变人的生存与发展状态。马克思对人的发展的历史阶段的划分就是基于社会关系的发展与人的发展的内在联系，也可以说是文化的发展与人的发展的内在联系。可见，文化的发展状况直接决定着人的发展状况。

第三，文化直接制约着人的社会生活技能和思想信仰、价值观念的发展。人一开始是不具备社会生活技能和知识的，只有在与人的文化交往、文化互动中才慢慢积累起来的。人是历史的，人所创造的文化也是历史的，人从出生时候起接触到的任何文化都凝结了前代人的知识、经验和社会生活技能。人类的发展历程表明，每一代人的生活技能和经验知识都是上一代传授的，然后再通过自己的实践发展、补充了这些知识、经验和社会生活技能后，又再传给下一代。这是人类世代生存发展的基本模式，社会中的每一代人、每一个人正是在这样的文化教化下发展成为合格的社会成员的。另外，文化本身就是一个价值体系和行为规范体系，它以其内在的价值标准规约着人的思想与行为，使得不同

① 李鹏程：《论文化转型与人的自我意识》，《哲学研究》1994 年第 6 期。

文化影响下的人们具有不同的思想观念和行为方式。荀子就曾说过："居楚而楚,居越而越,居夏而夏,是非天性也,积靡使然也。故人知谨注错,慎习俗大积靡,则为君子矣;纵性情而不足问学,则为小人矣。"(《荀子·儒效》)文化的确对人的思想行为具有很大影响,比如,在原始社会,氏族往往以兽为图腾,由此产生的图腾崇拜及派生出的各种仪式、禁忌、歌舞和神话故事,是氏族形成以后进行思想文化习俗教育的重要形式、内容,这些都深深地影响着氏族成员的思想观念和行为方式。

总而言之,人是一种"极度依赖于超出遗传的、在其皮肤之外的控制机制和文化程序来控制自己的行为"①的动物,文化深深地影响人的思想、人的价值、人的行动,甚至人的情感的形成与发展。人的本质的实现、人的存在的"完成"以及人的发展都是通过文化的创造和积累而达成的。但值得指出的是,人并不完全只是被动地接受一定文化的影响,而是相反,面对文化的影响,人具有高度的自为性与主观能动性。正是由于人的这种主观能动性及人的有意识的活动,文化对人的规约性才能最终体现出来。倘若没有人与文化之间的互动,文化于人而言,就始终是一种外在的存在,而不会成为规约并促进人的生存与发展的内在力量。正如基辛所言:"即使爱斯基摩人的行为真是由其文化所塑造出来的,也是经由个人心灵,并在其心灵中所塑造而成的。个人主动的角色仍然不可忽视。"②实际上,人在接受文化模塑的同时,其主观精神仍在起作用。从深层看,文化对人的作用与人能动地创造文化是统一的。

---

① [美]克利福德·格尔茨:《文化的解释》,韩莉译,译林出版社 1999 年版,第 62 页。

② [美]罗杰·M.基辛:《当代文化人类学概要》,北晨译,浙江人民出版社 1986 年版,第 87—88 页。

第二节　精神世界是人之为人的根本特质

马克思主义认为,人是现实的人、实践的人。人在实践活动中表现出与其他动物所不同的特性,这种特性主要是指人在同自然、社会和自己本身的三种关系中,作为自然存在物、社会存在物和有意识的存在物所表现出来的自然属性、社会属性和精神属性。它们相互联系、相互作用,共同构成人性的系统,完整地表征作为整体存在的人。在马克思看来,人确实是有精神需要、精神能力以及精神生活的存在物,现实的、能动的人是有意识、有理性、有思维的人,精神性是人的独特性标识,每一个生存于世的人都有一个与外部客观世界不同的内部的"主观世界",这个"主观世界"实际上就是一个人的"精神世界"。那么,精神世界究竟是什么?精神世界由哪些要素构成?精神世界对于人的存在而言,地位何在?

一、精神世界的内涵及构成

1.精神世界的内涵

精神世界,顾名思义,即精神所存在的世界。因此,要想准确理解精神世界是什么以及精神世界的构成,必须先准确把握精神的含义。

在古汉语中,"精"和"神"一开始是分开使用的,各自具有独特的含义。古人所谓的"精",主要有两层意思:第一层意思为挑选之意,是作为动词使用的,如《说文解字》中说道:"精,择也。从米,青声。"①第二层意思指的是精华,更主要的是指天地之间的精气,是作为名词使用的。如《管子》的《内业》篇中说道:"凡物之精,此则为生。下生五谷,

① 许慎:《说文解字》,岳麓书社 2006 年版,第 147 页。

上为列星。流于天地之间，谓之鬼神；藏于胸中，谓之圣人。”①又说道：“凡人之生也，天出其精，地出其形，合此以为人。”②《业内》中的“精”即“精气”，管仲认为“精气”是构成世间万物，包括人的形体和精神的本源性物质。而在古汉语中，“神”是一个会意字，从示从申。《说文解字》道：“神，天神，引出万物者也。从示、申。”“示”为表明，把事物拿出来或指出来使别人知道之意，“示，天垂象，现吉凶，所以示人也。”③“申”是指天空中的闪电形，古人认为闪电变幻莫测，威力无穷，故称之为神。在中国古代哲学中，“神”主要有三方面含义：其一是“神灵”之意，主要指的是原始宗教崇拜的神灵。《广韵》言：“神，灵也。”《诗·小雅·大田》言：“田祖有神，秉畀炎火。”《礼记·祭法》言：“山陵川谷丘陵能出云为风雨，皆曰神。”孔子亦留下一段名言：“祭如在，祭神如神在。”④这些“神”都是具有超自然力量的鬼神之神。其二为“神明”之意，指的是与人的肉体相对应的人的理智、情感、意志、思维等特质。《庄子·天地》云：“执道者德全，德全者形全，形全者神全。神全者，圣人之道也。”《黄帝内经》言：“心者，君主之官也，神明出焉。”⑤荀子云：“形具而神生”（《荀子·天论》），“心者，形之君也，而神明之主也。”（《荀子·解蔽》）这一意义上的“神”与今人对“神”的理解比较相近，主要指人的思想、观念、意志以及情感等的总体。其三为“神化”之意，指代或者描述变化多端、不拘一格、神妙莫测者。古人用此解释事物变化的不确定和偶然性。《周易·系辞传》说“阴阳不测之谓神”⑥。认

① 管仲：《管子》，时代文艺出版社 2008 年版，第 271 页。

② 管仲：《管子》，时代文艺出版社 2008 年版，第 275 页。

③ 许慎：《说文解字》，岳麓书社 2006 年版，第 7 页。

④ 《论语》，刘琦译评，吉林文史出版社 2004 年版，第 18 页。

⑤ 杨永杰、龚树全主编：《黄帝内经》，线装书局 2009 年版，第 19 页。

⑥ 全景芳：《周易·系辞传新编详解》，辽海出版社 1998 年版，第 24 页。

为“穷神知化，德之盛也”[①]。意即阴阳交变而不可揣测叫作神，如果能够穷极微妙之神，晓知事物之变化，就具备了圣人的德行。《周易》的这一思想在后世儒家那里得到了进一步发展，周敦颐、邵雍、张载、程颢都把这个意义上的“神”作为一个重要的哲学范畴，更加赋予“神”之神妙莫测的含义。如张载的一段话便可说明，他认为：“天下之动，神鼓之也。神则主乎动，故天下之动，皆神为之也。”[②]“精”“神”二字连为一词，始见于《庄子》。在《天道》篇中，庄子说道：“水静犹明，而况精神！”[③]“此五末者，须精神之运，心术之动，然后从之也。”[④]在《刻意》篇中，庄子又说道：“精神四达并流，无所不及，上际于天，下蟠于地，化育万物，不可为象，其名为同帝。”[⑤]“精”与“神”合用，意指人的精气、元神，主要是相对于形骸而言。如《吕氏春秋》言：“圣人察阴阳之宜，辨万物之利以便生，故精神安乎形，而年寿得长焉。”[⑥]在古汉语中，“精神”一词还有人的意识、思想、情感之意。如《史记·太史公自序》说道：“道家使人精神专一，动合无形，赡足万物。”[⑦]另外，“精神”一词还有要旨、事物的精微所在之意，如王安石的《读史》诗言：“糟粕所传非粹美，丹青难写是精神。”除此之外，古人还用“精神”形容人或物活跃、有生气。如《世说新语·言语》“周仆射雍容好仪形”条，注引邓粲《晋纪》曰：“伯仁仪容宏伟，善于俯仰应答，精神足以荫映数人。”[⑧]南宋诗人范成大的《再题瓶中梅花》诗曰：“风袂挽香虽淡薄，月窗横影已精神。”

---

① 全景芳：《周易·系辞传新编详解》，辽海出版社 1998 年版，第 115 页。

② 张载：《张载集》，张锡琛点校，中华书局 1978 年版，第 205 页。

③ 《庄子》，秦简注译，西南师范大学出版社 1995 年版，第 161 页。

④ 《庄子》，秦简注译，西南师范大学出版社 1995 年版，第 165 页。

⑤ 《庄子》，秦简注译，西南师范大学出版社 1995 年版，第 196—197 页。

⑥ 《吕氏春秋》，任明、昌明译著，上海出版社 2001 年版，第 25 页。

⑦ 《史记》，线装书局 2006 年版，第 544 页。

⑧ 刘义庆撰：《世说新语》，刘孝标注，王根林校点，上海古籍出版社 2012 年版，第 21 页。

在英文中，表示“精神”的词汇很多，如有 spirit、mind、mentality、psychosis、soul 等。之所以用不同的词汇来表述“精神”，主要是由于西方人对“精神”有各自不同的理解。依据代表“精神”的英文词汇所体现出的内涵，可以发现，在西方，“精神”主要有三种含义：一是指人的生命力、活力，spirit 表达的就是此意。spirit 来自拉丁语 spiritus，源自 spirare，意即呼吸。因为呼吸是生命的体现，所以 spirit 就是“生命的气息”，所谓“精神”就是人的生命力的一种表现。二是指人的理性、意识、理智，mind、mentality、psychosis 就是此意。长期以来，许多哲学家都把人的大脑所具备的理性思维能力作为人之为人的重要标志。马克思亦认为“人是有意识的类存在物”①，人的意识性是人区别于一般动物和人之所以为人的重要特征之一，这是人的精神属性的主要反映。在此意义上的“精神”与“理性”“意识”等意思相近。mind、mentality 主要反映人的理智、意识方面的特质，而 psychosis 强调的是“精神”的生理属性。三是指灵魂，soul 这个词的本意就是灵魂。西方人认为，精神就是神秘的灵魂，精神的本质就是那种虚无缥缈的灵魂。古希腊哲学家泰勒斯、毕达哥拉斯、赫拉克利特、柏拉图等人也都用“灵魂”来表示人的精神活动，亚里士多德的《论灵魂》一书便是专门讨论精神问题的。

总的来看，古汉语中的“精神”与西方语言中的“精神”有相通之处，但古汉语中“精神”一词所具有的化生天地万物之意是西方语言中没有的。综观我们人类的思想发展史，可以发现：自从人类开始意识到“精神”的存在，便一直在思考、探索、讨论精神，渴望能够揭开精神的奥秘。古往今来的哲学家、神学家、心理学家和科学家们都把精神作为一个十分重要的问题进行研究，但是他们对精神这一概念的理解却大相径庭。总体说来，根据先哲们对精神的解释或定义的不同，可以大致

① 《马克思恩格斯全集》第 42 卷，人民出版社 1979 年版，第 96 页。

划分为三种精神观:(1)传统精神观。持传统精神观的哲学家和神学家们认为精神是一种神秘的存在,它来自于另一个神秘的世界。他们把精神定义为物质之外的另一种非物质存在,并认为这种非物质的存在是构成世界的一种本原或唯一本原。例如,绝大多数神学家和灵魂论者都认为灵魂或者说精神是一种超自然、超物质的神秘存在,虽然灵魂是实在的,但它却不可描述、不可解释,非常神秘。著名的伊斯兰神学家爱勒吉斯尔在《回教真相》一书中就曾说过:“经典的明文既提及灵魂,我们只要信仰每人都有一个灵魂,灵魂是实在的,其本质如何,唯有安拉知道。……灵魂的存在,是理智所能承认的,不能感觉灵魂,不足于证明灵魂是不存在的。因为我们不能感觉灵魂,或许是灵魂太稀薄,如诸君所承认的以太,也是因为太稀薄而不能感觉的;又或许是因为灵魂太细微,如微生虫一般,不轻易看得见。他们对灵魂的住所有种种解释,有人说它住在肚腹内,有人又说住在心脏旁边,有人又说住在心脏里。”①另外,几乎所有的唯心主义哲学家也都认为精神是一种与物质截然不同的东西,是一种非物质存在。例如柏拉图的“理念”、新柏拉图主义的“太一”、莱布尼茨的“单子”、黑格尔的“绝对精神”以及中国唯心主义哲学家们所说的“太极”“理”“心”等,都是典型的传统精神观的思想反映。传统精神观所描绘的“精神”就如同唐代大诗人白居易的《长恨歌》中的句子:“忽闻海外有仙山,山在虚无缥缈间。”诗句中的“仙山”一样,一直存在于“虚无缥缈间”。传统精神观在本质上是主观猜测、想象、推理与思辨的结果,其观点与结论既缺乏确凿的证据,也缺乏有力的科学依据,因此,它不是一个科学的理论。(2)物理主义精神观。不同于传统精神观,物理主义精神观认为精神的本质并不是神秘莫测的非物质,而是一种实实在在的物理现象,精神与物质是

① [叙]爱勒吉斯尔:《回教真相》,马坚译,商务印书馆1951年版,第251—252页。

同一的。许多古代哲学家早就提出过这种观点，他们认为精神是由一种特殊的精细的物质——精气所形成的，例如“宋尹学派的精气学说，荀子的‘形具而神生’，司马谈、司马迁的‘形神离则死’，桓谭的‘人死神灭’，王充的‘无无体独知之精’”①等。西方亦有哲学家将精神看作是一种特殊的物质，如德谟克利特认为灵魂是由非常易流动的原子所组成；古希腊的大哲学家亚里士多德也认为，“灵魂全然就是物质，甚至还是由一种类似于蛛丝的细腻物质所组成的”②；“18 世纪的法国唯物主义，特别是法国‘百科全书派’把精神与物质统一起来，他们把精神也看作是一种自然本性，归结为身体的一部分，他们明确提出了世界物质统一性的观点，用他们的话来说就叫作‘自然界的齐一性’。”③物理主义精神观在本质上是唯物主义的，但它还不是科学的唯物主义，只是一种“庸俗唯物主义”。虽然物理主义者认识到精神就是一种“特殊而精细的物质”，但这种认识仅仅是天才的猜测或推理，他们对这种“特殊而精细的物质”还缺乏深入、细致的了解，因而其结论缺乏足够的支撑与佐证，显得比较单薄、无力，难以令人信服。但是，不管如何，与浮泛空洞的传统精神观相比较，物理主义对精神的理解更接近科学，更接近事实，也更接近真理。它打破了传统精神观所宣扬的精神神秘论，为日后科学精神观的形成奠定了重要的基础。（3）马克思主义精神观。马克思在批判传统精神观和物理精神观的基础上，提出了科学的精神观。在马克思的著述中，“精神”和“意识”具有相同的含义，因为马克思并未在语义学上对这两个概念进行严格的区分。因此，在马克思主义哲学中，精神主要是与意识相通的哲学范畴，指的是人的大脑

---

① 任继愈：《中国哲学史　第 2 册　两汉魏晋南北朝部分》，人民出版社 1963 年版，第 281 页。

② ［美］弗雷德·艾伦·沃尔夫：《精神的宇宙》，吕捷译，商务印书馆 2005 年版，第 16 页。

③ 陈定学：《精神的革命》，郑州大学出版社 2015 年版，第 47 页。

对于客观世界的一种主观映象，强调精神是一种依赖于物质的非物质性存在。如恩格斯就曾经明确指出："我们的意识和思维，不论它看起来是多么超感觉的，总是物质的、肉体的器官即人脑的产物。物质不是精神的产物，而精神却只是物质的最高产物。"①在马克思主义看来，精神包括一切意识活动，精神是人所特有的活动，具有"属人"的特性，离开了人就谈不上精神。另外，马克思在承认物质对意识（或是精神）的决定性时，也强调了意识的相对独立性。从存在论的视角来看，意识的这种相对独立性标识着意识"已经存在了"这样一种情状，具有现象性的表征。因此，根据马克思主义对精神的根本看法和基本观点，意识不仅体现为一种活动性质，而且具有鲜明的现象表征。

在这里，我们借鉴马克思主义的科学精神观，认为精神与意识在一定程度和范围内是等同的，但是，从二者的存在情状来看，我们认为二者又有所不同，这一不同主要表现在：在人的精神领域生成过程中，意识主要表现为一种根源性存在，而精神则不同，精神主要表现为一种结果性存在。也即是说，精神是意识活动的促成的结果，是意识活动（活动性）及其成果（现象性）的统一或总和。那么，精神世界便可界定为人的精神所存在的世界，也即人的意识活动所生成的世界，主要包括意识活动本身和意识活动结果两个方面。

2. 精神世界的构成

通过上述分析可知，精神世界即人的意识活动所生成的世界，那么，人的不同类型的意识活动将形成人的精神世界的不同内容。人的意识活动来源于社会实践，由于社会实践的形式、深度和广度不同，意识活动便具有不同的类型和模式。就意识活动的层次来看，其主要具有这样三种模式："刺激——反应"模式、"意义——反思"模式及"本

① 《马克思恩格斯选集》第 4 卷，人民出版社 1995 年版，第 223 页。

质——追问”模式。不同类型和模式的意识活动的结果分别生成了不同的精神层面，即心理层面、道德层面、价值观层面以及理想信念层面。

所谓刺激——反应模式，指的是意识活动的生成与发展基于刺激与反应的客观联结，基于意识与物质世界的作用与反作用，这种在刺激——反应模式下形成的意识活动是人类意识的初级活动。意识的刺激——反应模式源于物质世界普遍具有的反应特性，这种反应特性是人类意识产生的前提。从物质的反映特性发展到人的意识，主要经历了三个阶段，即从物质的反应特性到低级生物的刺激感应性阶段；从低级生物的刺激感应性到动物的心理阶段；从动物的心理到人的意识阶段。从发生学的角度来看，所有有生命的动物都会对长期存在的某种刺激习惯化，并倾向于将零散信息组织成“完形”，并伴随着感觉、知觉、形象记忆、不随意注意、直观、情绪等反应，这些反应被心理学家统称为低级心理机能。这些低级的心理机能是最古老的，是动物和人所共有的，它是消极适应自然的结果，是低级水平的心理现象，是伴随生物的自身结构的发展尤其是神经系统的发展而发展的，受生物学规律支配。然而，虽说在本质上动物的心理与人的心理具有共通性，都是一种对外部刺激的应答，但从性质上看，二者之间又具有原则上的区分，其分界是自我意识，动物没有自我意识，而人有。当外界刺激物没有产生较强作用或者不存在相应的外界刺激物时，人可以凭自己的主观愿望和意志去寻找它、追求它，把它呈现在自己的头脑之中，并作出相应的反应行为。因此，与动物相比，人会在形象记忆的基础上增添逻辑记忆，在不随意注意的基础上增添随意注意，在低级情绪的基础上增添各种如责任感、理智感等高级情感。所有这些逻辑记忆、随意注意、高级情感等反应被心理学家称之为高级心理机能。这是除了人之外的所有动物所不具备的。因此，不难发现，在刺激——反应模式下，意识活动最终生成的结果是心理内容，这是人的精神存在的基础，是人的精神世界的最基础构成。人的精神世界正是在基本的心理状态下不断发展的。

所谓意义——反思模式,指的是意识活动的生成与发展基于人对世界价值的思考,即思考世界对人的意义。这种在意义——反思模式下形成的意识活动是人的主体性需求的一种表达,因为这种意识活动是对主体自身的一种指向。反思的目的和指向不同,意识活动所生成的精神世界的内容便不同。首先,从反思的目的来看,人进行反思是为了实现自我的优化,为了能够更好地顺应自然、社会和人类客观需要去行事,以便更好地发展自然、发展社会以及提升自己。在人类的这种反思活动中,为了达到其追求发展的目的,人类会根据其利益需要制定出他们共同生活及其行为的准则和规范,使人与人之间、个人与社会之间、人与自然之间的关系臻于完善与和谐。这种用于指导人们生活及其行为的准则和规范即我们所说的道德。目前,关于人的道德意识的发展研究也在表明,个体的反思对其道德意识的生成与发展具有关键性的作用。只有通过个体意识的反思,他律才能够转化为自律,道德活动才能够从迫于外在的命令、服从上升为个体的主动接受或创造,最后在统一、协调他律与自律的基础上达到道德自由的高度。因此,从人类反思的目的视角来看,人类进行反思的意识活动所生成的结果就是道德内容,这是人的精神存在的一个重要反映,是人的精神世界的重要构成。

另外,从反思的指向来看,人对世界的反思主要有这样三个层次:自然界、社会及人自身。对不同对象反思的结果便是形成对该反思对象的基本看法、态度和选择,而在反思基础上形成的对某种事物的基本看法、态度和选择实质上是某种价值观的表现,比如,对自然界进行反思的结果将形成自然价值观,对社会进行反思的结果将形成社会价值观,对人自身进行反思的结果则形成人生价值观。人对不同对象进行反思所形成的结果统一构成了价值观的基本结构。因此，从人类反思的指向视角来看，人类进行反思的意识活动生成的结果是价值观。个人的价值观一旦确立，便具有相对的稳定性和持久性，并主导、支配着个人的思想和行为，对于个人的成长与发展而言具有非常重要的作用。所以，价值观亦是人的精神性存在的一个重要反映，是人的精神世界的最主要、最重要的构成。那么，在意义——反思模式下，意识活动的结果即是道德内容和价值观内容的形成。

所谓本质——追问模式，指的是意识活动的生成发展基于人对世界本源的不断追问，这是意识活动的最高层次。人天生具有这样一种特性，就是从不满足于既定的答案，总爱追根究底，超越现有的认知，追寻无限的可能性。正如康德所认为的，“理性的本性就是要超越现象去探索更深的条件和根据，把握世界的绝对总体”①。人的这种天性十分地坚韧，以至于人类世世代代都会无休止地追问下去；人的这种天性所产生的作用又是十分巨大的，以至于人类通过它实现了无止境的超越，保持了永久的生力。人类通过对世界本质的不断追问，不仅能够实现在观念上对世界的深层同构，而且还能获得在观念上对物质世界的驾驭权利。实质上，意识的本质——追问活动就表达着人试图通过观念驾驭世界的这样一种期待。这种期待与人们对未来事物的美好想象和希望是一致的。不言而喻，意识的追问活动所生成的结果就是人的理想信念。这是个人精神存在的核心，标明的是人的精神发展所达到的高度，是人的自我认识的升华和境界。人的理想信念水平最能反映人的精神世界的发展水准。

总而言之，关于人的精神世界的基本构成，我们可以作这样的理解：通过不同类型和模式的意识活动，人的精神世界形成了这样一种层

① 姚定一：《论西方哲学古典理性主义的历史流变》，《四川师范大学学报（社会科学版）》1991 年第 4 期。

次性结构,即心理层面、道德层面、价值观层面和理想信念层面。不管是从“类”的角度而言,还是就个体的角度来讲,精神世界的基本构成是一致的,都包含了以上四个层面。虽然说人的精神世界的这四个层面各自形成的机制是不同的,但这些层面之间又是相互联系、相互依存的,并且它们之间还表现出一种层递关系。这四个层面都是人在长期的社会实践中形成的意识活动的高度自觉和理性化的结果,它们共同构成人的精神世界的整体。

二、精神世界是人的本质反映

精神世界是人的主观世界,是人的意识活动对外界客观事物能动反映的结果。那么,精神世界对于人的生存与发展而言具有什么意义呢?从精神世界的特有属性来看,精神世界是人与动物相区别、人之为人的根本特质所在,精神世界是人的本质反映。

说精神世界是人的本质反映,首先必须弄清楚人的本质是什么。关于人的本质问题一直都是人类思想史上争论不休的一个问题,思想家们基于不同的视角和不同的方法论,得出不同的结论,至今都未达成统一共识。要分析人的本质问题,就离不开马克思的两个著名论断,其一是:“一个种的全部特性、种的类特性就在于生命活动的性质,而人的类特性恰恰就是自由的有意识的活动。”①其二是:“人的本质不是单个人所固有的抽象物,在其现实性上,它是一切社会关系的总和。”②在马克思主义哲学中,人的本质问题是指什么使人成为人的问题,是人如何产生和发展的问题,探讨人的本质,就是要洞察人的根本,揭示人产生的原因,找出人存在、发展的根据,以及反映人的发展趋势。仔细研读马克思的论述发现,马克思认为人的本质是人的类本质,而且马克思

① 《马克思恩格斯选集》第 1 卷,人民出版社 1995 年版,第 46 页。

② 《马克思恩格斯选集》第 1 卷,人民出版社 1995 年版,第 46 页。

十分强调“特性”。也即是说，马克思认为人的本质应该是人身上具有的一种普遍性的、共性的东西。从马克思的论断可以发现，马克思认为，“作为人的本质的东西，只能是既作为实践的条件，也作为实践产物的人的现实的一切社会关系经过‘总和’后在人身上凝结成的某种特性。”①这也即是说，人的本质是由社会关系塑造的，脱离了人类的社会关系，人就不可能成为真正意义上的“人”。“一切社会关系的总和”是马克思关于人的本质理论的核心内容。由此可见，人的本质是一种关系性范畴，要把握人的本质，关键是要科学分析社会关系“总和”的具体实现过程，这一“总和”的实现过程实际上就是人的本质的生成过程，过程的结果即是我们所要论证的结论。而要想得到这一结论，首先就必须弄清社会关系的结构，这是分析社会关系“总和”实现过程的前提条件。

众所周知，人在实践活动中形成的社会关系是多方面的，涉及社会生活的各个领域，马克思把这些众多领域中的各种各样的关系划分为两类：一是物质的社会关系；二是思想的社会关系。马克思的这一思想，可以从他如下论断中深刻地反映出来：“法的关系正像国家的形式一样，既不能从它们本身来理解，也不能从所谓人类精神的一般发展来理解，相反，它们是根源于物质的生活关系……人们在自己生活的社会生产中发生一定的、必然的、不以他们的意志为转移的关系，即同他们的物质生产力的一定发展阶段相适合的生产关系。这些生产关系的总和构成社会的经济结构，即有法律的和政治的上层建筑竖立其上并有一定的社会意识形式与之相适应的现实基础。物质生活的生产方式制约着整个社会生活、政治生活和精神生活的过程。不是人们的意识决定人们的存在，相反，是人们的社会存在决定人们的意识。社会的物质

---

① 廖小琴：《再论人的本质——兼谈人的精神生活之理论根据》，《求实》2005 年第 3 期。

生产力发展到一定阶段,便同它们一直在其中运动的现存生产关系或财产关系(这只是生产关系的法律用语)发生矛盾。于是这些关系便由生产力的发展形式变成生产力的桎梏。那时社会革命的时代就到来了。随着经济基础的变更,全部庞大的上层建筑也或慢或快地发生变革。在考察这些变革时,必须时刻把下面两者区别开来:一种是生产的经济条件方面所发生的物质的、可以用自然科学的精确性指明的变革,一种是人们借以意识到这个冲突并力求把它克服的那些法律的、政治的、宗教的、艺术的或哲学的,简言之,意识形态的形式。我们判断一个人不能以他对自己的看法为根据,同样,我们判断这样一个变革时代也不能以它的意识为根据;相反,这个意识必须从物质生活的矛盾中,从社会生产力和生产关系之间的现存冲突中去解释。"①列宁将马克思的这一段话作了简单明了的转述,他说,马克思恩格斯的基本思想是"把社会关系分为物质的社会关系和思想的社会关系。思想的社会关系不过是物质的社会关系的上层建筑,而物质的社会关系不是以人的意志和意识为转移而形成的,是人维持生存的活动的(结果)形式"②。同时,列宁对物质的社会关系和思想的社会关系还作了解释,指出物质的社会关系"即不通过人们的意识而形成的社会关系:人们在交换产品时彼此发生生产关系,甚至都没有意识到这里存在着社会生产关系"③,而思想的社会关系"即通过人们的意识而形成的社会关系"④。在马克思看来,物质的社会关系即生产关系或经济关系,正如他所言:"人们的生活自古以来就建立在生产上面,建立在这种或那种社会生产上面,这种社会生产的关系,我们恰恰就称之为经济关系。"⑤这种经

① 《马克思恩格斯选集》第 2 卷,人民出版社 1995 年版,第 32—33 页。

② 《列宁选集》第 1 卷,人民出版社 1995 年版,第 19 页。

③ 《列宁选集》第 1 卷,人民出版社 1995 年版,第 8 页。

④ 《列宁选集》第 1 卷,人民出版社 1995 年版,第 8 页。

⑤ 《马克思恩格斯全集》第 30 卷,人民出版社 1995 年版,第 481 页。

济关系体现在生产、分配、交换和消费四个方面，主要包括生产资料的所有制关系、人们在社会生产和交换中的地位和相互关系、产品的分配关系以及由此形成的消费关系。而思想的社会关系是与物质关系相对立，通过政治、法律的制度和设施以及意识形态表现出来的一种人与人之间的社会关系，主要包括政治关系、法律关系、道德关系、宗教关系等。因此，如果把全部社会关系看成是一个大系统，那么，物质的社会关系和思想的社会关系则是构成整个社会关系大系统的主要的两个子系统，且二者又分别是一个由多种要素组成的小系统。马克思主义认为，物质的社会关系是思想的社会关系的基础，决定着思想的社会关系的性质和发展变化，是第一性的社会关系；思想关系则是物质的社会关系的反映，同时又能够对物质的社会关系产生积极的反作用，是第二性的社会关系。但无论是物质的社会关系，还是思想的社会关系，它们都是具体的和历史的，在人类历史的不同阶段具有不同的性质和形式。同时，马克思主义认为，物质的社会关系与思想的社会关系是相互渗透、辩证统一的，如阶级关系和家庭关系等，都既包含了物质的社会关系，又包含了思想的社会关系。因此，依据马克思主义观点，思想的社会关系与物质的社会关系的辩证统一，是在一定的、具体的社会历史条件下，在以物质生产力为主的社会实践活动中经过人的大脑的加工完成的。这一辩证统一过程实际上也就表现为社会关系的总和过程，同时也是人的本质的生成过程。

“一切社会关系的总和”是马克思关于人的本质理论的核心内容，那么，社会关系究竟是怎样进行“总和”的呢？这一“总和”的过程到底是怎样的呢？在考察社会关系的“总和”过程之前，首先需要明确的一点是，这里的社会关系的“总和”不能理解为物质的社会关系和思想的社会关系的简单相加，这一“总和”实质上是二者按一定的结构有序排列、有机结合而成的。如果将全部社会关系看成是一个大系统，那么，作为“总和”后的大系统，其构成要素已不再仅仅表现为物质的社会关系和思想的社会关系，而是已经融合形成了原有构成要素所不具备的新质，发展成为一种新事物。由此可见，“社会关系的‘总和’不是‘数学和’、‘代数和’，而是‘化学和’。……所谓‘化学和’，即类似于化学中的‘化合反应’。”①就像是氢和氧“总和”起来变成水，变成了一种不同于氢或氧的新的物质的反应过程。因此，社会关系在人的头脑中“总和”后，实际上已经不再是原来的社会关系，而是变成了人的头脑对社会关系的能动反映之物——社会意识或精神。恩格斯在探究原始人类是如何产生“神”的概念时说过：“通过智力发展中自然发生的抽象化过程——几乎可以说是蒸馏过程”②，社会关系“总和”的“化合反应”过程实际上就是恩格斯所说的“蒸馏”过程。通过社会关系“总和”后所产生的社会意识或精神实质上就是人脑对人的社会关系加工、“蒸馏”的产物，是人的社会关系“总和”后的质态的意识。具体地说，这个“总和”的过程是：人的社会关系通过社会实践移入人脑，继而在人脑中经过加工、改造和蒸馏等环节，最后形成一种社会意识。这便完成了人的本质形成的一个过程。然而，经过人的头脑的抽象加工和“蒸馏”所形成的新事物——社会意识外化之后，将表现为人的一种新的思想的社会关系，这一新的思想的社会关系最终也将归结为物质的社会关系，并与相应时段的物质的社会关系一起，参与社会关系“总和”的下一个过程。因此，我们可以发现，社会关系的“总和”是一个连续不断的循环往复的运动过程，这种循环往复不是周而复始的简单重复，而是每循环一次都会产生不同的新内容。因而，人的本质便是一个不断变化发展的运动过程。而在这个“总和”过程中不断生成的被称为新事物的东西，正是人的本质的表征，是人的真正的财富。这种表征

① 余常德：《简论社会关系“总和”的实现过程》，《探索》1996 年第 3 期。

② 《马克思恩格斯全集》第 42 卷，人民出版社 2016 年版，第 162 页。

人的本质和真正财富的社会意识或精神的不断生成，会使人产生一种持续不断的社会需要和精神需要，需要外化为动力，表现在人的现实生活中，就是人的社会生活和精神生活的存在及其发展；表现在人的主观世界中，就是人的精神世界的存在及其发展。因此，人的本质及其生成和发展是人的精神生活、精神世界存在和发展的根据。

通过上述分析，我们知道，精神是现实的一切社会关系"化合"的最高产物，是属于人的本质的东西。这也正是马克思说"只有精神才是人的真正的本质"①的原因所在。但是，如果把人的本质就看成是精神，这是不全面的，因为不论是实践还是社会关系的"总和"，都是以人为主体进行的，因而考察人的本质必须以人的存在为前提。在马克思主义看来，人的存在具有自然属性、社会属性和精神属性，然而，在这三种特性中，精神性处于核心地位，因此，可以说，人的精神性是人的本质反映，是人存在的深层尺度。那么，由人的精神所生成的世界自然也是人的本质反映，是人之为人的根本特质所在。

第三节　文化之于当代青少年精神世界的生成与发展具有建构意义

人是文化建构的产物，精神世界是人的本质反映，那么，不难推论出，当代青少年精神世界的生成与发展必然深受其所处的文化环境的影响与制约。在某种意义上说，文化对当代青少年精神世界的生成与发展也具有明显的建构作用，文化之于当代青少年的精神世界具有十分重要的建构意义。然而，文化要能够对当代青少年精神世界的生成与发展产生影响，必须具备两个前提条件：一是当代青少年的精神世界

① 《马克思恩格斯全集》第3卷，人民出版社2002年版，第319页。

本身具有被建构的可能性;二是当代青少年精神世界的各个构成要素都与文化保持着紧密的联系。唯有同时具备这两个前提条件,文化才能够实现对当代青少年精神世界的建构,才能够真正影响当代青少年精神世界的生成与发展。

一、当代青少年精神世界的可建构性

辩证唯物主义哲学认为,一切事物,大至天体宇宙,小至微观粒子,本质上都是运动的、变化的、发展的。由此推断出当代青少年的精神世界也是变化的、发展的、可以建构的。K.丘可夫斯基曾十分形象地把儿童复杂的精神世界比作一部艺术作品的草稿,这个形象的比喻深深地蕴含着精神世界的可建构性、可塑造性意蕴。实质上,当代青少年精神世界的可建构性是由精神世界所具有的独特特点决定的。

精神世界的生成性决定了当代青少年精神世界的可建构性。精神世界不是先天存在的,"预成的",而是生成的。那么,精神世界究竟是如何生成的呢? 这一问题实际上就是"意识是如何生成"的问题。关于意识的起源、生成问题,马克思主义的意识论和认识论早已做出了解答。在人类历史上,各种反动阶级为了磨灭被剥削者的意识,曾大肆宣扬、散布神和上帝创造人并赋予人意识的这种宗教神秘观念,主张意识的神秘论。马克思主义哲学基于科学事实,否定了一切超自然的人类意识的起源论,揭露了一切宗教和唯心论的谎言。马克思主义意识论认为,人类意识是在人类祖先——猿猴的心理发展基础上,在从事劳动的过程中产生的,劳动是促使人类产生意识的最重要的因素。人的意识和动物的心理活动有着共同的物质和心理基础,它们都是高级神经系统活动的产物,但是人的意识和动物的心理之间却存在着巨大的差别,造成这一差别的主要原因在于人的社会物质生活和社会劳动。劳动是人的意识产生的最主要、最大的推动力,在劳动过程中,人类不但改变着自然界，而且也改变着自己，不但改变了自己的体质和器官，而且还扩大了自己的眼界，产生了语言，产生了意识。劳动对于人类意识的产生和发展所起的重大的作用，在恩格斯《劳动在从猿到人转变过程中的作用》一文中就曾有过描述，恩格斯认为作为人的意识产生的生物基础——人脑是在劳动中发展起来的。“首先是劳动，而后是语言和他一起成了最主要的推动力，在它们的影响下，猿的脑髓就逐渐地变成人的脑髓；后者和前者虽然十分相似，但是就大小和完善的程度来说，远远超过前者。和脑髓的进一步发达相并行，它的最密切的工具——感觉器官——也进一步发达起来了。”①劳动“是整个人类生活的第一个基本条件，而且达到这样的程度，以致我们在某种意义上必须说：劳动创造了人类本身”②。恩格斯的描述深刻地表达了劳动创造人的意识这一层意思。因此，笔者认为，人的精神世界是在其劳动实践中历史地生成的，受人类社会实践活动的形式、广度和深度的影响。人的精神世界的这一生成性特点正好给当代青少年精神世界的可建构性、可塑造性提供了机遇，也可以这样说，正是人的精神世界存在着的这一特性，才为当代青少年精神世界的可建构性奠定了现实的基础。

不仅精神世界的生成性决定了当代青少年精神世界的可建构性，精神世界的可变性特点也决定了当代青少年精神世界被建构的可能性。精神世界是人的意识活动所生成的主观世界，本质上是观念的东西，而不是物质的东西，它不是不可改变的，而是具有显著的可变性特点。所谓观念的东西，也就是移植在人的头脑中并且被改造过的物质现象，关于这个道理，马克思早有论述：“在黑格尔看来，思维过程，即他所称为观念而甚至将其变成独立主体的思维过程，是现实事物的创造主，而现实事物不过是思维过程的外部表现。在我看来，恰恰相反，

① ［德］恩格斯：《自然辩证法》，曹保华等译，人民出版社 1962 年版，第 140 页。

② ［德］恩格斯：《自然辩证法》，曹保华等译，人民出版社 1962 年版，第 137 页。

观念现象不过是被移置于人的头脑中并在人的头脑中改造过的物质现象而已。”①列宁也指出过:“意识都不过是存在的反映,至多也只是存在的近似正确的(恰当的、十分确切的)反映。”②可见,精神世界是对客观物质世界的主观观念的印象和摹写的结果,是一种主观见之于客观的产物。由于客观的物质世界是不断运动、变化、发展的,因此,由意识活动生成的精神世界也会随着客观物质世界的变化、发展而产生相应的改变。精神世界的观念属性表明精神世界的生成与发展深受客观物质存在的影响与制约,并表现出明显的可变性、发展性的特点。这一特点表明在不同的客观环境影响下,人的精神世界所表现出来的思想、观念、心态等都是不同的。我们应当深信,由青少年的精神世界所显示出的思想、观念、心态等是可能被影响、被塑造、被建构的。

不管是精神世界的生成性,还是精神世界的可变性决定了当代青少年精神世界具有被建构的可能性,从根源上看,当代青少年精神世界之所以可以建构,最终是由人的本质所决定的。如马克思所言,人的本质是一切社会关系的总和,人不能离开社会的群体生活,精神世界作为人的本质的集中反映,其内容和特征主要是由社会环境、社会关系和社会生活所决定的。其中,社会关系对精神世界的变化和发展最具有决定意义。不同时代的人由于其所生活于其中的社会关系不同而具有不同的精神世界特征。即使是生活在同一时代,人们的精神世界也会千差万别,这主要也是由于他们所生活于其中的社会生活和社会关系存在各种差异。就像德国哲学家费尔巴哈所说的,“住在皇宫的人与住在茅屋里的人想的不一样”。所以说,人的精神世界的发展必须依赖于社会条件,尤其是社会生产力,其生成与发展是以社会生活和社会关系的发展为基础的,社会生活和社会关系的变化必然引起人的精神世

① 《马克思恩格斯文选　两卷集》第1卷,人民出版社1954年版,第435页。

② 《列宁选集》第2卷,人民出版社1995年版,第221页。

界的变化。总之,人的精神世界的生成性、可变性、发展性是由人的本质属性所决定的。因此,我们说,社会关系最终决定精神世界的变化和发展,决定了当代青少年精神世界的可建构性。

不容置辩,当代青少年的精神世界是可建构的,但是,在理解当代青少年精神世界的建构时要注意把握两点:一是当代青少年精神世界的建构是社会建构与自我建构的统一。马克思主义认为,“精神是物质世界长期发展的产物,是人脑的机能,是物质世界的反映。”①在马克思主义看来,精神自诞生起便具有社会特质,受社会环境、客观物质存在的影响与制约。这是当代青少年精神世界的社会建构性的强有力证明。但是,当代青少年精神世界建构,不仅仅是社会对青少年精神世界的建构,更重要的是青少年作为主体的我对作为客体的我的自我精神世界的建构。马克思曾指出:“人的类特性恰恰就是自由的自觉的活动”②,那么,对于自己的精神世界,人也是存在着这种“自由的自觉的活动”的。在各种客观物质存在的作用下,作为主体的我绝不是对自己的精神世界无所作为、无能为力的。因为,人是具有理性和自我意识的。自我不是消极的、被动的、宿命的、无所作为的,而是积极的、主动的、自主的、富有创造潜力的。著名的瑞士心理学家皮亚杰说过,儿童是自己的哲学家,美国心理学家科尔伯格进一步指出,不仅是儿童、青少年,甚至包括成人都是自己的哲学家。因此,可以说,人是自己的哲学家,人具有认识自己、解释自己、设计自己、发展自己的能力。所以,当代青少年精神世界的生成与发展既受主体自我的影响,又受客观社会环境的影响,其精神世界的生成与发展是自我建构与社会建构共同建构的结果。在实际的建构过程中,自我建构与社会建构并不是两个相互独立的过程,而是同时进行、相辅相成的双重建构。二是当代青少

---

① 曾向阳:《当代意识科学导论》,东南大学出版社 2003 年版,第 172 页。

② 《马克思恩格斯全集》第 42 卷,人民出版社 1979 年版,第 96 页。

年精神世界的建构是一个不断地连续建构和永恒发展的动态过程。宇宙中的一切事物,包括意识和精神,都处在不断地运动、变化和发展之中,从简单到复杂,从低级到高级,永不停息。伴随着社会生产力的发展,客观物质世界会首先发生改变,而客观物质存在的发展变动,必然会引起有关精神世界社会建构中的因素的变动,从而引发人的精神世界呈现出不同于以往或他人的特征。同时,人的意识、观念也会随着这种变动发生变化,而人的意识的变动最终也将改变人的精神世界的发展状况以及引发客观物质世界新的改变、发展。这一过程即是人的精神世界的社会建构与自我建构共同建构的一个完整的过程。而客观物质世界新的改变又会引发人的精神世界的新一轮的变化与发展,进而引发人的意识的新的发展,而人的意识的新的发展又将重新改变人的原有的精神世界以及客观物质世界的发展状况……当代青少年的精神世界便是在主体与客体如此循环往复的不断建构与被建构中,向着更高级的方向发展的。

二、当代青少年精神世界构成的文化性

人是文化建构的产物,人的生存与发展始终处于一定的文化系统之中。精神世界作为人的本质反映,其建构与发展自然也离不开文化的影响与规约。受文化的影响,每个人身上都会留下文化印记,当代青少年的精神世界亦不例外,其构成要素均具有一定的文化性格。

1.心理的文化性

人的心理是大脑对客观物质世界的主观反映,人的心理发展不仅具有人类共有的性质和特点,而且还具有其所接触到的文化的特有的性质和特点。一些心理学家在探究人的心理的产生与发展问题时,都注意到了意识与文化之间的紧密联系,比如构造心理学、机能主义心理学、皮亚杰学派的理论框架或理论假设都体现出其独特的文化精神。

对于人类心理的文化特点,民族心理学给予了特别的关注,其代表人物便是冯特,他试图通过对语言、神话、风俗等民族文化历史产物的分析,以了解人类心理行为的文化特有的特点。除了冯特之外,很多心理学家也都认识到了文化对人的心理产生与发展的影响,主张从文化的维度来解释人的心理的产生和发展。

关于文化与心理的关系问题,其实在哲学上早已有人对此作过讨论。最早可以追溯到古希腊哲人对灵魂问题的探讨,近则可以从黑格尔和马克思的著作中找到部分注释,他们从哲学的角度,把文化与心理关系问题纳入到了存在与意识的范畴进行研究。被誉为"心理学界的莫扎特"的苏联心理学家维果斯基基于马克思主义关于存在与意识关系理论基础,并运用唯物的辩证方法论,对文化与心理关系问题作了深入的研究。维果斯基认为,人的心理的发展沿着自然发展和文化发展两条路径行进,这两条路径在个体的心理发展中紧密地联系在一起。自然的发展过程即是从简单的单细胞动物到高级的哺乳动物的初期的生物进化过程;文化历史发展过程,即心理的"人化"过程。也就是说,人的心理的生成与发展,既受生物进化的规律所制约,也受社会的文化历史发展规律所制约。他指出文化创造着行为的特殊方式、改变着心理机能的活动,文化是人的高级心理机能产生和发展的机制。"人的高级心理机能就像人的实践活动以劳动工具为中介一样,是以社会文化的产物——符号为中介。人正是借助符号,特别是词语系统的中介从根本上改变着一切心理活动,从而形成人类特有的高级心理机能。人所特有的心理过程结构最初是在人的外部活动中、在人们的协同活动和人与人的交往活动中形成,然后才能转至内部,成为人的内部心理过程的结构。"①

---

① 郑发祥、叶浩生:《文化与心理——研究维果斯基文化历史理论的现代意义》,《心理学探新》2004 年第 1 期。

不止维果斯基强调社会文化对人的心理机能发展的重要作用,20世纪60年代兴起的文化心理学更是强调文化对人的心理和行为的决定性作用。文化心理学主要是以人、社会结构以及文化符号这三个系统来“分析、研究作为文化存在的人及其心理的特点,探讨文化对人的心理生成和意义生成以及心理与文化、社会的交互作用”①,我国就有学者从社会建构论的视角出发,认为特定的心理现象与社会文化有关,心理与文化之间存在着紧密的联系,二者是相互构成或相互建构的。学者石凤妍亦认为人的心理发展与文化存在莫大关系,她认为,人的心理就是在人与文化的相互创造中建构发展起来的。这些研究发现彻底实现了心理学的文化转向,而“文化的转向促成了心理学中的‘第四力量’的形成,提供了一种不同于行为主义、精神分析、人本主义心理学的理论观点,构成了心理学的第四个解释的维度”②。对于将文化引入人的心理研究这一问题,美国心理学家皮特森曾说道:“文化是心理学理论中最重要的,也是误解最深的一个概念……如果不考虑文化背景,任何精确评价,有意义地理解和适当地改变行为的尝试都是误导的、天真的和危险的。以文化为中心的观点提供了除精神分析、人本主义和行为主义对人的行为解释之外的第四个解释的维度,它的意义就像三维空间之后发现作为时间的第四维度。”③国内学者的研究也表明,“不同文化传统、社会背景、生活经历,都会使个体心理生活呈现不同色彩。每种心理生活只能由生活于其中的文化来解释,这就使每一文化背景下的心理生活深深打上文化烙印。”④学者葛鲁嘉也认为“人的心理生活是发生、融贯在社会、文化和历史之中。因此,可以通过社会、文化和

① 丁道群:《文化心理学的兴起》,《心理学探新》2002年第1期。
② 叶浩生:《试析现代西方心理学的文化转向》,《心理学报》2001年第3期。
③ Pedersen P., *Multiculturalism as a fourth force*, Tayor and Francis, 1999, pp.3-14.
④ 孟维杰:《心理学文化品性》,黑龙江大学出版社2008年版,第57页。

历史来理解人的心理生活,也可以通过人的心理生活来理解社会、文化和历史”①。可见,文化是解释人的心理产生与发展的重要维度,文化对人的心理产生与发展具有十分重要的作用。这为解释不同文化背景下的人的心理发展的差异性提供了重要的理论依据。总之,我们不能离开文化来考察人的心理发展问题,实际上,人的心理是在文化的影响下发展和成熟起来的,文化参与塑造了人类的心理运作过程。

2. 道德的文化性

道德是理性人的本质要义,它既是崇高、善良、美好的象征,又是人抵御各种不良行为诱惑和侵蚀的堤坝。康德曾经说过:这个世界上惟有两种东西能让我们的心灵感到深深的震撼,一是我们头顶上的灿烂天空,一是我们内心崇高的道德法则。道德不仅是人来摆脱兽性、获得人性的标志,也是人类不断走向文明的条件,道德是人类文明程度的重要标志。人与文化是共生共存的,道德作为人的一种个性反映,与文化之间也必然存在着紧密的联系。不管是从道德本质特征上讲,还是从语义学的角度考察,道德都凸显出了深厚的文化底蕴。

首先,从道德的本质特征上讲,马克思主义认为,“思想、观念、意识的生产最初是直接与人们的物质活动,与人们的物质交往,与现实生活的语言交织在一起的”。② “人们自觉地或不自觉地,归根到底总是从他们阶级地位所依据的实际关系中——从他们进行生产和交换的经济关系中,获得自己的伦理观念。”③从马克思、恩格斯的论述中可以看出,道德是人类实践活动的结果,是一种特殊的社会意识形态,这是道德的最一般本质特征。道德的一般本质特征表明,道德是由社会存在

---

①　葛鲁嘉:《心理生活论纲——关于心理学研究对象的另类考察》,《陕西师范大学学报(哲学社会科学版)》2005 年第 3 期。

②　《马克思恩格斯全集》第 3 卷,人民出版社 1960 年版,第 29 页。

③　《马克思恩格斯选集》第 3 卷,人民出版社 1995 年版,第 435 页。

决定的，是社会存在的一种主观能动反映，其内容、特征、发展和演变都受社会存在，尤其是社会经济关系的影响和制约。这一点与人类精神发展的一般特征无异。道德的一般本质是把道德放在整个社会中进行考察得出的结论，但深入到社会意识形态的内部，将道德与其他意识形式作一比较会发现，道德具有明显不同于其他意识形式的特点，即道德是一种特殊的规范调解方式，这是道德的特殊本质。它的特殊的规范性主要表现在：与政治规范、法律规范不同，它是一种非制度化的规范、一种非强制性的规范、一种内化的规范。道德的这一特殊规范性表明道德的内容、来源脱离不了人的生活习惯、风俗习惯，从根本上说，脱离不了人的文化习惯。道德的本质不仅仅可以从一般本质和特殊本质来考察，还可以从道德的更深层次的本质来考察。从更深层次来看，道德是人的一种实践精神，是一种以指导人的行为为目的，以形成人们正确的行为方式为内容的实践精神，这是道德的最深层次的本质特征。道德的这一本质特征表明道德既然是一种"精神"，那么它必定是一种文化。因此，不管是从道德的最一般本质特征、特殊本质特征还是最深层次的本质特征来看，道德就是人类精神文化的一部分，隶属于文化的范畴。

其次，从道德的语义学内涵来看，道德的文化底蕴也非常地明显。"道"与"德"在中国历史上一开始是分开使用的，它们各有自己的含义。"道"原指道路、交通规则，引申到伦理学领域，则意为人们必须遵循的社会行为准则、规矩或规范。"德"与"得"意义相近，引申至伦理学领域，则指人们践行了"道"而形成的心理意识、观念情操和品质境界等，即人遵循为人之道所引起的收获体验。"道""德"二字连在一起使用，最早出自老子的《道德经》，但老子依然从"道"和"德"这两个概念来解释"道德"，他认为，道者，人所共有；德者，人所自得也。显然，在中国古代伦理学意义上的"道"和"德"分别表示当今意义上的客观的道德规范和主观的道德品质。在西方,“道德”一词源于“风俗”,而“风俗”是拉丁文“mos”(即风俗、性格)的复数。后来,古罗马思想家西塞罗根据古希腊道德生活的经验,根据“风俗”一词创造了形容词moralis,意指国家生活的道德风俗和人们的道德个性。之后,英文中的道德一直沿袭着这一含义,兼具社会风俗和个人品行的双重意义,与中国古代的道与德的含义十分类似。因此,尽管东西方的伦理学家对道德的解释存在差异,但从“道”和“德”的词源意义上来看,东西方伦理学家都认为,“道”与“德”的合用是用来表示道德包含了社会的道德规范和个人的道德品质两方面的内容,是主观精神与客观精神的统一。所以说,从道德的语义学视角来看,道德的语义就是对道德本身的文化特征的肯定和说明。

最后,从道德的生成发展来看,文化是道德生成发展的关键因素。文化作为一种社会意识,其生成发展不仅受到生物进化规律的制约,而且深受客观存在的文化的发展规律的影响与制约。人是文化的存在,人正是“以文化为工具去适应他们所处的生态环境与社会环境,并建构起关于世界与自我的观念”的,文化历史背景构成人的道德生成与发展不可或缺的支持性因素。美国儿童发展心理学家科尔伯格在研究儿童的道德生成发展过程时,就指出:文化因素能够改变道德发展的速度和广度。法国社会学家涂尔干更是强调影响人的道德发展的文化和环境因素。国内学者的研究也表明:“不同的社会文化背景影响到品德发展的速度,无论是在道德判断的发展方面,还是在公正观念、处罚观念和公有观念的发展方面。”①由此可见,国内外的学者、教育家都认为文化是影响道德生成与发展的重要因素,道德不可避免带有文化烙印。

---

① 林崇德:《品德发展心理学》,上海教育出版社1989年版,第188页。

3. 价值观的文化性

价值观是人对客观事物的是非及重要性的评价，是人行为方式的准则和尺度，是个性心理结构的核心因素之一，它使人的行为带有稳定的倾向性。价值观作为一种思想、观念，与文化存在着密不可分的关系。

首先，价值观的形成与发展离不开社会文化的涵育。学者袁贵仁曾指出："人的价值观念不是先天就有的，而是后天在一定的社会环境、社会活动中形成的。"①马克思、恩格斯在《共产党宣言》中指出，"人们的观念、观点和概念，一句话，人们的意识，随着人们的生活条件、人们的社会关系、人们的社会存在的改变而改变"②。这说明，个体价值观的形成、发展、变化具有鲜明的社会性，个体的价值观都是在个体的社会性交往、在各自参与社会生活实践的过程中形成和发展起来的，也即是说，个体价值观的形成、发展过程伴随着个体的社会化过程。而社会化是个人接受社会文化，由"自然人"或"生物人"成长为"社会人"的全部过程。因此，可以说，个体价值观的形成与发展不可避免地受到社会文化的影响与制约。社会学家密尔顿·罗基奇的研究发现："人们获取或改变价值观的渠道有三条：第一，个体通过自己的生活经历，内化社会对个体的要求，发展对这种社会要求和个人的需要的意识，并从中意识到判断自己所期望的行为标准；第二，个体观察重复出现的行为，模仿这些行为，并从中意识到判断自己所期望的行为的标准；第三，个体在社会化的过程中，通过学习与交流，内化社会的主导价值观以及社会期待的行为。"③正是因为文化对价值观形成与发展的重

---

① 袁贵仁：《价值观的理论与实践　价值观若干问题的思考》，北京师范大学出版社2013年版，第131页。

② 《马克思恩格斯选集》第1卷，人民出版社1995年版，第291页。

③ 转引自杨苏：《价值与导向　思想政治理论课教学创新研究论文集》，华东理工大学出版社2014年版，第272页。

要作用，任何一个社会，都会通过文化传统、风俗习惯、社会心理等，在潜移默化中将社会的价值观传递给社会个体成员，以使他们的个人价值观与社会价值观协调统一起来。

另外，对于价值观与文化之间的关系问题，还有一个非常重要的方面，即价值观是文化的核心。美国文化人类学家克鲁克洪曾指出："文化基本的核心由两部分组成，一是传统（即从历史上得到并选择）的思想，一是与他们有关的价值。"①事实上，任何一种文化体系中，都有一套标准化、内在化了的价值系统支撑着它的存在，不同文化之间的差异实质上主要是价值观的差异。从文化哲学的视角来看，文化是人类历史凝结而成的相对稳定的生活方式，是一切社会活动和社会存在领域中内在的、机理性的东西，是从深层制约和影响每一个个体和每一种社会活动的生存方式。就如梁漱溟先生所说："你且看文化是什么东西呢？不过是那一民族生活的样法罢了。"②如果我们剥开文化的层层外壳，就会发现，深藏文化之中并且能够持久发生重要作用的不是别的，正是价值观。价值观集中反映了每个人的利益和需求，并强力地渗透在文化的各种形态中。总之，对于人类而言，文化是最深层的价值观和行为规范。价值观作为文化最重要的构成因素，强烈地影响着社会中每一个人的思想和行为。

4. 理想信念的文化性

理想信念是一个综合概念，是由"理想"和"信念"这两个概念结合在一起形成的，但其内涵绝不是这两个概念含义的简单叠加，而是具有其独特的意蕴，近似于"信仰"一词所表达的内涵。就理想信念的本质而言，理想信念本身就具有深厚的文化内蕴。

---

① ［美］克鲁克洪：《文化与个人》，高佳译，浙江人民出版社1986年版，第5页。

② 梁漱溟：《东西方文化及其哲学》，上海人民出版社2006年版，第31页。

理想信念主要表达的是人类对自身现状永不满足，对美好未来不懈追求的这样一种现象，自我超越是其最显著的特征，同时也是其本质反映。在马克思主义看来，人之所以具有这种自我超越性，主要缘于人独特的存在方式，这一独特性主要反映在人的两极性结构特点上。黑格尔曾对人的两极性结构作过阐述，他认为："人生活在两个世界中：在一个世界中人具有他的现实性（Wirklichkeit，实在性），这方面是要消逝的，这也就是他的自然性、他的舍己性、他的暂时性；在另一个世界中人具有他的绝对长住性，他认识到自己是绝对的本质。"①这也即是说，在人的本质结构中，一极是他的有限性或现实性，另一极是他的无限性或理想性。人的本质结构决定了人生而具有自我超越性，而人的自我超越的实现依赖于人的实践活动，因为人的实践活动在本质上是一个创造性的过程，人在实践中不仅改造着客观世界，而且改造着自己的主观世界；不仅使人的物质需要得到满足，而且在这个基础上使人的精神价值也能得到实现。就实践本身来看，实践活动是人的自我超越的基础，但它不是超越性本身，实际上，"超越"的内在意蕴是一种精神性超越。因为，实践活动是在特定的"实践意识"或"实践理性"的指导下进行的。这也即是说，实践活动本身是物质的，但指导实践活动的却是精神的；实践活动本身是现实的，但指导实践活动的却是理想的。因此，在特定历史条件下的实践活动及其效果只能算是人类自我超越的特定现实成果，真正代表人类自我超越性的是蕴含在这种过程和成果中的人类由现实走向理想的冲动和努力之精神。这种精神来源于实践，表现为一种理想信念。因此，可以说，理想信念的本质是一种自我超越，但归根结底是人类实践活动的一种精神升华。这表明理想信念本身就构成了精神文化本身和文化生活的重要内容。

---

① 转引自张世英：《论黑格尔的精神哲学》，上海人民出版社1986年版，第273页。

同时，理想信念的本质也表明其代表了人类文化的意愿和意义。人与其他的生命存在不一样，他是一种具有精神、寻求意义的生命存在，生存于世的任何一个人都无法忍受无意义、无价值的生活。正是因为这个原因，人类创造了文化世界，使自己成为一种文化存在物。人的文化性存在表明：人一直都在反思自身的存在并从中寻找生命存在的价值和意义，希望从自身的物质生命中解脱出来。总而言之，人就是在追求一种自我的超越与永恒。这种超越的意义是人赋予文化的，文化的终极意愿即是实现人的自我超越。而理想信念的本质就是人的自我超越的集中反映，所以说，从人的文化存在视角来看，理想信念代表了人类文化、精神存在的意愿和意义。

三、当代青少年精神世界发展的需要吁求文化建构

通过上文的分析可以看到，当代青少年的精神世界具有建构的可能性，其各构成要素与文化有着千丝万缕的关系，因而，可以说，当代青少年精神世界的发展必然深受其所身处的文化世界的影响与制约，或者可以说，文化对当代青少年精神世界的生成与发展具有不容忽视的建构作用。马克思曾说过："已经产生的社会，作为自己恒定的现实，也创造着具有人的本质的全部丰富的人，创造着具有深刻的感受力的丰富的、全面的人。"①每一个时代的青少年，包括其精神世界，都是被现存的文化本质和自身所创造的文化所模塑着、建构着。

文化对青少年精神世界的模塑、建构作用是通过"文化无意识"表现出来的。所谓"文化无意识"是人类无意识现象中的一种在社会文化环境中形成的无意识，它表现为一种内在的思维定式，一种定向发展倾向，一种文化心理沉淀；它以一种潜移默化的方式规定和制约着人的

① ［德］马克思：《1844年经济学哲学手稿》，人民出版社2002年版，第80页。

认知、情感、意志,并支配着人的行为。文化无意识主要是通过两种途径形成的:一种是通过心理积淀的途径,把人的意识转化为无意识。这种途径的表现之一是:观念文化系统中比较稳定和最具根本性的文化因素,即人生观、价值观、审美观等思想意识,经过长时期的甚至是世代传承的积淀而高度内化之后,变成一种心理常势和实践定规,以致在某些特定的场合不假思索地作出价值判断和行为取舍,从而在行为上形成一种文化无意识现象;另一种表现是在文化技能方面,主体通过对某些文化技能和操作知识的反复学习、演练、运用,便十分熟练地掌握了这些技能和知识,足以达到运用自如到可以摆脱意识的监督和调节那样一种自动化的程度,并使主体的潜意识自动地提出和运用它们,从而在行为上形成另一种文化无意识现象。文化无意识的形成除了心理积淀这一途径外,还有另一途径,即未意识到的文化现实对主体思想、行为的潜在制约所造成的文化无意识。在实际生活中常有这样的现象,即个人对自己所处的文化环境还没有充分认识和理解时,他的行为就已经适应这种环境了,或者在环境发生巨变而个人还来不及理解时,他就已经“跟上”形势或“随波逐流”了。这种情况的出现,是文化环境对人的思想、行为的潜在制约的结果。这种在人的原有意识即“母文化”之外的文化因素,由于以潜在的方式影响人们的思想、行为,从而表现出一种文化无意识。

从文化无意识的形成途径可以看出,文化无意识对当代青少年精神世界的影响具有两个基本特征:第一个是影响方式的无意识,或者说是不自觉特征。文化无意识,它首先是一种“无意识”,具有无意识影响人的思想、行为的共性,即人的无意识对人的思想、行为的影响是不自觉的。即使当这种影响力很大的时候,人们还可能不以为然,因为人作为文化模塑的存在者,对于模塑他的文化,大多数总是毫不怀疑、不假思索地接受,就如同我们随时随地都呼吸着空气,但并没有意识到是在呼吸空气。第二个是影响结果的积极与消极两重性特征。环境中的文化是具有两重性的，这决定了作为心理积淀物的文化无意识也带有两重性，表现在对于当代青少年精神世界的影响上分别具有积极和消极这样的两重性：先进文化的心理积淀对当代青少年精神世界不自觉地产生着积极的影响；陈腐文化的心理积淀对当代青少年精神世界不自觉地产生着消极的影响。

文化无意识构成了影响当代青少年精神世界的主要方式，那么，文化无意识究竟从哪来的呢？文化心理学认为，文化无意识不是生而具有的，而是后天形成的，它主要有两个方面的来源：一个是遗传的文化传统，一个是当下的文化氛围。瑞士著名的心理学家荣格曾提出过“集体无意识”理论，这一理论实际上就是在论述文化的无意识遗传问题。荣格认为，这种集体无意识是一个集体中的成员所共有的某种无意识，这种无意识可以追溯至原始社会。“原始人的行为模式不知不觉地被固定下来，以无意识的方式沉淀于集体的人群之中，又以无意识的方式渐次地不自觉地遗传给下一代，以至今天。”①所以，不仅原始人是人类的伊始，而且其行为模式（保留下来的）也成为了今人行为的“原型”。事实上，当代青少年的精神世界的生成与发展确实受着整个传统文化的影响，但那只是一小部分，更多的是受当下文化氛围的影响。综观当前我国文化发展生态，可以说，当下我国的文化氛围是多元并存、良莠不齐、纵横交错、极为复杂的，既包括传统的本民族文化，又包括现代的本民族文化以及外来的西方文化。当代青少年的精神世界，尤其是其价值观、理想信念又正处在发展阶段，还不够成熟、稳定，辨别是非的能力也还不足以应对复杂的文化环境，如果当代青少年对那些不良的、消极的文化形成了一种文化心理积淀，那么这种文化意识

① 李述一：《再论文化无意识——实践活动中文化无意识的参与及再造》，《求索》1990 年第 4 期。

对其精神世界的发展、完善将产生极为不利的影响。作为国家的希望、民族的未来、实现中华民族伟大复兴中国梦的中坚力量，青少年的健康成长与全面发展，尤其是其价值观、理想信念的正确树立对其自身以及国家、民族的发展都具有极其重大的意义。习近平总书记就说过："青年是标志时代的最灵敏的晴雨表"①、"青年的价值取向决定了未来整个社会的价值取向"②。所以，不管是从青少年自身的成长与全面发展而言，还是从国家、民族的进步、发展来说，促进当代青少年精神世界的健全发展与完善是当前青少年德育的核心主题与根本着力点。因此，作为教育者，必须注意规避消极文化对当代青少年精神世界的无意识影响，应该有意识地、有计划地、有目的地利用先进文化去影响当代青少年，引导当代青少年精神世界朝着健康的、积极的、更高级的方向发展。这正是本书所主张的运用文化去建构当代青少年精神世界的主旨所在。

其实，对文化之于人的发展具有积极的建构作用这一点，我国先哲早就有了深刻地认识。远在上古时期，舜帝便命他的乐官夔用音乐来教导年轻人。据《尚书·舜典》所载："帝曰：'夔！命汝典乐，教胄子，直而温，宽而栗，刚而无虐，简而无傲。'"③大意是说：舜帝任命夔主持乐官，教导年轻人，为人要正直而温和、宽大而谨慎，性情刚正而不凌人，态度平易而不傲慢。由此可见，我们的祖先早在4000多年前就已经注意到音乐，或者说文化对人的积极建构作用了。此外，我国古代著名的教育家、儒家学派的创始人孔子也早就意识到这一点，他主张通过"诗教"来启发和陶冶人的思想感情，这里的"诗"不是单指"诗歌"，而是指"诗经"、文学作品。他认为，人们可以通过学《诗》认识社会、了解

① 《习近平谈治国理政》第一卷，外文出版社2018年版，第167页。

② 《习近平谈治国理政》第一卷，外文出版社2018年版，第172页。

③ 孔子：《尚书》，周秉钧注释，岳麓书社2001年版，第12页。

政治得失、提高思想觉悟和品德修养。因此，他对《诗经》各篇都作了情感揭示，通过不同诗篇中所显示的不同的情感来引导、启发他的学生。在他看来，人们的行为表现都是《诗》的教化的结果，不同的文学理论教育、影响使人们具有不同的品质。据《礼记・经解》所载："孔子曰：'入其国，其教可知也。其为人也：温柔、敦厚，《诗》教也；疏通、知远，《书》教也；广博、易良，《乐》教也；洁净、精微，《易》教也；恭俭、庄敬，《礼》教也；属辞，比事，《春秋》教也。'"①历史的文化教化实践证明，积极主动、有目的、有计划地运用积极文化去引导人的健康、全面发展是有实效的。因此，青少年教育者更应以史为鉴，有目的、有计划、有系统地把各种文化知识和行为规范灌输给当代青少年，使其接受特定的文化模式进行自我塑造。

① 梁鸿：《礼记》，时代文艺出版社 2003 年版，第 226 页。

第二章 文化建构当代青少年精神世界的理论溯源

由于作为一种客观存在的文化在建构、模塑当代青少年的精神世界时，是通过“文化无意识”不自觉地对当代青少年的精神世界产生影响的，因此，作为当代青少年教育的理论研究者和实践工作者，必须要有意识地、有计划地、有目的地利用先进文化去影响当代青少年，引导当代青少年的精神世界朝着和谐的、健康的方向发展。这是运用文化去建构当代青少年精神世界的主旨所在。但是，文化是否具备建构当代青少年精神世界的可能呢？本章将重点回答这一问题，也即寻找文化何以能够建构当代青少年精神世界的理论依据。经典马克思主义关于文化与人的全面发展观、中国化的马克思主义关于文化与人的全面发展思想、中国古代礼乐教化思想为解答这一问题提供了重要的理论依据。

第一节 经典马克思主义关于文化与人的全面发展观

文化与人的全面发展观属于经典马克思主义及其他马克思主义者的文化观的重要构成部分，是马克思、恩格斯等经典马克思主义作家及其他马克思主义者的文化思想的深刻凝练。通过阅读马克思、恩格斯等经典马克思主义作家的经典文本，发现他们在其著作中鲜少使用“文化”这一概念。据学者黄力之考据，以《马克思恩格斯全集》中文第一版（共50卷）为例，得出“文化”一词在全集中的分布状况是：七卷零状态（14%），三十四卷有1—5处（68%），七卷有6—9处（14%），二卷有13—15处（4%），零状态与极少量状态占82%①。不仅如此，马克思、恩格斯也比较少直接谈论和描述文化理论，以至于有些学者认为马克思、恩格斯等经典马克思主义作家关于文化的创见是“缺席”的。其实不然，早在1844年马克思就在其著作《评“普鲁士人”的“普鲁士国王和社会改革”》中使用了狭义文化的概念，他在文中说道：“谈到德国工人总的文化、知识的水平或者他们接受文化、知识的能力，那我就提醒读者注意魏特琳的天才著作，不管这些著作论述的技巧方面如何不如蒲鲁东，但在理论方面有很多却胜过他。”②马克思此处的“文化”概念主要指的是精神文化方面，包括知识和意识形态等。恩格斯于1872年在其著作《论住宅问题》中也使用到了狭义的文化概念，他在文中说到，工业革命创造了一种可能性，“在所有的人实行合理分工的条件下，不仅进行大规模生产以充分满足全体社会成员丰裕的消费和造成充实的储备，而且使每个人都有充分的闲暇时间从历史上遗留下来的文化——科学、艺术、交际方式等等——中间承受一切真正有价值的东西。”③同马克思一样，恩格斯将科学、艺术等观念与文化相联系。在《德意志意识形态》这篇文章中，马克思、恩格斯指出：“思想、观念、意识的生产最初是直接与人们的物质活动，与人们的物质交往，与现实生

① 黄力之：《马克思主义与资本主义文化矛盾》，河南大学出版社2010年版，第64—65页。

② 《马克思恩格斯全集》第1卷，人民出版社1956年版，第483页。

③ 《马克思恩格斯选集》第2卷，人民出版社1972年版，第479页。

活的语言交织在一起的。人们的想象、思维、精神交往在这里还是人们物质行动的直接产物。表现在某一民族的政治、法律、道德、宗教、形而上学等的语言中的精神生产也是这样。”①由此可见，在狭义上，马克思、恩格斯将“文化”概念与艺术、道德、科学等精神文化相关联或相等同。在更多的时候，他们则是“从广义的社会生活方式、文明形态的意义上来使用‘文化’概念”②。如《1844 年经济学哲学手稿》《资本论》《哥达纲领批判》《反杜林论》《人类学笔记》等著作中都有集中体现。马克思、恩格斯等经典马克思主义作家的文化思想是历史唯物主义的，他们将“文化”置于人、自然、社会三个方面来解释和阐明，其文化思想主要是关于文化与人、自然及社会之间的相互作用和现实关系，其中，文化与人的发展之间的相互作用和现实关系是其文化思想的核心内容。马克思、恩格斯等经典马克思主义作家关于文化与人的全面发展的思想为说明文化何以能够用来促进当代青少年精神世界的建构与发展提供了可靠的理论依据。总起来说，马克思、恩格斯等经典马克思主义作家关于文化与人的全面发展的思想内容主要表现在以下几个方面。

一、文化发展的根本目的是促进人的自由全面发展

人的发展始终是马克思主义的中心议题，马克思主义可谓人学。实现人的自由全面发展是马克思的毕生追求，也是马克思、恩格斯等经典马克思主义作家文化思想的核心与价值诉求。紧紧围绕人、人的解放和人的发展这一主题构成了马克思主义文化观的鲜明特色。这一鲜明特色在经典马克思主义作家的具体文本中皆有体现，比如在《1844 年经济学哲学手稿》中，马克思对无产阶级和人类解放问题进行了系

① 《马克思恩格斯文集》第 1 卷，人民出版社 2009 年版，第 524 页。

② 林坚：《马克思主义视野中的文化思想》，《人文杂志》2011 年第 1 期。

统的研究，并深刻指出共产主义是对私有制的扬弃，是人对自己本质的真正占有。在《共产党宣言》这部著作中，马克思、恩格斯更为明确地宣称，共产党人的理论就是消灭私有制。在马克思、恩格斯看来，消灭私有制的过程就是实现人的解放的过程，只有彻底消灭资产阶级私有制，人类才能进入到一个不存在阶级和阶级对立，没有任何剥削与压迫的“自由人联合体”的共产主义社会，在这样的社会条件下，每个人的个性、才能才会得到自由充分的发展。再比如，在《资本论》中，马克思研究资本主义社会经济的目的终是为了给人的解放和自由提供论证。在《人类学笔记》中，马克思对人类文化发展的价值尺度问题也予以了特别的关注。因此，可以说，人的现实解放和自由以及人的全面发展是贯穿马克思文化思想的主线。

马克思、恩格斯强调文化发展的起点和归宿是现实的人。对于现实的个人而言，自由全面发展就是个人自由地、并“以一种全面的方式，也就是说，作为一个完整的人，占有着自己的全面的本质”①。具体包括人的活动及其能力的自由的、全面性的发展和人的个性的确立、丰富和发展以及人的社会关系的自由的、全面性的发展。在马克思、恩格斯等经典马克思主义作家看来，文化的终极意义和目的在于“培养社会的人的一切属性，并且把他作为具有尽可能丰富的属性和联系的人，因而具有尽可能广泛需要的人生产出来——把他作为尽可能完整的和全面的社会产品生产出来”②。综观马克思、恩格斯等经典马克思主义作家的文化思想，其文化视域确实一直都是围绕着人、关注着人，认为人的自由而全面发展是文化发展的根本价值追求。事实上，人类的文化创造活动，包括古代人民的渔猎、制陶、乐舞、图腾、壁画、巫术等等，从长远的历史文化价值来看，都是围绕着人的自身需要、能力、情感、意

① 《马克思恩格斯全集》第42卷，人民出版社1979年版，第123页。

② 《马克思恩格斯全集》第46卷上，人民出版社1979年版，第392页。

志的自由、全面发展而展开的，也即是说，人在文化实践活动中可以生产出他的全面性和完整性，以及他的社会存在所有的多样性和丰富性。正如马克思所言："在再生产的行为本身中，不但客观条件改变着，例如乡村变为城市，荒野变为清除了林木的耕地等等，而且生产者也改变着，炼出新的品质，通过生产而发展和改造着自身，造成新的力量和新的观念，造成新的交往方式，新的需要和新的语言。"①那么，可以这样理解，在马克思看来，文化是促进人自由而全面发展的重要方式、条件，文化活动是人的"自由自觉的活动"，体现出人在精神层面的自由活动，是人自由而全面发展的重要维度和思想保障。恩格斯在《家庭、私有制和国家的起源》一书中谈到人类文化的发展宗旨问题。他指出："管理上的民主，社会中的博爱，权利的平等，教育的普及，将揭开社会的下一个更高的阶段，经验、理智和科学正在不断向这个阶段努力。这将是古代氏族的自由、平等和博爱的复活，但却是在更高级形式上的复活。"②这里所说的"经验、理智和科学"即是指文化。按照恩格斯的论断，人民群众文化水平的普遍提高才是未来更高级社会的文化旨趣。这正是"文化上的每一个进步，都是迈向自由的一步"③这一精辟论断的核心要义。总而言之，在马克思、恩格斯看来，文化进步是人的自由全面发展的重要尺度，没有文化就不可能有人类的自由全面发展。

马克思、恩格斯等经典马克思主义作家所认为的"文化发展的根本目的是促进人的自由全面发展"这一观点是在他们对资本主义文化现象的客观评价基础上提出来的。马克思运用历史与逻辑相统一的方法，从文化的历史变化的视角来考察人的发展状况，从这一视角出发，马克思认为人的发展大体经历了人的依赖阶段、物的依赖阶段和人的

---

① 《马克思恩格斯全集》第46卷上，人民出版社1979年版，第494页。

② 《马克思恩格斯选集》第4卷，人民出版社2012年版，第195页。

③ 《马克思恩格斯选集》第3卷，人民出版社2012年版，第492页。

自由阶段这三大阶段。在不同的发展阶段,文化对人的发展所起的作用是不同的。他在其著作《政治经济学批判》指出:"人的依赖关系(起初完全是自然发生的),是最初的社会形式,在这种形式下,人的生产能力只是在狭小的范围内和孤立的地点上发展着。以物的依赖性为基础的人的独立性,是第二大形式,在这种形式下,才形成普遍的社会物质变换、全面的关系、多方面的需要以及全面的能力的体系。建立在个人全面发展和他们共同的、社会的生产能力成为从属于他们的社会财富这一基础上的自由个性,是第三个阶段。第二个阶段为第三个阶段创造条件。"①这段话不仅体现出了马克思对资本主义文化的客观评价,同时也包含了马克思对人类文化创新和发展的价值目标的总的看法。在马克思看来,资本主义文化作为以物的依赖性为基础的人的独立性的文化,有其特有的进步性与局限性:一方面,资本主义文化使现实个人摆脱了人的依赖关系,促进了人对自然的支配和人的素质、能力的提高,并且极大地提升了人们的物质生活水平。"资产阶级在它的不到一百年的阶级统治中所创造的生产力,比过去一切世代创造的全部生产力还要多,还要大。"②相对于前资本主义文化来说,资本主义文化无疑是一种巨大的进步。另一方面,由于资本主义文化中的人的独立性是建立在对物的依赖性的基础上的,因此,其对人的发展的促进作用是有限的。资本主义所造成的异化劳动会"把自我活动、自由活动贬低为手段,也就把人的类生活变成维持人的肉体生存的手段"③。因此,"在阶级社会里,资本具有独立性和个性,而活着的个人却没有独立性和个性"④,资本主义的片面分工和生产资料的私人占有,使得人

① 《马克思恩格斯全集》第 30 卷,人民出版社 1995 年版,第 107—108 页。
② 《马克思恩格斯选集》第 1 卷,人民出版社 1995 年版,第 277 页。
③ 《马克思恩格斯全集》第 42 卷,人民出版社 1979 年版,第 97 页。
④ 《马克思恩格斯选集》第 1 卷,人民出版社 1995 年版,第 287 页。

沦为生产的手段、物质的奴隶。所以,资本主义即使在历史上极大地推动了生产力的发展,创造了巨大的物质财富,但其社会关系却以异己的物的关系的形式束缚着人的发展,资本主义文化终归成了人的自由全面发展的桎梏。正是这个原因,马克思批判资本主义文化,并指出应建立一种共产主义文化以使每个社会成员都能实现自由而全面的发展。

把实现人的自由全面发展作为人类文化发展的根本目的和终极价值追求,这是马克思主义文化理论的重要内容,也是马克思、恩格斯等经典马克思主义作家关于文化与人的自由全面发展思想的主要理论内核。文化发展的这一属性、追求便足以说明文化具有建构当代青少年精神世界的可能性。

二、物质文化对人的发展起着基础与动力作用

依据马克思、恩格斯的唯物史观的基本原理,文化是在人类的生产实践劳动的基础上产生和发展起来的,因而其结构必然与生产方式的内在结构相适应。物质生产实践是人类生产实践活动的主要形式之一,因此,基于人类的物质生产实践,人类文化的构成要素之一便是物质文化。在马克思、恩格斯等经典马克思主义者看来,物质文化是人在与自然的互动过程中产生的、以满足人的物质生活需要为主的文化,它是人类整个文化发生的最初源头,是人类生存与发展的永恒的基础条件。正如马克思、恩格斯在《德意志意识形态》中说到的:“一切人类生存的第一个前提也就是一切历史的第一个前提,这个前提就是:人们为了能够‘创造历史’,必须能够生活。但是为了生活,首先就需要衣、食、住以及其他东西。因此第一个历史活动就是生产满足这些需要的资料,即生产物质生活本身。同时这也是人们仅仅为了能够生活就必须每日每时都要进行的(现在也和几千年前一样)一种历史活动,即一切历史的一种基本条件。……因此任何历史观的第一件事情就是必须

注意上述基本事实的全部意义和全部范围，并给予应有的重视。”①马克思、恩格斯的这段话不仅仅是在强调物质生产实践对人类生存与发展的重要性，亦即说明了物质文化对于人类生存与发展而言所具有的重要作用。只有首先进行物质生产活动，人才得以生成为人，脱离了物质生产、物质文化的创造活动，人无以生成与发展。

从人的生命存在和发展看，生产力所创造的物质文化是人的自然生命存在的直接保障，人只有依赖于一定程度的物质文化才能生存和发展，物质文化构成人的发展的第一条件。由于生产力水平的高低差别，那么，据此形成的物质文化会使人的发展相应产生不同结果。比如，在生产力的低水平阶段，人的发展途径表现为社会规范对人的自然性的控制和引导。随着生产力水平的提高，人的发展由自然性被极端遏制逐渐演变为自然性的充分解放，在自然本质的充分发展条件下实现人的社会本质的发展。生产力由低向高的发展过程，实际上就是人类全面发展所需条件的累积过程。马克思在《资本论》中就曾揭示过资本主义生产方式对人的发展所产生的影响，他深刻指出：“一切在机器上从事的劳动，都要求训练工人从小就学会使自己的动作适应自动机的划一的连续的运动。只要总机器本身是一个由各种各样的、同时动作并结合在一起的机器构成的体系，以它为基础的协作也就要求把各种不同的工人小组分配到各种不同的机器上去。”②“工人在技术上服从劳动资料的划一运动以及由各种年龄的男女个体组成的劳动体的特殊构成，创造了一种兵营式的纪律。这种纪律发展成为完整的工厂制度，并且使前面已经提到的监督劳动得到充分发展，同时使那种把工人划分为劳工和监工，划分为普通工业士兵和工业军士的现象得到充

① 《马克思恩格斯全集》第3卷，人民出版社1960年版，第31—32页。

② 《马克思恩格斯文集》第5卷，人民出版社2009年版，第484页。

分发展。”[①]此处，我们可以看到，资本主义生产方式对机器的使用，使得工人的身体以及各种力量都受到了控制，人的发展受到了极大的影响，正如马克思所说：“机器劳动极度地损害了神经系统，同时它又压抑肌肉的多方面运动，夺去身体上和精神上的一切自由活动。”[②]

从人的现实生活看，物质文化实实在在地构成了人的生活的现实环境、基础条件和人文景观。人的生活及活动方式与动物不同，动物从一出生就生活在天然的自然环境之中，其活动方式、生理特性和功能由这种天然环境所决定，动物要生存就必须不断适应这种环境及其变化。而人从出生之日起就生活在人所创造的环境中，这个人造环境的主要构成就是物质文化。人通过创造、使用、控制、享受他所创造和拥有的物质文化而改变、完善自己的生活，从而使人成为真正意义上的本体存在。在人的这种物质文化创造与建构的过程中，不仅人的生活环境愈来愈好，而且人的心理、智力和能力等都得到了发展和提高。因为人类的物质文化创造活动是历史地、连续地进行的，任何时代的任何个人都是生活在前代人所创造的物质文化环境之中的，而前代人所创造的物质文化环境，在新一代人手中会激发出新的需要。就如马克思、恩格斯在《德意志意识形态》中所说到的：“已经得到满足的第一个需要本身、满足需要的活动和已经获得的为满足需要用的工具又引起新的需要。”[③]人的不断出现的新需要将不断地推动着人能动地活动，为了满足自己的新的需要，人又开始形成新的目的和计划，并按照自己的计划和目的去创造出特定的物质文化。在这一物质文化满足人们需要的同时，又会激发出人们新的需要，这样，人的内在本性就呈现为一个不断增长、不断扩大的多元结构，人的智力、能力等也在其不断创造物质文

① 《马克思恩格斯文集》第5卷，人民出版社2009年版，第488页。
② 《马克思恩格斯文集》第5卷，人民出版社2009年版，第486—487页。
③ 《马克思恩格斯全集》第3卷，人民出版社1960年版，第32页。

化的过程中得到提升、锻炼。因此,从这一点来看,物质文化不仅构成人的生存与发展的基础,也构成了人不断发展、全面发展的不竭动力。可以说,没有物质文化的不断建构与发展,就不可能有人的智力、能力等的不断提升和全面发展,在物质文化内容日益丰富及其深度和广度不断扩张的同时,人的发展也将愈加丰富和深刻。

通过上文分析,我们可以看出,物质文化对人的自由全面发展起着重要的基础与动力作用。应当指出,在所有的物质文化内容构成中,物质工具对人的发展的推动作用尤其巨大。这主要是因为物质工具是作为人的“社会性器官”出现的,人类因这一“社会性器官”使自己的身体功能得到了延伸,使自身得以超于对自然的单纯适应性关系,拓宽了自己的生存空间。经典马克思主义认为,一方面,物质工具的使用和创造是人获取超生物族类经验的主要途径。没有创造、使用物质工具的实践,人就不可能从动物中分化出来,也就无所谓人及其主体性了。人之所以能够表现出超生物族类的性格特征,正在于人使用、制造物质工具的伟大实践。因为没有工具,动物以其天生的既定的肢体作用于外界以维持生存,只能适应环境,不能改造世界。人在使用物质工具之后,便能打破动物本能的狭隘界限,“能按照任何物种的尺度来生产”,并能够运用客观的自然物质规律和力量作用于自然界,由此取得其他生物族类不可能取得的超生物的经验。另一方面,物质工具的使用和创造对人的自由全面发展和人类社会的进步具有重要的促进作用。物质工具的使用能够极大地提高人的工作效率和实践能力,从人类发展的远古时代至今,我们不难发现,物质工具不断发展的过程就是人类实践能力和效率不断提高的过程。对于物质工具提高人的实践效率的作用,我国古人早有认识。如荀子在《劝学》篇中说道:“登高而招,臂非加长也,而见者远;顺风而呼,声非加疾也,而闻者彰。假舆马者,非利足也,而致千里;假舟楫者,非能水也,而绝江河。君子生非异也,善假于物也。”从社会的发展趋势来看，物质工具，尤其是信息工具所带动发展起来的物质工具，将对人的发展产生更大的作用。

三、制度文化对人的发展起着规范与约束作用

制度，是要求成员共同遵守的、按一定程序办事的规程。制度文化，是人类在物质生产过程中所结成的各种社会关系的总和，是人类为了自身生存、社会发展的需要而主动创制出来的有组织的规范体系。社会的法律制度、政治制度、经济制度以及人与人之间的各种关系准则等，都是制度文化的反映。在文化系统的运行中，制度文化属于中间层次的文化类型，它作为有组织的社会规范系统，既是物质文化的反映形式，又是精神文化的物化形态，它的重要作用在于把精神文化恰当地转化为物质文化，物质文化又通过制度文化上升为精神文化。

经典马克思主义者认为，人的生存与发展是需要制度文化、组织文化的，因为人是“关系”的存在。在他们看来，人与动物不同，动物主要是凭借本能而生存，因此，动物的活动就是自然本身的活动，动物之间的关系属于自然的、本能的关系。在这种意义上来说，动物是没有“关系”的。而人则不同，人的活动是超越自然的活动，人与人之间的关系是人为的关系，因此，人是真正有“关系”的存在。马克思曾深刻指出：“人的本质不是单个人所固有的抽象物，在其现实性上，它是一切社会关系的总和。”①按照马克思关于人的本质的科学论断，任何人都是处在一定社会关系中从事社会实践活动的人，每一个人都同周围的人相交往、发生各种各样的社会关系，比如家庭关系、地缘关系、业缘关系、经济关系、政治关系、法律关系、道德关系等。人们正是在这种客观的、不断变化的社会关系中塑造自我，成为真正现实的、具有个性

---

① 《马克思恩格斯文集》第1卷，人民出版社2009年版，第501页。

特征的人。马克思、恩格斯正是从人与人之间的交往入手来阐述人的制度文化、组织文化的，在他们看来，他们认为，“制度只不过是个人之间迄今所存在的交往的产物”①。而人与人之间的这种交往关系是在生产过程中产生的。他们在《德意志意识形态》中指出，人为了创造历史，就必须生存，而为了生存，就必须解决衣食住行等基本生存需要，因此，生活资料的生产是“第一个历史活动”，生活资料的物质生产是人同动物开始区别开来的标志。但是，这种生产又是同交往不可分离的。“这种生产第一次是随着人口的增长而开始的。而生产本身又是以个人之间的交往为前提的。这种交往的形式又是由生产决定的。”②人正是在物质生活资料和生产资料的生产中，以及在人自身的生产中，结成了人与人之间的交往关系和相应的各种生产关系。制度文化的产生就是人创造出来的用以规范和协调人与人之间的关系的。

人通过自身的实践创造了制度，而生活在这一制度环境下的人又会受到制度环境的约束与塑造。在经典马克思主义者看来，制度文化对人的发展起着规范与约束的作用。早在 1873 年 1 月，恩格斯在《论住宅问题》中解释法律制度的起源时就说道：“在社会发展的某个很早的阶段，产生了这样一种需要：把每天重复着的生产、分配和交换产品的行为用一个共同规则概括起来，设法使个人服从生产和交换的一般条件。这个规则首先表现为习惯，后来便成了法律。随着法律的产生，就必然产生出以维护法律为职责的机关——公共权力，即国家。”③也即是说，在人类社会发展的很早阶段，人们相互之间就已经协商制定了一个共同的规则“把人们每天重复着的生产、分配和交换产品的行为

---

① 《马克思恩格斯全集》第 3 卷，人民出版社 1960 年版，第 37 页。

② 《马克思恩格斯选集》第 1 卷，人民出版社 1995 年版，第 68 页。

③ 《马克思恩格斯选集》第 3 卷，人民出版社 2012 年版，第 260 页。

概括起来”,以“使个人服从生产和交换的一般条件”。一开始,人们制定的这一共同规则表现为习惯,随着人类文明的不断进步,这一共同规则便演变成了法律。马克思也说道:“社会上占统治地位的那部分人的利益,总是要把现状作为法律加以神圣化,并且要把习惯和传统对现状造成的各种限制,用法律的形式固定下来。”①根据马克思、恩格斯关于制度的思考,可以认为,制度实质上就是调整人与人之间社会关系的一种行为规范体系,在一定程度上,带有强制性,是一种神圣不可侵犯的、必须遵守、无法忤逆的规范。换言之,人是制度中的人,人只有通过制度才获得自身的社会关系,并使自己归属于社会。社会制度规范着人的社会关系、确定着人的社会地位。生活在一定社会制度下的人之所以呈现为这样或那样的状态,是各种社会制度运作的历史结果,“他们的个性是由非常明确的阶级关系决定和规定的”②,而并非他们自身。

显然,生活在社会中的任何个体一出生就会受到既定的制度的规范与制约。既定的制度往往对人的权利与义务、自由与秩序制定出各种规定,对人的活动的方式和活动的空间也做了种种安排,它通过规范人的活动来规定人的发展方向。因此,特定历史阶段的人不可避免地要被打上制度的烙印。马克思在《资本论》中论述市场制度中资本家和工人之间的交换关系(交换制度)时说道:“他们是作为自由的、在法律上平等的人缔结契约的、契约是他们的意志借以得到共同的法律表现的最后结果。”③这种交换关系使得“契约的一方出卖自己的劳动力,他方购买劳动力。前者取得自己商品的价值,从而把这种商品的使用价值即劳动让渡给后者。后者就借助于现在也归他所有的劳

① 《马克思恩格斯全集》第 25 卷,人民出版社 1974 年版,第 894 页。
② 《马克思恩格斯选集》第 1 卷,人民出版社 1995 年版,第 119 页。
③ 《马克思恩格斯全集》第 23 卷,人民出版社 1972 年版,第 199 页。

动，把已经归他所有的生产资料转化为一种新产品，这个产品在法律上也归他所有”①。在这样的工厂中，全部运作不是从工人出发，而是从资本家的机器出发，使得“机器从技术上推翻了旧的分工制度”。在马克思看来，资本主义制度下的工人不过是一架为别人生产财富的机器，而机器使用带来的奴隶式分工使人畸形发展，变成片面的人。“就个人自身来考察个人，个人就是受分工支配的，分工使他变成片面的人，使他畸形发展，使他受到限制。”②所以，他反复强调“必须推翻那些使人成为受屈辱、被奴役、被遗弃和被蔑视的东西的一切关系”③。因为“社会关系实际上决定着一个人能够发展到什么程度”④“一个人的发展取决于和他直接或间接进行交往的其他一切人的发展”⑤。马克思认为，一个人正是通过某种制度才成为农奴或地主、工人或资本家的。基于此，马克思在探讨人的全面发展的现实道路时，始终把矛头指向资本主义制度，强调推翻资本主义制度，消除旧式分工、消灭私有制，建立一个以每个人的自由、平等和全面发展为基本原则的新社会。在马克思的描述里，未来的新社会不是物对人的统治，而是物为人的全面发展服务，人能获得真正的发展；不是资本占有劳动，而是劳动占有资本，劳动者能获得平等的发展；不是机器支配人，而是全面发展的人驾驭机器，人能获得自由的发展；消灭了旧式分工，人能获得完整的发展。总之，未来理想社会——共产主义是“以每个人的全面而自由的发展为基本原则的社会形式”⑥。可见，在马克思、恩格斯看来，人的一切活动、行为都逃脱不了规则及

---

① 《马克思恩格斯全集》第 23 卷，人民出版社 1972 年版，第 641 页。
② 《马克思恩格斯全集》第 3 卷，人民出版社 1972 年版，第 514 页。
③ 《马克思恩格斯选集》第 1 卷，人民出版社 1995 年版，第 9 页。
④ 《马克思恩格斯全集》第 3 卷，人民出版社 1972 年版，第 295 页。
⑤ 《马克思恩格斯全集》第 3 卷，人民出版社 1972 年版，第 551 页。
⑥ 《马克思恩格斯选集》第 23 卷，人民出版社 1995 年版，第 649 页。

其相应组织的制约，制度文化规约着人与人之间的关系以及人的自由全面发展。

四、精神文化对人的发展起着导向与定势作用

人的生产实践活动除了物质生产实践这一形式外，还有另一个十分重要的形式，即精神生产实践。在人类的精神生产实践基础上，便形成了精神文化这一人类文化形态。它主要包括两个部分：一是存在于人们心中的文化心理、文化观念、文化思想及文化信念等；二是已经理论化、对象化了的思想理论体系，即客观化了的思想，如科学、艺术、宗教、哲学、法律思想等。马克思、恩格斯认为，精神文化一经形成，便会导引和规定着人们的现实活动，将人类引向真、善、美，引向健康发展的轨道。正如马克思在《第六届莱茵省议会的辩论》中说到的："自由的出版物是人民精神的慧眼，是人民自我信任的体现，是把个人同国家和整个世界联系起来的有声的纽带；自由的出版物是变物质斗争为精神斗争，而且是把斗争的粗糙物质形式理想化的获得体现的文化。"①马克思的这段话就是对精神文化的自觉导引作用的肯定。

具体来说，精神文化的构成形态是多样的，精神文化对人的发展的自觉导引作用可以根据其主要的几种具体形态来作具体分析：(1)语言对人的发展的导引。语言是人类实践活动的产物，是最典型的社会精神文化现象，它和劳动一起推动了人的意识的产生。语言对人的发展的导引作用主要体现在：首先，语言导引人在头脑中形成各种心理活动并推动人的思维能力的发展，其对人的心理功能和思维能力的发展具有十分关键的意义。脑科学、生理心理学等相关研究就表明："言语、思维调节的高级功能区，不仅在语言、思维功能间发生调节作用，也

① 《马克思恩格斯全集》第1卷，人民出版社1956年版，第74页。

在言语思维和情感意志间发挥调节作用。如果这一高级调节区发生病变,就会造成语言思维贫乏和严重的衰退状况。”①其次,语言导引人的创造能力的发展。语言实质上是一套人与人之间相互交流所共同采用的沟通符号,语言符号具有指称和表意的双重功能。语言符号的指称功能对于人获取、存储和加工处理信息,帮助人在头脑中形成概念、范畴和理论体系以及促使人有效地表达、交流思想是不可或缺的。而语言符号的表意功能是一种象征性功能,这种功能使语言具有灵活性,使语言可以灵活地修改、组合获得的各种信心,并赋予它们新的含义,这可以激发人对对象的观念性创造。借助于语言符号的功能,还可以把整个人类社会的、集体的认识成果加以汇集、碰撞,为人的创造性思维的形成与发展提供深厚的思想源泉。因此,可以说,语言符号导引人的心理活动、思维能力和创造能力的产生和发展。从这一点来说,语言可以激发人对客观对象进行观念性创造,能够促进人的创造性思维的形成与发展。(2)科学对人的发展的导引。人类精神文化活动是一种追求真理的创造性活动,科学则是人类求真活动的典型精神结果。科学一方面能够导引人的认知朝着科学的方向发展,科学作为反映现实世界各种现象的客观规律的知识体系,是一种社会意识形态,那么,这就决定了科学一旦形成就能够反过来指导人按照事物发展规律去改造外部世界,能够导引人形成一种科学的认识态度。另一方面,科学能够激发人的理智感并引导人的坚强意志的形成。导引人形成科学的认知是科学具有的对人的发展十分重要的价值,但是更大的价值在于它能够为人类提供科学精神和真理态度,并能够引发出人的高尚情感,即理智感。另外,科学精神在激发人的理智感的同时也引导人们在对事物客观必然性的认识基础上自觉克服主观任性的意志,发扬合乎真理性的

① 沈政、林庶芝:《生理心理学》,北京大学出版社 1993 年版,第 181—182 页。

意志，并形成坚强的意志。就如恩格斯所说："在科学上没有平坦的大道，只有不畏劳苦沿着陡峭山路攀登的人，才有希望达到光辉的顶点。"①(3)价值观对人的发展的导引。精神文化的构成是多样的，其中，价值观构成精神文化的核心，因此，价值观在精神文化导引人的发展中起着核心作用，其导引作用主要表现在它对人的行为的导向作用以及对人的认知、情感、意志等心理过程的制约与引导。人的活动都是有目的的，都是在追求一种价值满足，其活动目的反映了其行为的意志和动机。价值观念作为一种稳定因素，会对个体的价值追求、意志动机起着指导和控制作用，也即是对人的行为起着指导和控制作用。不仅如此，人的认知、情感和意志等的形成与发展也会受价值观念的影响与制约，这一影响与制约作用主要是价值观通过导引人的价值取向而形成。善的、有价值的目标，会激发人们去积极认知、努力探索，反之，则会对人的发展起着阻碍作用。(4)文学艺术对人的发展的导引。人类的精神文化活动还是一种追求美的创造、美的享受和美的境界的活动，文学艺术是人类求美的典型精神结果。文学艺术能够引导人的精神，特别是美感体验的升华。美感是一种愉悦的精神体验，这种体验是最能激励人的向上精神和最令人追求的。"美，常常被人们涂上一层瑰丽的色彩，成为价值理想中的骄子。美是这样一种境界：人从对象那里充分体验到人生的意义和乐趣、生活的健康和积极内容、人的自由和创造的力量，主客体达到高度的统一和和谐。美给人以身心舒畅和无私的愉悦感。一句话，人在美和美感的体验中，得到的是心灵的升华，看到的是人生最崇高的境界——自由。"②文学艺术创作与一般的物质生产劳动不同，它被马克思称为"自由的精神生产"、"最高贵的精神生产"。文学艺术作品是文艺家的生命意识和审美体验的物化形态，优

① 《马克思恩格斯全集》第43卷，人民出版社2016年版，第13页。

② 李德顺：《价值新论》，中国青年出版社1933年版，第188—189页。

秀的文艺作品不仅能够满足人们的审美需要，而且能够提升人们的美感体验和精神层次。

在经典马克思主义者看来，精神文化不仅对人的发展具有导引作用，还具有很强的定势影响。众所周知，人是历史的，人的生存与发展总是在一定的历史阶段之上的，这就决定了人的生存发展及其文化实践活动必定是建立在人类已有的物质基础和文化基础之上的。其中，业已存在的精神文化、精神财富会作为一种具有无限力量的存在，规定着人类文化创造的总趋势和人的发展的总趋势。生活于某种文化背景下的人，会不自觉地从已有精神文化中汲取到某种固定化的意识或是对认知对象的心理准备状态，从而使人形成一种不自觉的“惯性”。这一“惯性”可以理解为某一群体中的每位社会成员都具有的某种普遍性特征。受这种“惯性”的影响，人们会不自觉地沿着一定的倾向性去解释所获得的信息，从而使其对社会的认知和评价具有明显的主观倾向色彩。这是精神文化对人的发展的定势影响的主要表现之一。另外，精神文化对人的发展的定势影响还表现在对人的情感和意志的形成发展上。一个人的情感和意志的形成与发展不仅仅受个人心理活动发展的影响，而且深受社会因素，尤其是社会精神文化的影响与制约。比如，一个人的民族情感就是在其民族文化的激发、影响下形成发展起来的；一个生活在具有浓厚宗教信仰文化社会中的人，自然会信仰上帝、真主、佛祖；而民族文化中自强、自尊、自信的精神也会深深地影响个人的意志。但是，在这里需要注意的一点是，精神文化对人的发展的定势作用是两面性的，我们不能否认它对保持人们生活的连贯性和稳定性、促进人的思维和认知发展的积极作用，同时我们也应看到它在某种程度上对人而言又是一种思想禁锢，说到底，文化不是一个确定性的、同质的、封闭的结构，它是开放的、多样的，人们受文化定势影响所获取的文化知识和信息有时并非全部事实甚至是错误的，但由于文化强大的定势作用，容易导致人们墨守成规、因循守旧，拒绝接受新的社会文化整合到已有的心理结构中，这对人的发展而言无疑是一种阻碍。

第二节　马克思主义中国化进程中党关于文化育人的思想

马克思主义是中国共产党的指导思想，是中国特色社会主义的理论源头，是指导中国革命、建设和改革的总的世界观和方法论。中国共产党建党100多年来的历史，既是在实践上为民族解放和社会发展进行浴血奋斗的历史，也是在理论上不断推进马克思主义中国化的历史。在文化领域，中国共产党也十分强调运用马克思主义来批判、统领、影响和整合文化。为了实现文化领域的马克思主义化，进而将文化化为大众改造世界以及改造自身的武器，党提出了一系列宝贵的思想，并在实践中积累了丰富的经验。这些宝贵的思想和丰富的经验为论证文化何以能够用来建构当代青少年的精神世界，促进当代青少年的自由全面发展提供了重要的理论指导。

习近平总书记在纪念毛泽东同志诞辰130周年座谈会上的讲话中说道："毛泽东是'伟大的马克思主义者'，是'马克思主义中国化的伟大开拓者'，带领人民开创了马克思主义中国化的历史进程。"①以毛泽东同志为主要代表的中国共产党人历经反复探索，最终选择了坚持马克思主义的立场观点和方法，深入分析和解决我国革命中的具体问题，深刻总结近代以来传统文化与西方文化碰撞交锋的实践经验，历史地、辩证地阐释了如何对待传统文化的问题，进而形成了关于民族历史文

① 习近平：《在纪念毛泽东同志诞辰130周年座谈会上的讲话》，人民出版社2023年版，第1—2页。

化传承与先进社会主义文化建设的重要思想,为推动当今时代文化繁荣发展、实现育人化人目标奠定了坚实的基础。

以毛泽东同志为主要代表的中国共产党人始终坚持经典马克思主义文化观的理论内核和价值追求,即人的自由全面发展。毛泽东根据当时的情况将人的自由全面发展抽象为中华民族或者说是中国人民获得“独立性”“个性”和“自由”。毛泽东对“独立性”“个性”和“自由”曾作过论述,他认为,“独立性”“个性”和“自由”基本上可以理解为同一序列的价值范畴,且它们都是具体的历史的,必须在创造历史的过程中才能够获得。在毛泽东看来,“独立性、个性、人格是一个意义的东西,这是财产所有权的产物。”①而在中国封建制度下,财产所有权都集中在地主阶级和资产阶级手中,广大农民则丧失了财产所有权,因此,在中国封建社会,地主阶级和资产阶级具有独立性、个性和自由,而广大农民的独立性、个性和自由则被削弱甚至是被完全剥夺了。在封建文化的长期奴役下,人民大众普遍信奉一种泯灭自我的奴隶主义,并产生一种根深蒂固的服从观念(服从天命、服从皇权、服从尊者、服从他人),使得人民大众生成奴隶性,丧失独立自主的意识。毛泽东认为,“帝国主义与封建主义是摧残个性的,使中国人民不能发展他们的聪明才智,他们的身体也不能发展,精神也不能发展,都受到了摧残。”②它们是中国人民获得独立、实现个性解放的最大障碍。

为了使中国人民获得“独立性”“个性”和“自由”,毛泽东主张要推翻帝国主义和封建主义的压迫,要通过各种形式的文化教化以提高人的素质,促进人的发展,进而推动社会的发展。早在青年时代,毛泽东就认为,作为文化重要内容的教育,乃是促进社会进步的工具。为

① 《毛泽东文集》第三卷,人民出版社 1996 年版,第 415 页。

② 《毛泽东文集》第三卷,人民出版社 1996 年版,第 336 页。

此，“文化之宣传，教育之改造，刻不容缓也。”①在他看来，革命文化是革命的有力武器，“没有文化的军队是愚蠢的军队，而愚蠢的军队是不能战胜敌人的”②。1945 年，全面抗战胜利前夕，毛泽东为中国人民抗日军事政治大学题词：“努力提高军事文化，壮大人民的军队，为战胜民族敌人而奋斗。”毛泽东的这一题词，是对全面抗战时期人民军队建设实践经验的总结和提炼。可以看到，在全面抗战时期，我们党一方面通过在部队中开展整风整训运动，努力提高部队的思想政治水平和军事技能，让党领导的军队真正成为用马克思主义理论武装起来的人民军队；另一方面，深入开展文化教育，提高广大官兵的知识文化水平，同时充分发挥文艺的力量，把文艺作为“团结人民、教育人民、打击敌人、消灭敌人的有力的武器”，有效提升了军队的战斗意志和精神面貌。不仅如此，毛泽东还十分重视文化建设。在抗日战争时期，他便提出建设中华民族新文化的任务，全面阐述了新民主主义的文化纲领。他指出：“我们共产党人，多年以来，不但为中国的政治革命和经济革命而努力奋斗，而且为中国的文化革命而奋斗……一句话，我们要建立一个新中国。建立中华民族的新文化，这就是我们在文化领域中的目的。”③为了实现这一文化建设目的，毛泽东还指明了新中国文化的发展方向，他认为：“民族的科学的大众的文化，就是人民大众反帝反封建的文化，就是新民主主义的文化，就是中华民族的新文化。”④强调文化的科学性和大众性品格，在理论上为建设中华民族新文化开创了一条科学的、正确的道路。在《延安文艺座谈会上的讲话》中，他还提到：

---

① 中共中央文献研究室，中共湖南省委《毛泽东早期文稿》编辑组：《毛泽东早期文稿 1912 年 6 月—1920 年 11 月》，湖南人民出版社 2008 年版，第 442 页。

② 《毛泽东选集》第三卷，人民出版社 1991 年版，第 1011 页。

③ 《毛泽东选集》第二卷，人民出版社 1991 年版，第 663 页。

④ 《毛泽东选集》第二卷，人民出版社 1991 年版，第 708—709 页。

文艺工作要始终坚持古为今用、洋为中用的正确原则和百花齐放、百家争鸣的正确方针，要通过文学艺术来教育人民，提高人民的科学文化素质，促进人民的个性解放和思想发展。

从以毛泽东同志为主要代表的中国共产党人的文化思想和实际工作可以看出，党深信文化是促使中国人民获得解放和自由，是促进全中国人民自由全面发展的重要途径，这一点与经典马克思主义的文化价值理念具有高度的一致性，为运用文化去促进当代青少年精神世界建构提供了重要的理论指导。

党的十一届三中全会后，以邓小平同志为主要代表的中国共产党人继往开来、不断开新，在政治、经济和文化领域进行了拨乱反正工作，彻底扫清了思想制约和障碍，为党的思想文化发展进一步扫清了道路。以邓小平同志为核心的党中央在探索中国特色社会主义建设的过程中，着眼于我国社会主义初级阶段，一直坚持把马克思主义普遍原理与我国的具体实践结合起来，在继承马克思主义文化思想和毛泽东文化思想的基础上，提出了一系列具有中国特色的社会主义文化思想，致力于有中国特色的社会主义文化建设。习近平总书记评价“邓小平同志是全党全军全国各族人民公认的享有崇高威望的卓越领导人，伟大的马克思主义者，伟大的无产阶级革命家、政治家、军事家、外交家，久经考验的共产主义战士，中国社会主义改革开放和现代化建设的总设计师，中国特色社会主义道路的开创者，邓小平理论的主要创立者”①。作为第二代中央领导集体的核心，他提出了《关于科学和教育工作的几点意见》，发表了《在全国科学大会开幕式上的讲话》《在全国教育工作会议上的讲话》《在中国文学艺术工作者第四次代表大会上的祝辞》，作出了《坚持四项基本原则》等一系列重要指示，全面系统地阐述

---

①　习近平：《在纪念邓小平同志诞辰 110 周年座谈会上的讲话》，人民出版社 2014 年版，第 1—2 页。

了建设有中国特色社会主义文化的理论、路线、方针和政策，为新时期我国文化建设指明了前进的道路。

以邓小平同志为主要代表的中国共产党人强调把人的自由全面发展作为有中国特色社会主义文化建设的根本目标。邓小平从我国社会主义初级阶段的国情出发，创造性地将人的自由全面发展指向有理想、有道德、有文化、有纪律的“四有”新人。“四有”新人的提出是经典马克思主义关于人的自由全面发展理论在当代中国的具体化。在邓小平看来，“四有”新人是真正符合社会主义现代化建设的客观需要的人，这一方面是由于当时的国内环境深受封建文化、“文化大革命”和“左”的思想影响，为了清除这些腐旧文化的影响，就必须加强思想文化建设，把广大干部和人民群众培养成为“四有”新人；另一方面是由于和平与发展已成为世界主题，在世界科技革命迅猛发展的时代条件下，只有我们的干部和人民具有坚定的共产主义理想、良好的道德风尚、高度的科学文化水平以及严明的法纪观念，我们的社会主义现代化事业才能不断向前推进。邓小平认为，有中国特色的社会主义文化建设是决定“四有”新人能否培养成功的重要因素，是每个国人自由全面发展的基础条件。正是在这个意义上，邓小平指出，“建设社会主义的精神文明，最根本的是要使广大人民有共产主义的理想、有道德、有文化、守纪律。”①“不论是对于满足人民精神生活多方面的需要，对于培养社会主义新人，对于提高整个社会的思想、文化、道德水平，文化工作都负有其他部门所不能代替的重要责任。”②由此可见，在邓小平看来，文化建设是一份十分崇高的事业，对人的自由全面发展而言至关重要。

邓小平认为，通过文化建设来促进人的自由全面发展，具体的路径、手段是教育和法律的综合运用。在他看来，教育是传播、建设有中

① 《邓小平文选》第三卷，人民出版社1993年版，第28页。

② 《邓小平文选》第二卷，人民出版社1994年版，第209页。

国特色社会主义文化的最重要的方式之一，也是提高国民素质、促进国民全面发展的最直接途径，因此，他把发展教育提到国家战略高度，强调教育是一个民族最根本的事业，要求在全党全国形成一种“尊重知识，尊重人才”的风尚习气。同时，他也指出，仅仅通过教育来提高人们的科学文化水平、推进思想道德建设是不够的，尤其是对思想道德建设而言，教育的作用是相对的，仅仅依靠教育的作用，道德建设是难以长久维系的，这便要求必须辅之以法律的强制性约束来保障，以达到道德的“自律”和法律的“他律”相结合来维持社会的思想道德水平的目的。邓小平在1986年会见新西兰总理郎尹时明确提出：“我们现在搞两个文明建设，一是物质文明，一是精神文明。实行开放政策必然会带来一些坏的东西，影响我们的人民。要说有风险，这是最大的风险。我们用法律和教育这两个手段来解决这个问题。只要不放松，认真抓，就会有办法。”①

通过上述分析可见，以邓小平同志为核心的党中央认为文化建设是决定人自由全面发展的重要因素，社会主义文化建设能够为“四有”新人的培养创造条件。邓小平更是把造就一代“四有”新人、促进人的自由全面发展确立为中国特色社会主义文化建设的根本任务。总而言之，以邓小平同志为核心的党中央以有中国特色的社会主义文化建设促进人的全面发展理论是对马克思主义促进人的自由全面发展理论的极大丰富和完善，为人的自由全面发展指明了正确的方向，开辟了新的途径。

党的十三届四中全会之后，面对当代世界和中国的发展变化对文化选择的新要求，特别是面临邓小平逝世后中国向何处去的严重考验，以江泽民同志为主要代表的中国共产党人，坚持将马克思主义的世界

---

① 《邓小平文选》第三卷，人民出版社1993年版，第156页。

观和方法论与中国特色社会主义建设的具体国情结合起来,并在此基础上提出了关于文化建设的新思想、新观点。江泽民在2000年2月25日于广东考察工作时,作出了党要代表“中国先进文化的前进方向”①的科学论断。这一论断的提出,标明中国共产党完成了由“社会主义精神文明”“有中国特色社会主义文化”的概念框架向“社会主义先进文化”概念框架的转换。

社会主义先进文化承继了经典马克思主义的文化价值追求,认为文化的意义就在于促进人的自由自觉的活动,其目标最终应该指向人的自由全面发展。因此,他们把先进文化与人的自由全面发展联系了起来,揭示了人的全面发展与先进文化的内在联系。在纪念中国共产党成立80周年大会的讲话中,江泽民就深刻指出:“我们建设有中国特色社会主义的各项事业,我们进行的一切工作,既要着眼于人民现实的物质文化生活需要,同时又要着眼于促进人民素质的提高,也就是要努力促进人的全面发展。这是马克思主义关于建设社会主义新社会的本质要求。我们要在发展社会主义社会物质文明和精神文明的基础上,不断推进人的全面发展。”②“推进人的全面发展,同推进经济、文化的发展和改善人民物质文化生活,是互为前提和基础的。人越全面发展,社会的物质文化财富就会创造得越多,人民的生活就越能得到改善,而物质文化条件越充分,又越能推进人的全面发展。”③在党的十六大报告中,他又强调:“党要承担起推动中国社会进步的历史责任,必须始终紧紧抓住发展这个执政兴国的第一要务,把坚持党的先进性和发挥社会主义制度的优越性,落实到发展先进生产力、发展先进文化、实现

① 《江泽民文选》第三卷,人民出版社2006年版,第2页。

② 《江泽民文选》第三卷,人民出版社2006年版,第294页。

③ 《江泽民文选》第三卷,人民出版社2006年版,第295页。

最广大人民的根本利益上来，推动社会全面进步，促进人的全面发展。”①这些论述指明了社会主义先进文化建设的最终目标和战略意义，提升了社会主义先进文化在促进人的自由全面发展中的重要地位和作用。

社会主义先进文化建设与人的自由全面发展是辩证统一的历史过程，具体表现为：一方面，人的自由全面发展以社会主义先进文化建设为基础；另一方面，社会主义先进文化建设离不开对人的自由全面发展的追求，人的自由全面发展水平是衡量文化先进性的重要尺度。社会主义先进文化作为人类认识世界和改造世界的积极成果，是人成为自由存在物的重要条件，同时也是构成人自由全面发展的重要条件。人的自由全面发展的程度是与人成为自由存在物的程度紧密相关的。如果人还单纯地被世界的必然性所支配而没能掌握和驾驭这种必然性，那么，人就是没有自由的，当然也就没有自由全面发展的可能。只有当人类能够掌握和驾驭自然规律和社会规律，并在这个过程中创造了先进的文化，且能够对这些先进文化成果自觉运用的时候，他们才能获得越来越多的自由。因此，人类要想获得更大的自由，获得更全面的发展，就必须注重先进文化的建设。基于这样的认识，以江泽民同志为核心的党中央强调要注重社会主义先进文化建设，要大力发展自然科学和哲学社会科学，实施“科教兴国”战略，全面提高人民的思想道德素质和科学文化素质，推动人的自由全面发展。实践证明，作为文化的重要组成部分的自然科学和哲学社会科学都是解放和发展生产力的巨大动力，是增进人的自由、推动人的全面发展的重要条件。此外，作为先进文化载体的文化产业亦对人的自由全面发展具有重大的促进作用。江泽民指出，在工业文明时代，人类文化的存在状态和存在样式实现了

---

① 《江泽民文选》第三卷，人民出版社 2006 年版，第 538—539 页。

对农业文化的历史性超越，文化产业成为了先进文化的重要载体和具体表现形式，离开了现代文化产业，先进文化的前进方向就会失去现实基础，那便无法代表最广大人民的根本利益。基于此，党的十六大明确提出“积极发展文化事业和文化产业”的论断，并指出“发展文化产业是市场经济条件下繁荣社会主义文化、满足人民群众精神文化需求的重要途径”①。观照现实，我们能够发现：用文化产业的发展来推动文化事业的繁荣，正日益成为提高人的素质、促进人的自由全面发展的重要途径。

以江泽民同志为核心的党的第三代中央领导集体站在历史和现实的高度，全面思考和探索了先进文化对促进人的心灵生活丰富、精神世界健全、个性完善发展、自由全面发展的积极作用，这为当前青少年精神世界的文化建构提供了有力的理论指导。

改革开放以来，我国的经济、社会和文化各个方面都在快速发展，取得了举世公认的成就，国家的经济基础、体制环境和社会条件都发生了深刻的变化，这给我国的文化建设和发展带来了一系列重大的影响。然而，在社会各方面都发生深刻变化的背景下，我国在文化建设和发展的思想认识、理念观念、管理体制等方面都存在着诸多的不适应，主要表现在：“文化发展与人民群众日益增长的精神文化需求不相适应；文化发展与全面建设小康社会的要求不相适应；文化发展与我国入世后对外开放的新形势不相适应；文化发展现状与世界高新技术飞速发展，特别是数字技术和互联网的应用普及的形势不相适应”②，这诸多的不适应严重地影响和制约着我国文化的建设与发展。以胡锦涛同志为主要代表的中国共产党人正是在这种新的时代条件和文化的发展现实下，坚持以马克思主义为指导，立足于建设有中国特色社会主义的实

① 《江泽民文选》第三卷，人民出版社 2006 年版，第 561 页。

② 闫会心：《胡锦涛文化发展思想的理论考察》，《浙江学刊》2012 年第 3 期。

践,着眼于世界科学文化发展的前沿,科学回答了建设什么样的中国特色社会主义文化和怎样建设中国特色社会主义文化的重大命题,形成了关于建设中国特色社会主义文化的思想理论体系。

这一时期,我国经济、社会快速发展,人民生活水平日益提高,此时,人民群众的幸福感不再仅仅取决于富足的物质生活,而是更多地取决于丰富多彩的精神文化生活,这样,人民群众便会对文化产品、文化服务供给的数量和质量都有更高的要求。然而,现有的文化产品和服务,不论是总量还是质量,都还不能很好地满足人民群众的精神文化需求,甚至在一些地方出现腐朽文化、落后文化乘虚而入、肆意泛滥的问题,其根本原因就在于"面向市场、面向群众、有利于多出优秀文化作品的体制机制尚不完善,主渠道的供给能力跟不上人民群众快速增长的精神文化需求"①。胡锦涛指出,推动人的全面进步和发展的着力点在于满足人民日益增长的精神文化需要,满足其精神生活、精神世界发展的需要。他在庆祝中国共产党成立 90 周年大会上的讲话中对不断满足人民的精神文化需要提出了具体的要求,强调要努力推进社会主义先进文化建设,构建中华民族共有的精神家园。他还明确指出,社会主义先进文化建设对满足人民日益增长的精神文化需要、支撑经济社会发展、推动人的全面进步起着基础性、全局性和战略性的作用。

胡锦涛指出,广大民众对精神文化的需求主要有两个层面:一是保障其基本文化权益的实现;二是满足其对文化多样性、多层次及多方面的需求。胡锦涛在党的第十七次全国代表大会上就明确指出:"满足民众基本文化需求和保障人民基本文化权益的主要途径是发展公益性文化事业,满足民众多样化精神文化需求和增强国际竞争力主要靠发

① 张荣臣等:《中央政治局集体学习若干重大课题解读》,红旗出版社 2005 年版,第 145 页。

展文化产业。”①

综上，以胡锦涛同志为总书记的党中央在这一时期认为，个人的自由全面发展离不开中国特色社会主义先进文化的建设与发展，社会主义先进文化建设在满足人们日益增长的精神文化需要以及促进人的自由全面发展中起着基础性、全局性和战略性作用。只有文化发展了，才能更好地满足人们的精神需求，丰富人们的精神世界。

党的十九大报告指出，中国特色社会主义进入新时代，这是我国发展新的历史方位，这表明我们比历史上任何时期都更接近实现中华民族伟大复兴的目标，而要实现这一宏伟目标，文化的作用不可或缺，更不能忽视。为了实现中华民族伟大复兴，党中央作出了一系列战略部署。文化发展问题就是被置于实现中华民族伟大复兴中国梦的战略背景下加以阐释的。在以习近平同志为核心的新一届中央领导集体施政目标中，文化成为“五位一体”总体布局的支撑点和价值之源，文化建设被置于“五位一体”的现代化事业总体布局中。2023 年 10 月，全国宣传思想文化工作会议首次提出并系统阐述了思想精深、内涵丰富、体系完备、逻辑严密的习近平文化思想，这“为做好新时代新征程宣传思想文化工作、担负起新的文化使命提供了强大思想武器和科学行动指南”②。

习近平总书记在多个场合一再强调，文化在党和国家全局工作中占有重要地位，在社会发展中具有关键地位，在国家软实力的竞争中占据战略地位。党的十八大以来，他提出了一系列阐述文化价值和意义

① 《中国共产党第十七次全国代表大会文件汇编》，人民出版社 2007 年版，第 40 页。

② 《习近平对宣传思想文化工作作出重要指示　强调坚定文化自信秉持开放包容坚持守正创新　为全面建设社会主义现代化国家　全面推进中华民族伟大复兴提供坚强思想保证强大精神力量有利文化条件》，《人民日报》2023 年 10 月 9 日。

的新论断，如，“文化的力量，或者我们称之为构成综合竞争力的文化软实力，总是‘润物细无声’地融入经济力量、政治力量、社会力量之中，成为经济发展的‘助推器’，政治文明的‘导航灯’，社会和谐的‘粘合剂’。”①“文化是民族生存和发展的重要力量”②，“文明特别是思想文化是一个国家、一个民族的灵魂。无论哪一个国家、哪一个民族，如果不珍惜自己的思想文化，丢掉了思想文化这个灵魂，这个国家、这个民族是立不起来的。”③“没有中华文化繁荣兴盛，就没有中华民族伟大复兴。一个民族的复兴需要强大的物质力量，也需要强大的精神力量。没有先进文化的积极引领，没有人民精神世界的极大丰富，没有民族精神力量的不断增强，一个国家、一个民族不可能屹立于世界民族之林。”④“在新的起点上继续推动文化繁荣、建设文化强国、建设中华民族现代文明，是我们在新时代新的文化使命。”⑤等等。这些新论断突出了文化对于人类社会发展、对民族生存发展以及对维护社会和谐稳定的重要作用，是新时代党对文化价值的新概括。

习近平总书记指出，文化不仅是推动社会、国家、民族长久生存和发展的重要力量，同时也是促进个人自由全面发展、引领个人进步的重要手段。习近平同志认为，“文化即‘人化’，文化事业即养人心志、育人情操的事业。人，本质上就是文化的人，而不是‘物化’的人；是能动的、全面的人，而不是僵化的、‘单向度’的人。人类不仅追求物质条件、经济指标，还要追求‘精神生态’的和谐；不仅追求效率和公平，还

---

① 习近平：《之江新语》，浙江人民出版社 2007 年版，第 149 页。

② 习近平：《在文艺工作座谈会上的讲话》，人民出版社 2015 年版，第 2 页。

③ 《习近平著作选读》第一卷，人民出版社 2023 年版，第 279 页。

④ 习近平：《在文艺工作座谈会上的讲话》，人民出版社 2015 年版，第 5 页。

⑤ 《习近平在文化传承发展座谈会上强调：担负起新的文化使命　努力建设中华民族现代文明》，《人民日报》2023 年 6 月 3 日。

要追求人际关系的和谐与精神生活的充实,追求生命的意义。”①文化对人来说,是一种精神上的内在需求、普遍需求和终生需求。文化是人类的精神家园,文化可以启蒙人的心智,引导人认识社会,使人获得思想上的教益;文化可以愉悦人的身心、陶冶人的性情,使人获得精神上的满足和依归。先进的文化更是能够给人以崇高的理想、坚定的信念和美好的希望;能够培养人宽容的气度、创新的思维和理性的精神;能够使人具有性情坦然、心态稳重、心灵充实。人民通过一定的文化,还可以交流思想、表达感情、建立友谊、丰富生活、提升境界。尤其是在现代社会,工作和生活节奏快,竞争激烈,人们的精神压力普遍增大,这就容易导致急功近利、心浮气躁等不良心态的产生,甚至产生怨恨、仇视等负面情绪。先进文化能够加强人的自身修养,有利于个人健全人格和良好意志品质的形成;能够有效调节人们的情感和心理,引导人们用合理合法的方式表达利益诉求;能够促进人与人之间形成相互尊重、相互信任、相互帮助的良好关系,有利于维护和谐的社会局面。倘若人类失去了先进文化的支撑,其精神、思想、灵魂等便会苍白无力、暗淡无光,生活也会变得没有价值和意义。

以习近平同志为核心的党中央十分重视文化对于个人以及国家、民族的生存与发展的重要价值,强调应当把满足人民群众的精神文化需求、提升人民群众的精神境界、促进人的自由全面发展作为社会主义文化建设的价值旨归。因此,习近平总书记要求我国的文艺工作者在进行文艺创作时,要坚持以人民为中心,要把“为人民服务”作为自己的天职,要把满足人民群众的精神文化需求作为根本出发点和落脚点,要切实发挥文学艺术教育人民的重要的作用。另外,他还强调要把马克思主义基本原理同中国具体实际相结合、同中华优秀传统文化相结

① 习近平:《之江新语》,浙江人民出版社 2007 年版,第 150 页。

合,要重视对中华优秀传统文化进行创造性转化和创新性发展,以中华优秀传统文化夯实人民的精神根脉,提高人民的民族自信。再次,要大力弘扬社会主义核心价值观,以社会主义核心价值观引领社会主义文化建设,不断提高国家文化软实力,建设社会主义文化强国,充分发挥文化“化人”的作用,为实现人的自由全面发展而努力奋斗。

第三节　推动中华优秀传统文化中的“礼乐教化”思想创造性转化、创新性发展

马克思曾指出:“‘特殊的人格’的本质不是人的胡子、血液、抽象的肉体的本性,而是人的社会特质。”①这说明,人是社会的存在物,人生活在现实社会中并受社会的影响和制约。生活于特定社会文化环境中的人会受到同化并完成其社会化的过程。中国古代的文化教化就是人的社会化过程和结果的一种体现。“教化”在中古古代社会有着悠久的历史,是中国古代实践智慧的结晶,是形塑中国古代意识形态的主要方式之一,也是开掘和塑造人的精神世界,造就中华民族独特精神世界的重要方式。礼乐教化作为中国古代社会最基本的教化方式,不仅对国家治理产生重要影响,而且对个人的成长发展也发挥着重要的作用。我们要努力推动中华优秀传统文化中的“礼乐教化”思想实现创造性转化、创新性发展。

一、中国古代“礼乐教化”传统

中国古代的教化活动最早可追溯至春秋战国时期,在其形成发展过程中,一直被视为实现国家治理理想的基本路径。董仲舒将其视为

① 《马克思恩格斯全集》第1卷,人民出版社1956年版,第270页。

治国之“大务”。在他看来,“夫万民之从利也,如水之走下,不以教化堤防之,不能止也。是故教化立而奸邪皆止者,其堤防完也;教化废而奸邪并出,刑罚不能胜者,其堤防坏也。古之王者明于此,是故南面而治天下,莫不以教化为大务。立太学以教于国,设痒序以化于邑,渐民以仁,摩民以谊,节民以礼,故其刑罚甚轻而禁不犯者,教化行而习俗美也。”(《汉书·董仲舒传》)综观中国古代各家学说的教化思想,基本都试图通过对国民性的塑造以实现政治统一和社会稳定。而在通过教化方式对国民施加影响时,尤其注重通过“礼乐教化”实现对人格进行潜移默化的塑造。

“礼教”即以礼教人。礼是中国传统社会的价值范畴,其构建起了古代社会人与人之间的等级秩序和道德规范。礼最初是祭神的仪式,后成为一种社会教化的工具,被赋予广义的政治学与伦理学意义,进而发展为等级社会中体现尊卑贵贱的行为规范和仪式制度,并以这种“制度——文化体系去组织一个严密有序的文明社会”①。据史书记载,周公制礼乐,这奠定了礼教传统,而孔子将这一传统发扬光大。孔子强调“不学礼,无以立”“克己复礼为仁”,主张以“礼”作为行为规范和制度要求,在日常生活中要严格按照等级秩序的要求衡量自己的言行。正所谓“是以君臣朝廷尊卑贵贱之序,下及黎庶车舆衣服宫室饮食嫁娶丧祭之分,事有宜适,物有节文”②。“礼者,贵贱有等,长幼有差,贫富轻重皆有称者。”③只有国民践行礼制,才利于个人、国民和整个宗族的长远发展。正如《左传·襄公十一年》所言:“礼,经国家,定

① 陈来:《古代宗教与伦理——儒家思想的根源》,生活·读书·新知三联书店2009年版,第292页。

② (西汉)司马迁撰:《史记》(一),中华文化讲堂译,中国华侨出版社2016年版,第332页。

③ 张觉:《荀子译注》,上海古籍出版社2012年版,第120页。

社稷,序人民,利后嗣者也。”①而礼作为一种行为规范,不是与生俱来的,是后天驯习而成的。因此,在儒家先贤看来,只有通过教化和思想灌输,才能让国民懂礼、有礼、守礼。在《礼记·学记》中就说道:“君子如欲化民成俗,其必由学乎?”“是故古之王者建国君民,教学为先。”

“乐教”则是通过音乐、歌舞等来教授宗法等级人伦之德。在中国古代,乐主要是指包括音乐在内的集诗、歌、舞于一体的人文文化。在古人看来,音乐不仅具有形式美,还蕴含着道德精神美。正所谓“德音之谓乐”,“乐者德之华也”(《乐记》)。好的音乐不仅能够让人心情愉悦,还能化导人性,使人向善,助其成德。正如《荀子·乐论》所指出的:“故乐行而志清,礼修而行成,耳目聪明,移风易俗,天下皆宁,美善相乐也。”因此,中国古人主张寓教于乐,通过乐来进行道德教化。“乐也者,……而可以善民心,其感人深,其移风易俗,故先王著其教焉。”(《史记·乐书》)据史书记载,舜曾命夔为乐官,专门“典乐”,以“教胄子,直而温,宽而栗,刚而无虐,简而无傲”。(《尚书·舜典》)此处已显现出乐教的萌芽。为了更好地施行乐教,中国古代社会还设置了专门的官员实施乐教,《周礼·大司乐》中专门说明了“大司乐”的乐教职责,“大司乐掌成均之法”,乃乐官之长,负责贵族子弟的乐教,以乐德、乐语、乐舞教国子。儒家先贤相较前人,更为重视乐教,提出了一套专门理论。孔子以诗书礼乐教授弟子,在《孔子家语·弟子行》中有记载:“卫将军文子问于子贡曰:‘吾闻孔子之施教也,先之以《诗》、《书》,而道之以孝悌,说之以仁义,观之以礼乐,然后成之以文德。……’”可见,孔子将乐作为重要的教学内容之一。荀子则专门作《乐论》,深入分析礼乐的教化功效。

古人认为,国家治理要想实现“万民和亲”“天下安宁”,需要将礼

① 郭丹、程小青、李彬源译注:《左传》,中华书局2012年版,第88—89页。

教与乐教结合起来，通过礼约束人们的外部行为，以培养人们良好的道德行为，通过乐启发人们内心的自觉，以养成高尚的道德情操。在古人看来，“礼乐皆得谓之有德”（《礼记·乐记》）。古代社会正是通过这种礼乐并举的教化模式对万民的外在行为与内在心性施以思想道德影响，在情理交融中最终达成移风易俗、以教祇德的教化目的。

二、中国传统礼乐文化对人的教化作用

文化哲学的一个基本命题是：“人是文化的动物”，从这一基本命题可以看出，文化哲学一方面肯定人的文化主体地位，另一方面十分强调文化对人的影响和塑造。因此，文化哲学认为，任何人都是在一定文化环境的熏陶下成长起来的，文化于人而言最基本的功能便是教化功能，或者说是塑造功能。它对于人具有无可替代的教化作用。只有经过文化教化的人，才是社会的人、具有理性的人、真正意义上的“人”。其实，文化之于人的教化作用，我国古人早就认识到，并将文化教化视作一种治国之术。礼、乐作为中国古代最具代表性的人文文化，其对人的教化作用是非常明显且深刻的。具体来说，中国古代礼乐文化对人的教化作用主要表现在以下三个方面。

第一，中国传统礼乐教化能够规范人的行为。任何一种文化都包含具有约束作用的规范体系，这一规范体系只有通过文化教化才能发挥作用。一般来说，文化教化会通过一定的方式使规范的外在约束转变为个体自身的内在认同，进而使个体自觉地规范其行为。这便是文化教化发挥作用的过程，是从知到行、知行合一的过程。在文化规范体系中，道德的规范是其中最为重要的部分。通过文化教化，能够让人们对文化中的道德规范有所认知并深化认同，继而积极践履，使道德规范成为人们的行为习惯，进而使人们的道德素养得到提高。中国古代社会的统治阶级为了能够使万民自觉地遵守道德规范，具备约束自身行

为的认识和能力，基本都会通过礼乐教化这一途径来达成其目的。可以说，礼乐教化是对人的行为进行一种价值建构，是古代和谐社会建设的重要途径。《论语·子路》有言："礼乐不兴，则刑罚不中；刑罚不中，则民无所措手足。"这足以说明古人对礼、乐的重视。从实质上来看，礼乐教化就是将礼的内在精神——仁义、孝悌、忠信等诉之于人的理性精神，并通过人的行为表现出来。在中国古代社会，礼表现为一种政治规则和伦理规范的混合体，兼具政治与伦理意蕴，是调节、约束人的言行举止的最主要道德规范，具体规定着不同等级的人们在不同的人伦关系和社交场合中应该遵守的行为规约。古代社会的礼制规约涉及人们生产生活的方方面面，大到国家山川祭祀，小到孩童入学拜师，吉、凶、军、宾、嘉五礼完备。《礼记·曲礼》言："道德仁义，非礼不成，教训正俗，非礼不备。分争辨讼，非礼不决。君臣上下父子兄弟，非礼不定。宦学事师，非礼不亲。班朝治军，莅官行法，非礼威严不行。祷祠祭祀，供给鬼神，非礼不诚不庄。……是故圣人作，为礼以教人，使人以有礼知自别于禽兽。"意即道德仁义不通过礼就无法成就；教化、训导民俗使其走上正途，不通过礼就不完备；分辨纷争和案件的是非曲直，没有礼就不能决断；君臣、上下、父子、兄弟，没有礼就无法确定各自的名分；从师学习做官和学习知识，没有礼，师生之间就不能亲密；上朝列位，整治军队，担任官职，执行法令，没有礼就失去了威严；祈福祭祀，供养神灵，没有礼就不够虔诚和庄重。人有了礼的规范，才能把自己与禽兽区别开来，社会也才得以安定。正因为礼对人的言行具有重要的规范、约束作用，所以孔子强调"不学礼，无以立"。礼乐教化就是通过"乐由中出，礼自外作"，即外在行为与内在精神的统一，促进人们道德的完善和仁人的成长。

第二，中国传统礼乐教化能够调控人的活动。马克思曾说："动物不把自己同自己的生命活动区分开来，它就是这种生命活动。人则把自己的生命活动本身变成自己的意志和意识的对象。他的生命活动是有意识的。”①在马克思看来，人是有意识的存在物，人的类特性就是自由的有意识的活动。人总是在有意识的思想之中进行活动的，会对自己的行为活动作出有目的的规划。而身处社会之中的每一个个体，其行动规划和选择都会受到文化的影响，他们会参照所认同的文化提供的价值标准对其活动进行可行性评估。在经过文化教化后，个体对自身，尤其是对自身所扮演的社会角色会有更为明确的认识，会自觉调节其活动方式。马克思说过：“人是最名副其实的社会动物，不仅是一种合群的动物，而且是只有在社会中才能独立的动物。”②显然，人是社会性存在，社会角色是人的社会存在形式。所谓社会角色，通俗地说，就是社会舞台上特定角色的扮演者，它是对一个处在特定社会关系中的社会成员享有特定权利，承担特定义务，按照特定社会规范活动的形象化说法。人从诞生的那一刻起，就在社会中占据了一定的社会位置，不同的社会关系决定着不同的社会位置。文化特有的规范体系，会使人认识到自己在特定社会所能享有的权利及所应承担的义务，从而形成人的社会角色意识。中国古代礼乐教化产生的一种重要功能便是能够让社会个体明确角色身份，各安其位，使整个社会正常地、协调地运转。正如荀子所言：“人何以能群？曰：分。分何以能行？曰：义。故义以分则和，和则一，一则多力，多力则强，强则胜物，故宫室可得而居也。故序四时，裁万物，兼利天下，无它故焉，得之分义也。”“故人生不能无群，群而无分则争，争则乱，乱则离，离则弱，弱则不能胜物，故宫室不可得而居也——不可少顷舍礼义之谓也。”（《荀子·王制》）礼教使人们认清自己的位置，明确自己应承担的责任，恪守维系社会正常运转的礼数，做到“父子有亲，君臣有义，夫妇有别，长幼有序，朋友有信。”而乐

① 马克思：《1844 年经济学哲学手稿》，人民出版社 1979 年版，第 50 页。

② 《马克思恩格斯全集》第 12 卷，人民出版社 1962 年版，第 734 页。

教则是指引人们能对自己、对他人及所生活的环境作一种和合的思考与适应，并将此思维应用于生产生活实践之中，从而达到与儒家中庸思想内在一致的生活智慧，不仅让自我身心和谐，还要让社会及家国稳定、和谐。在荀子看来："夫乐者，乐也，人情之所必不免也。故人不能无乐，乐则必发于声音，形于动静；而人之道，声音动静，性术之变尽是矣。故人不能不乐乐则不能无形形而不为道则不能无乱。先王恶其乱也，故制《雅》《颂》之声以道之，使其声足以乐而不流，使其文足以辨而不諰，使夫邪污之气无由得接焉。故乐在宗庙之中，君臣上下同听之，则莫不和敬；闺门之内，父子兄弟同听之，则莫不和亲；乡里族长之中，长少同听之，则莫不和顺。故乐者，审一以定和者也，比物以饰节者也，合奏以成文者也；足以率一道，足以治万变。"(《荀子·乐论》)因此，中国古代社会将乐教作为提升人们道德修养，调控人们和谐生活的重要路径之一。可以说，"'乐'与'礼'以和谐的方式融入社会生活的整体，代表了中国人最向往的文明形态，也是人类生存及交往活动最基本的两个实践维度。透过'乐'，我们可以更好地表达人与生活世界不可须臾分离的情感；凭借'礼'我们才能更合理地建构或维系与人的交往方式有关的存在论秩序。"①

第三，中国传统礼乐教化能够提升人的精神境界。学者胡海波认为："人作为文化性的存在，人类各种文化当中都蕴含着人文精神，只不过不同的人文精神的注重点不同……中华文化的倾向是通过人本身内在的德性修养表现人之'文'。"②任何一种文化中蕴含的人文精神对身处其中的个体的人格目标和精神追求会产生深刻的影

① 张新民：《生命体验结构与音乐现象学——〈乐韵中澄明之境〉序》，《星海音乐学院学报》2008 年第 4 期。

② 胡海波等：《中华民族精神家园的生命精神研究》，人民出版社 2015 年版，第 133 页。

响,因为文化作为一种价值体系,能够为人们提供判断是非、对错、善恶、美丑的基本标准。文化教化通过影响人的思想观念和思维方式来提升人的道德思想、审美水平和人格素养。在这个过程中,人的整体精神境界都会有所提升。中国古代礼乐教化的最终目的是让天下人的德性升华,成就理想人格,社会、天下俱安。在具体的教化过程中,教化主体将“仁”作为教化的核心贯穿于礼、乐之中,教导各种出身、各个阶层的人要以“君子”“圣人”作为“成人”的目标追求。中国古代视“圣人”为至善的化身、理想道德人格的化身。荀子言:“涂之人百姓,积善而全尽,谓之圣人。”(《荀子·儒效篇》)在荀子看来,虽然人性为恶,但是人有聪明才智,可以积善全尽,成为圣人,圣人具备最高的道德“善”。就教化对象而言,其任务在于学以“成己”“美身”,学为“君子”“圣人”,“故学者,固学为圣人也”(《荀子·礼论》)。而教化主体的任务则在于教以“成人”,促成受教者的自我发展和自我成就。这里的“成人”是孔子所说的:“若臧武仲之智,公绰之不欲,卞庄子之勇,冉求之艺,文之以礼乐,亦可以为成人矣。”(《论语·宪问》)在孔子看来,理想中的“成人”是能够兼具臧武仲的智慧、孟公绰的清心寡欲、卞庄子式的勇敢、冉求的才艺,集多种优秀品质和才能、真善美于一身的人,“成人”亦即“全人”,君子、圣人就是能集各种德性之大成、大全之人,“君子集大成”(《五行》)、圣人“备道全美”(《荀子·正论》)。可见,圣人人格是崇高且完美的,具有难以企及的极致性。但儒家学者从人性论的角度论证了圣人目标是可以不断趋近、具有实现的可能性的。在他们看来,“人皆可以为尧舜”,“为之而已矣”(《孟子·告子下》),只要坚持不懈地努力修为和积德行善,任何人都有成为圣人的可能。中国古代礼乐教化正是通过圣人目标的引领和鼓舞,让受教者在教化修身的过程中充分发挥自我完善、自我超越的积极性和主动性,自觉地、愉快地接受从情感到理性的品格修养,实现着从士到君子,再到圣人的不断提升，避免在世俗中沉沦，获得主体精神生命的提升。正如檀传宝所指出的，中国古代“圣人”发挥着两大重要功能，“一是改良民性的教化功能，二是为人鹄的提升功能。”①

三、中国传统“礼乐教化”的基本方式

文化对人具有教化功能，这是毋庸置疑的，那么，文化是通过什么样的方式对人进行教化的呢？总的来说，主要有两种基本方式：一种是文化通过自身提供的各种生活环境和条件进行潜移默化的教化，使人在不知不觉中受到文化的影响和熏陶。这种方式是自然而然地施行的，是在人们无意识的情况下完成的，影响一方和被影响一方均未有任何特殊主义，也没有人专门作出设计和安排，有的只是行为习俗定势的作用。因为，人降生到世上，他一开始无法选择也无法抗拒他根本不了解、不明白的文化。在他不理解文化的意义的情况下，他就像婴儿吮吸母乳一样，无条件地接受着养育他的家庭、容纳他的社会环境的文化教化。经过文化教化，文化的主旨精神和知识技能便会潜移默化地浸润到人的思想意识之中，成为他生活的重要构成。另一种是通过健全的教育体制，有目的、有计划、有系统地把各种文化知识和行为规范灌输给人，使人接受特定的文化模式进行自我塑造。这种文化教化方式与潜移默化的方式都能够作用于人的思想和行为，都能够达到化人的目的，但是，这种教育的方式具有明确的目的性、计划性，甚至有一定的强制性，教育的内容具有系统性，连贯性，它在实质上是一个有目的、有计划的文化过程。总而言之，潜移默化和系统教育是文化教化人的主要的两种方式，一个生下来和动物没多少区别的生物人，正是在文化这两种基本教化方式的作用下成长为一个文化人、社会人的。中国古代礼

① 檀传宝：《论儒家德育思想的三大特色与优势》，《教育研究》2002年第8期。

乐文化的教化功能亦是通过这两种方式表现出来。

1. 潜移默化

中国古代礼乐教化的一大特点就是在不知不觉中使教化对象潜移默化地受其影响，发挥着类似现代思想政治教育语境中的隐性教育和教育情境创设的作用。可以说，这是中国古代礼乐教化思想的最主要实践方式之一。《礼记·经解》中说道："礼之教化也微，其止邪也于未形，使人日徙善远罪而不自知也。是以先王隆之也。"在儒家先贤看来，礼的教化作用是从看不见的地方开始，它禁止邪恶是在邪恶处于萌芽状态时就开始了，它使人们在不知不觉之中日积月累地弃恶扬善，所以先王对它非常重视。正因为礼乐教化具有春风化雨般的作用，才使得历代统治者都将其视为为政之本、治国之术。在具体的教化实践中，古人十分重视通过统治者、师以自己的身教在潜移默化中将礼乐教化内容所蕴含的道德规范传输给受教者，通过"行不言之教"使被教化者得到启示和感化。庄子、老子和孔子都十分强调"身教示范"这种教化方法运用的重要性。在庄子看来，"古之至人，先存诸己而后存诸人。"(《庄子·人间世》)古代的圣人，要先充实自己，以道成就自己，然后再去扶助他人、成就他人。"古之君人者，以得为在民，以失为在己；以正为在民，以枉为在己。故一形有失其形者，退而自责。"(《庄子·则阳》)古代的君王都是把功劳归给老百姓，把过失归于自己；以为正道在人民一边，以为错误在自己一边。一旦犯了错误，总是退而自责。老子认为，这种身教示范具有很强的感染力和影响力，能够让受教者在潜移默化中接受和认同礼乐文化所提出的道德要求，就如他在《道德经·五十七章》中讲到的："我无为而民自化，我好静而民自正……我无欲而民自朴。"儒家圣贤也同样重视"身教"。孔子有言："其身正，不令而行；其身不正，虽令不从。"(《论语·子路》)意即当政者本身言行端正，能做出表率模范，不用发号施令，大家自然起身效法，政令将会畅行无阻;如果当政者本身言行不正,虽下命令,大家也不会服从遵守。在孟子看来,“仁言,不如仁声之入人深也。”(《孟子·尽心上》)以仁德教化的言论不如具有仁教作用的音乐更容易让人接受。《大学》中说道:“尧、舜率天下以仁,而民从之。桀、纣率天下以暴,而民从之。其所令反其所好,而民不从。是故君子有诸(zhū)己而后求诸人,无诸己而后非诸人。”尧、舜用仁政统治天下,百姓就跟从他们实施仁爱。桀、纣用暴政统治天下,百姓就跟从他们残暴不仁。他们命令大家做的,与他自己所喜爱的凶暴相反,因此百姓不服从。所以,君子要求自己具有品德后再要求他人,自己先不做坏事,然后再要求他人不做。实实在在的德性能给人直接、鲜活的示范和引导,能带给人更加深入人心的影响和改变。

为了增强礼乐教化的效果,古人除了重视通过身教示范实现对受教者潜移默化的影响,还注重通过构造一个完整的教化环境来潜移默化地陶铸、塑造受教者的品性,因此,古代社会实施教化的主体十分重视良好环境的培育,具体实践方式为良好风俗民情、社会风尚的营造。荀子便是这一思想的主要提倡者。他说道:“注错习俗,所以化性也;并一而不二,所以成积也。习俗移志,安久移质……居楚而楚,居越而越,居夏而夏,是非天性也,积靡使然也。”(《荀子·儒效》)在荀子看来,对人的安排措置以及习惯风俗,是用来改变本性的;风俗习惯能改变人的思想,安守习俗的时间长了就会改变人的本质。一个人居住在楚国,就会变得楚国化;居住在越国,就会变得越国化;居住在夏国,就会变得夏国化。这并不是天性使然,而是环境的影响和积累使然。也即是说,习俗等环境因素会对人产生日积月累、不知不觉的影响和改造作用。所以,荀子主张“谨注错,慎习俗”(《荀子·儒效》)。事实上,古人十分强调对风俗人情教化的引导,如《周书》卷二三《苏绰传》中说道:“夫化者,贵能扇之以淳风,浸之以太和,被之以道德,示之以朴素。”所谓感化，贵在能够用淳厚的风尚去倡导，用平和的思想去浸润，用道德的行为去影响，用朴素的作风去示范。不仅如此，古人也认识到，这是一个潜移默化的过程，非一朝一夕能成，因此强调方法的顺势引导。“善移风俗者，常因其所易而渐反之，毋轻矫其所难”，“化民成俗之道，除却身教再无巧术，除却久道再无顿法。”（《呻吟语・治道》）善于移风易俗的人，常常会根据人们的习惯和惯性慢慢诱导，才能改变人的行为，而不能强迫改变。教化民众改变民俗的方法，除了身教再无更巧妙的办法，除了常久坚持再没有使其骤变的方法。

总而言之，礼乐教化的目标指向之一是希望培育出道德高尚、品行出众的君子，在这一期望的背后，是潜移默化的教化方式的构建，这构成中国古代教化实践过程中的一大显著特征。

2. 系统教育

礼乐文化的教化功能除了通过潜移默化的方式表现出来之外，还有一种重要的方式，那便是具有明确计划性、目的性的系统教育。系统教育方式和潜移默化方式的目的都在于作用于受教者的思想与行为，培育受教者的价值观，但二者又有着明显的不同。相比较而言，系统教育的目的更加明确、计划更加周到、内容更加全面。

在中国古代，以学校为载体的教化活动已经十分成熟。据史书记载，早在上古三代之时，就已经有了较为成型的教育体系。“夏曰校，殷曰序，周曰庠，学则三代共之，皆所以明人伦也。”（《孟子・滕文公》）在孟子看来，夏、商、周三代已设学校，虽然三代对于学校的称谓不同，但教学的内容与目的却是相同的，都在于让受教育者懂得人伦道德。《礼记・学记》中亦有记载：“古之教者，家有塾，党有庠，术有序，国有学。”意即古代设学施教，每二十五家的“闾”设有学校叫“塾”，每一“党”有自己的学校叫“庠”，每一“术”有自己的学校叫“序”，在天子或诸侯的国都设立有大学。这里提到的“塾”“庠”“序”“学”都指的是教育场所。统治者、儒家先贤为了培养品行端正、学识丰富的人才,构建起了由“官学”和“私学”组成的学校教育体系。

古代的官学并不是单纯传授知识和技能的场所,教育的内容也并非纯粹系统的知识教育,而是侧重于道德教育,表现为一种“成德”的教育。《周礼·大司徒》中有记载:“以乡三物教万民而宾兴之:一曰六德:知、仁、圣、义、忠、和。二曰六行:教、友、睦、姻、任、恤。三曰六艺:礼、乐、射、御、书、数。”意即用三方面内容来教育万民,而荐举贤能者。一是六德:明白事理、爱人及物、通达而能预见、适时决断、言谈发自内心、刚柔适宜。二是六行:孝敬父母、友爱兄弟、和睦九族、亲爱姻戚、信任朋友、救济贫穷。三是六艺:五类礼义、六种歌舞、五种射法、五种驾驭车马法、六种造字法、九种数学计算法。《春官·宗伯》记载:大司乐“掌成均之法……以乐德教国子:中、和、祗、庸、孝、友;以乐语教国子:兴、道、讽、诵、言、语;以乐舞教国子,舞《云门》《大卷》《大咸》《大韶》《大夏》《大濩》《大武》。”从上述内容可以看出,周礼涉及民众生活的方方面面,反映了当时民众普遍遵从的道德原则,比如养老之礼、婚姻之礼、祭祀之礼等都有明确、具体的道德规范。礼、乐不仅成为学校教育的主要内容,也成为考察人才的重要标准,这也造就了中古古代教育的显著特点,即“政教结合”。这便是我国古代最早的教育建制的雏形,后世的教育制度都是在此基础上发展起来的。特别是汉代之后,官学教育愈加规范化、体系化。与此同时,民间私学也在兴起并不断发展,在礼乐教化功能发挥上也作出了很大贡献,成为官学以外,提升民众道德素养,维护社会和谐、国家稳定的重要补充。孔子是推动古代私学发展的重要代表人物。孔子亦将德育放在教学内容的首位,教材包括《诗》《书》《礼》《乐》《易》《春秋》六类。宋代是我国私学发展最为繁盛的时期,著名的“四大书院”声名鹊起。作为私学的代表,书院在教学上亦十分重视人品与气节的涵育。《白鹿洞书院揭示》写道:

父子有亲。君臣有义。夫妇有别。长幼有序。朋友有信。

右五教之目。尧、舜使契为司徒,敬敷五教,即此是也。学者学此而已。而其所以学之之序,亦有五焉,其别如左:

博学之。审问之。慎思之。明辨之。笃行之。

右为学之序。学、问、思、辨,四者所以穷理也。

若夫笃行之事,则自修身以至于处事、接物,亦各有要,其别如下:

言忠信。行笃敬。惩忿窒欲。迁善改过。

右修身之要。

正其义不谋其利。明其道不计其功。

右处事之要。

己所不欲,勿施于人。行有不得,反求诸己。

右接物之要。

《白鹿洞书院揭示》是中国书院发展史上的一个纲领性学规,这一学规明确指出了学生修身、处事、接物之要。从这里也可以看出,私学教化内容与官学教化内容基本一致。官学和私学是中国古代社会践行礼乐教化的两个最主要的教育平台。礼乐文化中的纲常伦理规范正是通过这两个教育平台渗透到社会的各个角落,发展成为整合、控制、构建社会的现实力量。

第三章　当代青少年精神世界建构的价值引领

当代青少年的精神世界是由多种要素构成的,各要素之间相互联系、相互影响,共同形成一个系统。文化本身也是一个十分复杂的系统,所以,当代青少年精神世界的文化建构就是一个系统工程,那么,在建构的过程中就会涉及许多具体的内容、方法与路径的问题。如果没有明确的目标指引和价值判断,当代青少年精神世界的文化建构中的各种内容、路径将会因为缺乏方向和标准而难以评判和实施。因此,在运用文化去促进当代青少年精神世界的建构时,要特别关注和专门研究价值引领问题。本章就是要着重解决这一问题,具体分析当代青少年精神世界的建构为什么要进行价值引领?用什么进行价值引领?怎样进行价值引领?等问题。

第一节　当代青少年精神世界的建构要以社会主义核心价值观为引领

党的十九大报告鲜明指出:中国特色社会主义进入新时代,我国社会主要矛盾已经转化为人民日益增长的美好生活需要和不平衡不充分的发展之间的矛盾。这一重大政治判断表明中国特色社会主义进入了物质与精神的交叉点。越是历史发展的交汇期,越是接近中华民族实现伟大复兴,越是凸显出丰富青年精神世界、增强青年精神力量的重要性。而没有先进文化的积极引领,就没有人民精神世界的极大丰富。社会主义核心价值观作为社会主义先进文化的核心,是促进青少年精神世界积极、健康发展的价值基础。因此,当代青少年精神世界的建构要立足社会主义核心价值观,以社会主义核心价值观为引领,遵循社会主义核心价值观的要求。

一、当代青少年精神世界的建构需要价值引领

丰富人民精神世界是中国式现代化的本质要求和价值目标。习近平总书记在党的二十大报告中明确指出:“中国式现代化是物质文明和精神文明相协调的现代化。物质富足、精神富有是社会主义现代化的根本要求。物质贫困不是社会主义,精神贫乏也不是社会主义。我们不断厚植现代化的物质基础,不断夯实人民幸福生活的物质条件,同时大力发展社会主义先进文化,加强理想信念教育,传承中华文明,促进物的全面丰富和人的全面发展。”①丰富人民精神世界不仅是一个重大的文化问题、政治问题,也是一个重大的价值问题。当前,深入学习和贯彻党的二十大精神,就要高度重视和深入推进当代青少年精神世界建构的价值引领,凝聚青少年的价值共识,在推进和拓展中国式现代化的历史进程中开辟青少年精神世界更加丰富充盈的新局面。不可否认,从时代发展来看,当代青少年精神世界的价值引领已经成为一个重大的时代课题。要回答好、解决好这一重大时代课题,首先要从理论层面探究清楚为什么当代青少年精神世界的建构需要价值引领。

---

① 习近平:《高举中国特色社会主义伟大旗帜　为全面建设社会主义现代化国家而团结奋斗——在中国共产党第二十次全国代表大会上的报告》,人民出版社 2022 年版,第 22—23 页。

当代青少年精神世界的建构需要价值引领，这主要源自当代青少年精神世界建构与发展的内在要求。对当代青少年精神世界建构与发展的正确理解和把握必须建立在两个认知前提的基础之上。第一，当代青少年精神世界的建构与发展具有多元性特征。就个体精神世界的构成而言，其构成要素不是单一的，而是多方面的、多元的，主要包括心理、道德、价值观和理想信念四大层面。个体精神世界构成的多元性决定了其建构与发展具有多元性特点。也即是说，当代青少年精神世界的建构与发展必然是其心理、道德、价值观和理想信念各层面的共同建构与发展。第二，当代青少年精神世界的建构与发展是不均衡的。虽说当代青少年精神世界的建构与发展是其心理、道德、价值观和理想信念各层面的共同建构与发展，但是，共同建构与发展不代表当代青少年精神世界的各个层面是均衡发展、平行发展，而没有主次之分的。马克思主义哲学认为，矛盾存在于一切事物发展的过程中并贯穿于每一事物发展过程的始终，在复杂事物的发展过程中，有许多矛盾存在，其中必有一个主要矛盾和其他次要矛盾，主要矛盾的存在和发展规定或影响着其他矛盾的存在和发展。因此，当代青少年精神世界的建构与发展是充满矛盾的，其构成的各个层面的建构与发展是充满矛盾的，各个层面之间的建构与发展是有主次之分的，这便决定了当代青少年精神世界的建构与发展不是指各层面的均衡发展、平行发展，而是指在重点层面、核心层面的主导下其他更多层面共同发展。所以，可以这样来理解，当代青少年精神世界的建构与发展是“一元”核心指导下的建构与发展。

那么，在当代青少年精神世界的构成要素中，哪一要素处于核心、主导地位呢？答案是理想信念。理想信念之所以在当代青少年的精神世界中居于核心主导地位，主要是由其本质特征决定的。一般来说，在人类的精神生活、精神世界中，核心价值观引领着精神方向。而理想信念是核心价值观的核心，它决定着人们的思想言行，主宰着人们灵魂的精神支柱。那么，为什么说理想信念是价值观的最高层次呢？总起来说，主要是由以下几个原因决定的：首先，理想信念是人类追求对宇宙、对人生的总体性观念和态度把握的最高层次目标。从本质而言，理想信念是主体对自身与外部世界之间关系的体认与调节，是对追求目标的确认，决定和体现了主体生存的状态、精神面貌和价值认同，展现出来的是支撑一个人的“精气神”。因此，人的理想信念的产物不是知识，而是人对宇宙和人生的总体性价值观念和价值态度，是人进行选择后产生的价值判断和价值认定。其次，理想信念是人们所追求的价值目标和价值对象的最高未来形象。理想信念是人们对现实的认识和总结的基础上，形成的对于美好未来的向往和追求，它来源于现实，又高于现实，超于现实。理想所描绘的内容还不是现有的东西，不是已经实际存在的东西，而是一种预想的未来形象。这种想象性的描绘使理想信念具有超越现实的特点，并成为人们追求美好未来的动力。可以说，理想信念反映了一定历史背景条件下人们的终极目标和最高向往。最后，理想信念使人的精神活动形成一个完整的导向，并调动各种精神因素为它服务。理想信念是人的最高自我价值，在人的精神世界中处于最高层次。理想信念一经形成，便标志着它与人的知识、理智紧密地结合在一起，同时也标志着人们的价值观从感性层面上升到了理性层面，并发展成为一个完整、自觉的观念和形象系统，指导和推动着人的实践活动。总之，理想信念是人类价值意识的高级形式，科学正确的理想信念反映了社会历史发展的客观规律，体现了人类核心价值观与历史发展规律的内在有机联系，因此，它会给人类的精神生活、精神世界带来蓬勃向上的生机和幸福充实的支撑，成为人的精神世界中不可或缺、极其重要的组成部分。

事实上，理想信念对于精神世界而言，能够为其发展提供强大的精神力量。坚定的理想信念历来就是凝聚人心、克服困难、战胜险阻的强大精神支柱。伟大的思想家马克思就是在其“为全人类服务”的理想信念激励下，在科学的道路上努力攀登，并深入实际，参加革命斗争，同工人群众相结合，最终成为一名坚定的共产主义者。他在其博士论文《德谟克利特的自然哲学和伊壁鸠鲁的自然哲学的差别》的扉页中写道：“理想主义不是幻想，而是真理。”①我国的马克思主义坚定信仰者和践行者亦认识到理想信念对于人所具有的强大精神支柱作用，邓小平曾指出：“在我们最困难的时期，共产主义的理想是我们的精神支柱，多少人牺牲就是为了实现这个理想。”②江泽民同志《在中央思想政治工作会议上的讲话》中说道：“只有在全党同志和全体人民中牢固树立正确的理想信念，才能不断增加凝聚力和战斗力，我们的事业才能不断取得成功。”③习近平总书记更是将理想信念比作人的精神之“钙”，他在 2013 年 5 月 4 日青年节的时候，在同各界优秀青年代表座谈的讲话中就提到：“理想指引人生方向，信念决定事业成败。没有理想信念，就会导致精神上‘缺钙’。”④他认为，一个人，如果没有理想信念或者是理想信念不坚定，精神上就会“缺钙”，就会得“软骨病”，理想信念是世界观、人生观和价值观的“总开关”。习近平总书记将理想信念比喻为我们的精神之“钙”，则道出了理想信念对于我们人的精神的发展、生命的成长所具有的重要意义和价值。正如习近平总书记所说，理想信念是人的世界观、人生观、价值观的“总开关”，它统领、指导着精神世界其他层面的建构与发展，正是在这个意义上，才从理论上提出当代青少年精神世界的建构与发展的价值引领问题。理想信念就是当代

---

① 《马克思恩格斯全集》第 40 卷，人民出版社 1982 年版，第 187 页。

② 《邓小平文选》第三卷，人民出版社 1993 年版，第 137 页。

③ 《江泽民文选》第三卷，人民出版社 2006 年版，第 89 页。

④ 《习近平谈治国理政》，外文出版社 2014 年版，第 50 页。

青少年精神世界建构与发展的“一元”核心指导，当代青少年精神世界的建构与发展就是在理想信念这一“一元”核心统领、指导下各层面的共同发展、全面发展。

在100多年的奋斗历程中，我们党始终高度重视青少年精神世界的丰富和价值引领，重视增强青少年的精神力量。毛泽东在党的八届二中全会上曾指出：“人是要有一点精神的。”①新中国成立后，他更是号召全党：“要保持过去革命战争时期的那么一股劲，那么一股革命热情，那么一种拼命精神，把革命工作做到底。”②邓小平指出：“革命精神是非常宝贵的，没有革命精神就没有革命行动”③，全党同志要坚持发扬“革命和拼命精神，严守纪律和自我牺牲精神，大公无私和先人后己精神，压倒一切敌人、压倒一切困难的精神，坚持革命乐观主义、排除万难去争取胜利的精神”④，他告诫青年：“要树立共产主义的远大理想。人穷志不要短，越到困难的时候，越要有志气。”⑤江泽民号召青年要“坚持勇于追求真理和探索真理的革命精神”⑥，“发扬艰苦创业、奋发图强的革命精神”⑦。胡锦涛指出：“弘扬崇高革命精神和优良革命传统，就是要始终坚持崇高理想、坚定信念，始终坚持解放思想、实事求是，始终坚持依靠人民、服务人民，始终坚持艰苦奋斗、自觉奉献。”⑧告诫青年要有志气、有信心、有能力。习近平总书记在庆祝中国共产党成

① 《毛泽东文集》第七卷，人民出版社1999年版，第162页。

② 《建国以来重要文献选编》第10册，中央文献出版社1994年版，第136—137页。

③ 《邓小平文选》第二卷，人民出版社1994年版，第146页。

④ 《邓小平文选》第二卷，人民出版社1994年版，第368页。

⑤ 《邓小平文选》第一卷，人民出版社1994年版，第290页。

⑥ 《江泽民文选》第三卷，人民出版社2006年版，第335页。

⑦ 《江泽民文选》第三卷，人民出版社2006年版，第89页。

⑧ 中共中央组织部党建研究所编：《党的建设大事记（十六大—十七大）》，党建读物出版社2008年版，第236页。

立100周年大会上的重要讲话中勉励:“新时代的中国青年要以实现中华民族伟大复兴为己任,增强做中国人的志气、骨气、底气,不负时代,不负韶华,不负党和人民的殷切期望!”①

可见,在不同历史时期,党对青少年精神发展的具体期许不同,具体的价值引领侧重点和方式也不同。对于当代青少年精神世界的建构与发展而言,价值引领意义重大。党的二十大报告指出:“社会主义核心价值观是凝聚人心、汇聚民力的强大力量”②,这种强大力量贯穿于中国式现代化的各项事业之中,尤其是在社会主义精神文明建设领域发挥着价值引领的重要作用。习近平总书记也强调,“不断丰富人民精神世界”,要“强化社会主义核心价值观引领,加强爱国主义、集体主义、社会主义教育,发展公共文化事业,完善公共文化服务体系,不断满足人民群众多样化、多层次、多方面的精神文化需求”③。因此,在新发展阶段,建构青少年的精神世界要以社会主义先进文化为精神支柱,以社会主义核心价值观为引领。社会主义核心价值观是社会主义先进文化的核心内容,也是人民精神世界的内核。社会主义核心价值观是在中国共产党领导下,中国人民坚持中国特色社会主义,走中国式现代化新道路,在创造美好生活的伟大历程中孕育并形成的,是中华民族共同体当下普遍认可的价值观。社会主义核心价值观从国家、社会、个人三个层面提出倡导,即倡导富强、民主、文明、和谐,这回答了我们要建设什么样国家的重大问题,展示了社会主义现代化国家的崇高价值目标;倡导自由、平等、公正、法治,这回答了我们要建设什么样社会的重大问题,展示了社会主义制度的本质要求;倡导爱国、敬业、诚信、友善,这回

① 《习近平著作选读》第二卷,人民出版社2023年版,第488页。

② 习近平:《高举中国特色社会主义伟大旗帜　为全面建设社会主义现代化国家而团结奋斗——在中国共产党第二十次全国代表大会上的报告》,人民出版社2022年版,第44页。

③ 《习近平著作选读》第二卷,人民出版社2023年版,第505页。

答了我们要培育什么样公民的重大问题，展示了社会主义基本道德规范的本质要求。因此，社会主义核心价值观承载了中华民族和我们国家精神上的追求，体现了当下社会评判是非曲直的价值标准，它所倡导的价值理念具有强大的道义力量，它所昭示的前进方向契合中国人民的美好愿景，是当代中国精神的集中体现。习近平总书记指出，社会主义核心价值观关乎国家长治久安，关乎社会和谐稳定，关乎人民幸福安康，也关乎中国式现代化是否具有强大感召力，因而构成建构、丰富当代青少年精神世界的基本原则和价值遵循。

二、以社会主义核心价值观引领当代青少年精神世界建构的学理内涵

社会主义核心价值观是新当代青少年精神世界建构的价值遵循。从性质上看，以社会主义核心价值观引领当代青少年精神世界的建构就是一种价值引领活动，表现为引领主体运用社会主义核心价值观对当代青少年精神世界进行合理引导，使其做出合乎统治阶级所倡导的主导价值观需要的行为。系统梳理并厘清"价值引领"的理论意蕴，有助于提升社会主义核心价值观对当代青少年精神世界建构的引领力。

"引领"一词，在《现代汉语词典》中有两个义项：其一是指伸直脖子（远望），形容盼望殷切；其二是指引导、带领，此义项是现代汉语的常用义项，也是这里的使用义项。"引"指向某种方向，"领"指的是带领，二者均有明确的目标性和方向性。引领主要是指带动事物向某一方向运动、发展，其本质在于保证事物运动、发展和变化的既定方向性，它既强调事物自身外在因素的作用，同时也强调事物自我内在因素的作用。概言之，引领关注的是引领主体对客体的影响和制约，是介于两个异质对象之间的某种联系或者联结方式，描述的是一种动态的、持续的发展过程，是一种关系范畴。

所谓“价值引领”，则表现为某一价值实践主体基于理想化的、合理的价值理想与价值原则，对价值实践的对象展开的引导和调节活动，目的在于使价值实践对象的观念系统合乎特定的标准或要求，养成合乎价值实践主体需要的价值观。可见，价值引领具有明确的方向性和鲜明的规范性特征。明确的方向性意即价值引领指向明确的价值方向或价值取向，以合乎社会发展与人的发展的理想价值目标为终极指向，以统治阶级的价值要求为现实标准。鲜明的规范性意即价值实践主体对价值实践对象从事的各项活动所内蕴的观念系统或精神结构进行调整和引导，使其形成符合统治阶级需要的价值观念。实质上，价值引领就是一种对价值实践对象的精神世界展开引导、增进、提升等活动，以塑造符合特定社会价值要求的价值主体的价值实践活动。

社会主义核心价值观作为社会主义意识形态的价值向度，凝结代表了全体人民“最大公约数”的价值追求，社会主义核心价值观引领显然是现实社会中展开的面向理想社会的价值实践过程。这一过程一方面体现了社会主义核心价值观作为社会实在的规范性，对社会的构成与运行而言，社会主义核心价值观引领均发挥着规范、调节的价值功能；另一方面，社会主义核心价值观体现为社会应然的规范性维度，将国家发展、社会发展、个人发展引向合理的价值方向。由此可见，社会主义核心价值观本身就内蕴“价值引领”的实践逻辑。

如果将社会主义核心价值观引领当代青少年精神世界的建构视为一项精神实践活动，那么，它具体表现为以具有崇高的精神追求和正确的价值指引作为理想要求，调节、规范并变革当代青少年的实际精神世界状况。以社会主义核心价值观引领当代青少年精神世界具有丰富的学理内涵，具体可以从以下三个向度进行分析。

第一，价值性向度。以社会主义核心价值观引领当代青少年精神世界的建构是以理想的价值标准或规范调节青少年实际的精神世界，帮助青少年建构起积极的、良善的精神世界。青少年的精神世界是一个丰富的、多维的综合体,既涉及知情意,又关乎真善美;既涉及人的理性认知与判断能力,又关乎人的情感感受力、意志决断力;既有客观描述心理活动的事实维度,更有关乎善恶对错的价值判断。换句话说,青少年的精神世界是以价值观为内核的意义世界,关涉青少年对于自我、他人和政治共同体的价值认知与价值判断。在现实生活中,由于主客观因素的影响,青少年的精神世界会表现出积极消极、先进落后、正确错误的差别。以社会主义核心价值观引领当代青少年精神世界的建构,就是要对青少年的精神世界进行合理的、规范性的引导,矫正那些不合乎主流意识形态与主导价值观的思想认识,以合乎政治共同体要求的价值观来要求、提升、推动、促进他们的思想境界提升,帮助他们营造积极的、健康的精神世界。

第二,规范性向度。以社会主义核心价值观引领当代青少年精神世界的建构是对青少年的精神世界展开正向的、规范的引导,激发青少年精神世界中向上、向善的内在力量,不断趋近理想化的价值目标。社会主义核心价值观分别从国家、社会、个人三个层面提出了合乎理想的未来发展的价值目标,体现为一种倡导性、引导性的价值要求。以社会主义核心价值观引领当代青少年精神世界的建构,从本质上来讲,属于一种正面意义上的规范性的调节,主要着眼于为当代青少年设置理想化的价值目标,激发青少年的积极性、主动性和创造性,帮助他们坚定正确的价值方向,促进积极意义的价值增进和精神提升。

第三,目的性向度。以社会主义核心价值观引领当代青少年精神世界的建构是对青少年在认知和处理个体与共同体的关系过程中形成的价值观进行调节与引导,以实现政治共同体的价值要求与青少年的价值选择相统一。人的精神世界,就其构成而言,往往内蕴了个体和共同体的双重维度:一方面,个体具有能动性,需要根据自己的需求追求生存意义，展现自己的个性，成就自我；另一方面，作为社会性的动物，人又置身于共同体之中，遵循并内化社会的主导价值体系，养成社会规范意识与社会情感能力，形塑自身的社会性人格。个体和共同体在人的精神世界当中，应该要保持一种稳定、有序，相互统一的和谐状态。两者只有相互协调、统一，才能为精神世界的持续、持存和完满提供担保。以社会主义核心价值观引领当代青少年精神世界的建构就是要让青少年既能够以合乎共同体的方式生存，遵循共同的价值观，同时又能够真正尊重个人的实际需要，把握真实的个体，使个体能够在共同体之中获得成长、发展。

三、以社会主义核心价值观引领当代青少年精神世界建构的理论可能

核心价值观是一定社会形态、社会性质的集中体现，在一个社会的思想观念体系中处于主导地位，体现着社会制度的阶级属性、社会运行的基本原则和社会发展的基本方向。从根本上来看，核心价值观属于意识形态。马克思在《路易·波拿巴的雾月十八日》中曾提及，“在不同的占有形式上，在社会生存条件上，耸立着各种不同的、表现独特的情感、幻想、思想方式和人生观构成的整个上层建筑。整个阶级在它的物质条件和相应的社会关系的基础上创造和构成这一切”①。可见，意识形态发挥着统一思想和行动、凝聚和稳定人心的重要作用。社会主义核心价值观体现了社会主义意识形态的本质要求，体现了社会主义制度在思想和精神层面的质的规定性，在整个社会主义核心价值体系中居于主导地位，具有代表先进文化发展方向、凝聚人们思想共识、维护国家意识形态安全的重要作用，是内蕴丰富、结构严谨、系统全

① 《马克思恩格斯选集》第1卷，人民出版社1995年版，第611页。

面的理论体系。以社会主义核心价值观作为当代青少年精神世界建构的“主心骨”，自然也能规范青少年的思想观念、言行举止，并成为他们的行为准则和精神支柱。当前，处于主导和支配地位的社会主义核心价值观在客观上已具备了引领新时代青少年精神世界建构的诸多条件。

第一，社会主义核心价值观具有引领当代青少年精神世界的理论先进性。当代青少年精神世界的建构与发展在本质上是人的发展问题，其价值引领问题实质上是人的发展的价值引领问题。只有先进的思想文化体系才符合人的发展方向，才能够引领人的发展。而判断某一思想文化体系，或者核心价值观是否具有先进性的标准在于其所坚持和追求的价值理念。纵观人类发展史，人类社会先后经历了五种基本的社会形态，与此相适应，出现了核心价值观发展的五种历史类型，即原始社会的核心价值观、奴隶社会的核心价值观、封建社会的核心价值观、资本主义社会的核心价值观、社会主义社会的核心价值观。原始社会的核心价值观主要表现为早期的巫术和宗教，体现的是氏族部落群体的根本利益；奴隶社会的核心价值观体现的是奴隶主阶级的根本利益；封建社会的核心价值观体现封建地主阶级的根本利益；资本主义社会的核心价值观体现的是资产阶级的根本利益；而社会主义核心价值观作为社会主义意识形态的核心，坚持以马克思主义为理论指导，将人的自由全面发展作为社会主义的终极价值追求，把实现和维护最广大人民的根本利益作为根本出发点和落脚点，始终与马克思主义的精神要旨相契合。从这个意义上讲，社会主义核心价值观是一种反映人类社会发展进步的价值理念，具有超越以往一切社会核心价值观的先进性，具有其他任何价值观都不可替代的先导性和影响力，因而必然成为引领当代青少年精神世界建构与发展的价值选择。

第二，社会主义核心价值观具有引领当代青少年精神世界的广泛现实性。当代青少年的精神世界是人的意识活动的产物，实质上是一个主观世界。马克思、恩格斯曾经指出："意识在任何时候都只能是被意识到了的存在，而人们的存在就是他们的现实生活过程。"①当代青少年精神世界的建构与发展必须符合当前社会的发展要求。在马克思主义看来，社会意识具有相对独立性，会对社会存在产生反作用，那么，当代青少年精神世界的建构与发展必将会对社会生活产生某种程度的影响。因此，引领其建构与发展的思想文化体系必须是立足现实的，而不是空想出来的，要能真正满足青少年的精神发展需要。社会主义核心价值观是从人民群众鲜活的实践经验中提炼出来的，它来自于实践，又指导着实践，具有鲜明的现实性。社会主义核心价值观深深立足于中国的现实，清晰地展现了社会主义的基本特征和根本追求，是社会主义制度在价值层面的本质规定，渗透于经济、政治、文化、社会、生态文明建设的各个方面，是我国社会主义制度的内在精神之魂。中国特色社会主义的成功也验证了社会主义核心价值观的正确性、可信性，使得社会主义核心价值观可以而且能够成为真切、具体、广泛的现实。社会主义核心价值观的这一广泛现实性特点能够切实满足当代青少年的精神渴求，这是其能够引领时代的原因之一。

第三，社会主义核心价值观具有引领当代青少年精神世界的鲜明时代性。当代青少年的精神世界作为一个由意识活动所生成的世界，其发展是对现实存在的反映。因此，当代青少年精神世界是会随着客观现实存在的发展而发生变化的。那么，引领其精神世界建构与发展的思想文化体系必须是不断发展和丰富的，是能够把握时代发展方向的。社会主义核心价值观在我国改革开放和现代化建设的伟大实践

① 《马克思恩格斯选集》第1卷，人民出版社1995年版，第72页。

中,其内涵和构成要素一直在不断丰富、发展和完善,不断与时俱进,体现出鲜明的时代特色。改革开放之初,以邓小平同志为核心的党中央提出了社会主义物质文明建设和精神文明建设一起抓的战略方针,这时的核心价值观突出的是富强、文明两个要素。党的十三大确定了新时期党的基本路线,第一次明确提出为把我国建设成为富强民主文明的社会主义现代化国家而努力奋斗,这时的核心价值观强调富强、民主、文明三个要素。党的十六大确立了全面建设小康社会的目标,同时提出"人的全面发展"这一时代命题,核心价值观的内涵进一步丰富。党的十七大再一次与时俱进地丰富了现代化建设目标的表述,在富强、民主、文明、人的全面发展奋斗目标之后加上了和谐的要求。党的十九大谈到"两个一百年"奋斗目标,明确提出第二个百年奋斗目标,即社会主义现代化强国的目标内涵为富强、民主、文明、和谐、美丽。这表明,我国核心价值观要素在不断增加,随着时代的发展进步,社会主义核心价值观的内涵必将进一步得到丰富和发展。因此,社会主义核心价值观着眼于当今时代的发展变化和要求,把握时代脉搏,体现时代潮流,富有时代气息,具有鲜明的时代特色。这一特性符合引领当代青少年精神世界建构与发展的时代性要求。

第四,社会主义核心价值观具有引领当代青少年精神世界的独特民族性。每个人从一出生就被置于一个先在的文化世界之中,该文化世界所特有的基因会伴随这个人的一生。当代青少年的成长与发展也不例外,每个青少年的身上都有特定的文化基因,其精神世界的建构与发展亦是如此。每一个人精神世界的发展都不可能是断裂的,必定与其生存与发展于其中的文化背景、历史联系在一起,当代青少年精神世界的建构与发展自然不能与中华民族的传统文化相隔离。因此,引领当代青少年精神世界建构与发展的思想文化体系必须具有民族性,必须葆有中华民族的精神积淀。习近平总书记曾指出:"我们生而为中国人,最根本的是我们有中国人的独特精神世界,有百姓日用而不觉的价值观。"①这里所说的"独特精神世界"是指有别于其他民族的,是"很中国"的精神标识和价值追求,是在一代代中国人的血脉中延续,深深融入中华儿女的精神基因和思维方式。这种"精神世界"靠什么来涵养呢?靠的就是在5000多年文明发展中孕育的中华优秀传统文化。社会主义核心价值观深深植根于中华优秀传统文化的丰厚土壤,积淀着中华民族最深层的精神追求和行为准则,承继着中华民族传统文化的精神内核和信念体系,能够满足当代青少年精神世界建构与发展的中国"独特性"诉求。

第五,社会主义核心价值观具有引领当代青少年精神世界的强大包容性。青少年精神世界的建构与发展是主客观因素相互作用的过程、结果,就主观因素而言,每个青少年的个性、思想以及能力是存在差异的,因此,每个青少年的精神需要、精神诉求不是单一的,而是多元化的。这就要求引领当代青少年精神世界建构与发展的思想文化体系必须具备开放包容的气度,既具有主导性,又具有包容性。社会主义核心价值观吸纳了世界文明的有益成果,一方面批判性地继承了中华优秀传统文化,扎根于民族优良道德传统的沃土,另一方面以自信的气度吸收借鉴包括资本主义文明成果在内的人类一切文明成果,兼收并蓄、融会贯通,体现出极大的包容性,这使得社会主义核心价值观天然具备了整合和包容不同青少年精神世界发展需要的先决条件。

除此之外,社会主义核心价值观之所以能够成为当代青少年精神世界建构与发展的价值引领,还与其本身所具有的功能和价值有关。作为科学的价值观和思想理论,社会主义核心价值观具有强大的引导功能,这一功能是其首要的、最根本的功能。这一功能也决定了其具有

① 《习近平谈治国理政》,外文出版社2014年版,第171页。

引领当代青少年精神世界建构与发展的可能性。社会主义核心价值观对当代青少年精神世界建构与发展的价值导向功能主要表现在以下几个方面:首先,社会主义核心价值观为当代青少年精神世界的建构与发展提供理想目标。当前的中国社会正处于全面转型发展的历史时期,转型期既是“发展期”,也是“问题期”,在社会快速发展的同时必然带有“成长的烦恼”,不可避免地存在着社会转型期社会特有的无序化、个体化、碎片化以及价值紊乱等问题。不可否认,当下中国社会正处于有史以来最开放、信息交流最频繁、价值冲突最显著和激烈的时期。人们也在更大的范围接触到了各种价值观念之间的冲突与融合,各种焦虑感、困惑感、迷茫感频发。社会主义核心价值观最直接的功能就是在社会转型、社会生活发生剧变的过程中,为个人提供正确判断和选择的社会理想目标和发展的基本规则,帮助人们明确人生的目的和人生最大的价值意义,引领个人朝着正确的方向发展。其次,社会主义核心价值观为当代青少年精神世界的建构与发展提供价值观念基础和行为准则。当代中国,社会价值体系出现了日益多元化的发展趋势,这是转型期社会发展的必然。现在社会生活的开放性与社会文化的多元性导致人们的价值观念和价值追求也出现了多样化、多元化的特点,传统文化与现代文化、主流文化与亚文化、本土文化与西方文化等的冲击和碰撞,使人们很难确立一个普遍有效、统一的价值规范。而能否在多元的社会中建构起被社会绝大多数成员普遍认同的共同价值观念基础和基本行为准则,关系到社会转型的成败和个人价值观念的科学发展。因此,必须要确立一个普遍有效、统一的价值规范来引领个人价值观念的发展。社会主义核心价值观作为中国特色社会主义社会的主流意识形态,能够有效地制约和整合非核心、非主导的社会价值体系,是凝聚当代中国社会的共同价值观念基础和行为准则,能够引领社会成员价值观念的科学发展。

总而言之，社会主义核心价值观能够恰如其分地回答当代青少年精神世界建构与发展应当有着怎样的“精神依托”，其所蕴含的最基本、最核心的价值理念是当代青少年精神世界建构与发展的重要内容，为当代青少年精神世界的建构与发展指明了所要、所应追求和实现的根本性的价值目标和发展方向，对当代青少年精神世界的积极、健康发展具有极其强大的引领作用。

四、以社会主义核心价值观引领当代青少年精神世界建构的现实必要

以社会主义核心价值观引领当代青少年精神世界的建构与发展，不仅具有理论上的可能性，还有现实上的必要性。总归来看，以社会主义核心价值观引领当代青少年精神世界的建构主要基于以下三个方面的时代关切。

第一，以社会主义核心价值观引领当代青少年精神世界的建构是新时代中国特色社会主义实践的重要任务。党的十八大以来，习近平总书记明确提出建设中国特色社会主义的总任务之一是实现社会主义现代化和中华民族伟大复兴，使中华民族更加坚强有力地立于世界民族之林，为人类作出新的更大的贡献。而要实现中华民族伟大复兴的“中国梦”，习近平总书记强调，必须要坚持中国道路、弘扬中国精神、凝聚中国力量。其中，精神是最为关键、最为重要的。中国梦的实现需要伟大的精神支撑，需要在精神上强大起来。青少年是中国梦实现的未来力量，是中国特色社会主义事业建设者和接班人，特别是青少年群体中的大学生，他们是未来社会的精英和现代化建设的生力军，大多数将成为未来社会的中坚力量、中流砥柱，成为社会主义事业继续发展的推动者。从这一视角来看，满足青少年的精神需求、丰富青少年的精神世界是历史的必然。相比以往任何历史时期，新时代具备了更好的条

件去满足、丰富青少年的精神世界。党的二十大报告明确指出，新发展阶段的中心任务是全面建成社会主义现代化强国、实现第二个百年奋斗目标，以中国式现代化全面推进中华民族伟大复兴。这一“全面”不仅体现在物质充裕、科技发达、社会安康等外在层面，也体现在内心富足、精神丰盈、实践自觉的内在精神面貌。正如习近平同志所言：“人类不仅追求物质条件、经济指标，还要追求‘幸福指数’；不仅追求自然生态的和谐，还要追求‘精神生态’的和谐；不仅追求效率和公平，还要追求人际关系的和谐与精神生活的充实，追求生命的意义。”①新征程的中心任务指明：满足青少年群体的美好生活需要，特别是不断丰富青少年精神世界与增强青少年精神力量，是新时代中国特色社会主义实践的重要任务。以社会主义核心价值观引领当代青少年精神世界的建构与发展是题中之义。

第二，以社会主义核心价值观引领当代青少年精神世界的建构是为中华民族培养担当民族复兴大任的时代新人的现实所需。《中共中央关于制定国民经济和社会发展第十四个五年规划和二〇三五年远景目标的建议》中指出：“当今世界正经历百年未有之大变局，新一轮科技革命和产业变革深入发展，国际力量对比深刻调整，和平与发展仍然是时代主题，人类命运共同体理念深入人心，同时国际环境日趋复杂，不稳定性不确定性明显增加，新冠肺炎疫情影响广泛深远，经济全球化遭遇逆流，世界进入动荡变革期，单边主义、保护主义、霸权主义对世界和平与发展构成威胁。”②在当下急剧变动的时代，矛盾和冲突明显增多，这给丰富青少年精神世界带来了新挑战、新要求。面对百年难遇的时代大变局，中国该怎么办？中国共产党旗帜鲜明地提出，全党要“深

① 习近平：《之江新语》，浙江人民出版社 2007 年版，第 150 页。

② 《中共中央关于制定国民经济和社会发展第十四个五年规划和二〇三五年远景目标的建议》，人民出版社 2020 年版，第 3 页。

刻认识错综复杂的国际环境带来的新矛盾新挑战，增强机遇意识和风险意识，立足社会主义初级阶段基本国情，保持战略定力，办好自己的事，认识和把握发展规律，发扬斗争精神，树立底线思维，准确识变、科学应变、主动求变，善于在危机中育先机、于变局中开新局，抓住机遇，应对挑战，趋利避害，奋勇前进”①。这既是推进中国式现代化发展应有的态度，也是每位青少年要深刻领悟的现实启示与历史教训。这样的定力、智慧、意志、认知是青少年精神世界丰富的直接文化呈现。只有培育精神世界丰富充裕、社会主义理想信仰坚定的时代新人，才能为中华民族培养担当民族复兴大任的未来接班人。以社会主义核心价值观引领当代青少年精神世界的建构能够在这其中发挥重要的作用。

第三，以社会主义核心价值观引领当代青少年精神世界的建构是基于当代青少年精神状况存在的社会症候的现实之虑。自党的十八大以来，我国社会主义精神文明建设取得了重大成就，绝大部分青少年的精神状况总体上是乐观开朗、积极向上的，但由于受到西方不良思潮的渗透影响，少数青少年的精神状况还存在一些不和谐的地方，这与国家、社会发展任务和目标所要求的社会精神面貌不匹配，集中表现为价值观的偏差。对于个人精神世界而言，价值观是其支柱。“如果一个人缺乏正确的价值观，精神世界就会缺乏主心骨”②。因此，树立正确的价值观对于个人的成长及其精神世界的建构是十分重要的、必要的。有学者针对当代青少年价值观发展现状进行研究，发现：在政治思想方面，大部分青少年认同并支持中国共产党的领导，信仰马克思主义和共产主义，对中国特色社会主义事业充满信心，具有较强的爱国意识和民族责任感，但也有少部分青少年政治观念淡薄，缺乏理想信仰，缺乏爱

① 《中共中央关于制定国民经济和社会发展第十四个五年规划和二〇三五年远景目标的建议》，人民出版社 2020 年版，第 4 页。

② 佘双好：《构建当代中国人的精神世界》，《人民日报》2017 年 1 月 10 日。

国意识,盲目崇尚、信奉西方主义;在道德价值观方面,大部分青少年具有很强的道德认知和道德责任感,普遍认可社会主义的道德规范,并将社会主义的道德规范作为自己行为处事的价值标准,但也有少部分青少年过于务实,坚持个人主义,缺乏奉献精神,且存在道德选择困惑、道德知行不一等问题;在名利观方面,大部分青少年对名利有正确的认识,并能够正确地对待名利、正确地追求名利,而有少部分青少年则受社会上急功近利价值观的影响,其价值取向愈来愈物质化、世俗化。学者胡慧①针对青年大学生价值取向调查发现,有 49.1%的青年大学生追求物质丰富、舒适安逸的生活,仅有 2.6%的大学生把精神生活放在首位,甚至一些年轻人在婚恋问题上也越来越看重物质的因素而非情感因素,据"国内某婚恋网站的调查显示,女性在搜索男性时,'成熟'和'责任感'等特性仅占到搜索比例的 3%,而'事业有成'、'自有公司'、有房、有车等所有与'财'相关的特性累计占到了女性搜索比例的 68%"②。此外,当代部分青少年的依赖心理比较严重,处理问题与心理承受的能力较差,近年来,青年大学生自杀的现象频见报端,针对这一现象,教育理论界的研究也证明:信仰的缺失、心理承受能力差是导致当代青年大学生责任意识弱、容易产生轻生念头及行为的直接原因。很多研究也表明,在当代青少年群体中,有个别青少年存在着"人不为己,天诛地灭""利在则亲,利尽则疏,有利则来,无利则去""为达目的,可以不择手段""过把瘾就死""我拿青春赌明天"等落后消极的思想。青少年是国家的未来和民族的希望,中国式现代化建设与中华民族伟大复兴的大任必将依赖青少年的奋斗与拼搏才能够实现。当代青少年

① 胡慧:《躁动的功利:"90 后"大学生物质主义价值倾向调查研究》,《当代教育论坛》2014 年第 4 期。

② 中国青年网:《中国青年婚恋观在变革》,2014 年 3 月 23 日,见 http://news.youth.cn/wztt/201403/t20140323_4904708.htm。

精神状态所存在的各种社会症候,揭示了丰富青少年精神世界与不断增强青少年精神力量是当下开展青少年工作的重要内容之一,具有强烈的严峻性、重要性和紧迫性。

第二节　以社会主义核心价值观引领当代青少年精神世界建构的总体视野

当代青少年精神世界的建构需要社会主义核心价值观的引领,社会主义核心价值观具备引领当代青少年精神世界的理论可能性与现实必要性。那么,如何展开这一引领的具体过程呢?这需要在总体视野上明晰以社会主义核心价值观引领当代青少年精神世界建构的目标、方向和基本原则。

一、确立促进社会主义核心价值观广泛践行和青少年自由全面发展的双重目标

当代青少年精神世界建构的目标是什么?这是亟待解决的前提性问题。精神世界是人的意识活动的结果,在本质上揭示的是人的精神性,精神世界的丰富发展是人的自由全面发展的重要内容。因此,引领当代青少年精神世界的建构最终指向于青少年的健康成长。然而,这一最终目标的实现有赖于社会主义核心价值观引领作用的发挥。只有积极践行社会主义核心价值观,把社会主义核心价值观融入社会发展的各个方面和青少年日常生活的方方面面,将其转化为青少年的情感认同和行为习惯,才能为当代青少年精神世界的丰富、充盈提供源源不断的精神动力和道德滋养。所以,以社会主义引领当代青少年精神世界的建构需要确立下两个目标:一个目标是促进社会主义核心价值观的广泛践行,提高社会主义核心价值观的引领力;另一个目标是着眼于

当代青少年群体的自由全面发展，这是以社会主义核心价值观引领当代青少年精神世界建构的终极目标。

1. 推动社会主义核心价值观深入人心并外化于行、广泛践行

习近平总书记深刻指出："一种价值观要真正发挥作用，必须融入社会生活，让人们在实践中感知它、领悟它。"[①]因此，社会主义核心价值观要发挥好对当代青少年精神世界的引领作用，需要加强社会主义核心价值观建设，注重推动社会主义核心价值观的广泛践行。事实上，这不仅是以社会主义核心价值观引领当代青少年精神世界建构的目标之一，也是社会主义核心价值观建设在新发展阶段的时代诉求。

历史地看，社会主义核心价值观建设是一个由不知到知、由知少到知多、由知到行、以行促知、知行统一的复杂系统和循序渐进的过程。2006 年，党的十六届六中全会聚焦于构建社会主义和谐社会的战略任务，首次提出"建设社会主义核心价值体系"的重大命题。2011 年，党的十七届六中全会提出，坚持中国特色社会主义文化发展道路，要以建设社会主义核心价值体系为根本任务。建设社会主义核心价值体系，需要提炼和概括社会主义核心价值观。随着社会主义核心价值体系建设的加速推进，作为其内核的社会主义核心价值观到了必须要明确的时候，思想理论界围绕如何提炼和概括社会主义核心价值观展开了广泛讨论，提出了许多思路，形成了多种个性化表述。在广泛征求意见、综合各方面认识的基础上，2012 年 11 月，党的十八大首次对社会主义核心价值观作出全新概括："倡导富强、民主、文明、和谐，倡导自由、平等、公正、法治，倡导爱国、敬业、诚信、友善，积极培育和践行社会主义核心价值观。"2013 年 12 月，中共中央办公厅印发《关于培育和践行社会主义核心价值观的意见》(以下简称《意见》)。《意见》出台后，全国

① 《习近平谈治国理政》，外文出版社 2014 年版，第 165 页。

范围内掀起了培育和践行社会主义核心价值观的高潮,形成了培育和践行社会主义核心价值观的浓厚氛围。党的十九大报告总结五年成就,指出“社会主义核心价值观和中华优秀传统文化广泛弘扬”,强调要“发挥社会主义核心价值观对国民教育、精神文明创建、精神文化产品创作生产传播的引领作用,把社会主义核心价值观融入社会发展各方面,转化为人们的情感认同和行为习惯”。党的十九届四中全会创造性地提出“坚持以社会主义核心价值观引领文化建设制度”,从制度上明确了社会主义核心价值观统领文化建设的地位。党的十九届五中全会审议通过的《中共中央关于制定国民经济和社会发展第十四个五年规划和二〇三五年远景目标的建议》提出“十四五”时期“社会主义核心价值观深入人心”的目标要求。党的二十大报告总结十年成就,指出“社会主义核心价值观广泛传播”,并强调要“广泛践行社会主义核心价值观”,“把社会主义核心价值观融入法治建设、融入社会发展、融入日常生活”。从 2012 年“培育和践行”至 2022 年“广泛践行”的价值诉求转换,标志着社会主义核心价值观建设开启崭新时代篇章。

在新发展阶段,推进社会主义核心价值观深入人心并外化于行、广泛践行,需要在教育引导、舆论宣传、文化熏陶、实践养成、制度保障等方面下功夫,使社会主义核心价值观内化为人们的精神追求,外化为人们的自觉行动。

2. 促进当代青少年自由全面发展

青少年是国家和民族的未来和希望,以社会主义核心价值观引领当代青少年精神世界建构的最终目的在于促进青少年的自由全面发展,这是由我国社会主义的本质特征以及时代发展、青少年成长成才的需要决定的。

首先,将“青少年的自由全面发展”作为社会主义核心价值观引领当代青少年精神世界建构的根本指引,符合马克思主义关于理想社会的价值目标。人的发展问题是马克思主义最关注的问题。马克思、恩格斯在他们撰写的《1844年经济学哲学手稿》《关于费尔巴哈的提纲》《德意志意识形态》《共产党宣言》《经济学手稿(1857—1858年)》《资本论》以及《反杜林论》等著名篇章中都对人的发展问题进行了深入的、多方面的论述,从哲学的视角阐释了人性、人的本性、人的异化、人的发展概念、人的发展的社会条件、与共同体之间的关系以及人的发展价值目标等问题。在《共产党宣言》中,马克思、恩格斯提出了"自由人联合体"的标志性论断,并指出,在未来社会,"每个人的自由发展是一切人的自由发展的条件"①。在马克思、恩格斯看来,每个人自由全面发展"正是共产主义者所向往的"②,是人类解放的终极追求。关于未来理想社会,马克思在《资本论》中谈到,未来社会是"一个更高级的,以每个人的全面而自由的发展为基本原则的社会形式"③。在《论土地国有化》这篇文章中,马克思强调,社会主义社会所追求的目标是"经济运动所追求的人道目标"。可见,人的自由全面发展寄托着共产主义社会的伟大理想,实现共产主义就是要实现人的自由全面发展。然而,受生产力条件限制,共产主义社会的实现还需要很长一段时间,共产主义社会所指向的人的自由全面发展的美好愿景还需无产阶级为之坚持不懈地努力、奋斗。在新时代中国特色社会主义建设新时期,人的自由全面发展具体化、形象化为人们对美好生活的向往,内含着人的精神世界的丰富和发展。

其次,将"青少年的自由全面发展"作为社会主义核心价值观引领当代青少年精神世界建构的根本指引,符合中国特色社会主义伟大事业持续向前的发展要求。中国特色社会主义是在党的领导下,根据中

① 《马克思恩格斯选集》第1卷,人民出版社2012年版,第422页。
② 《马克思恩格斯全集》第3卷,人民出版社1960年版,第330页。
③ 《马克思恩格斯全集》第23卷,人民出版社1982年版,第649页。

国国情实行的社会主义，它既不同于传统的社会主义，又不同于资本主义。习近平总书记曾明确指出："中国特色社会主义不是从天上掉下来的，而是在改革开放40年的伟大实践中得来的，是在中华人民共和国成立近70年的持续探索中得来的，是在我们党领导人民进行伟大社会革命97年的实践中得来的，是在近代以来中华民族由衰到盛170多年的历史进程中得来的，是对中华文明5000多年的传承发展中得来的，是党和人民历经千辛万苦、付出各种代价取得的宝贵成果。"①中国特色社会主义的一个显著特征便是"以人为本"，这是中国特色社会主义的出发点和落脚点。以民为本是以人民为本位，既不同于以官为本，又不同于以人为本。《中华人民共和国宪法》规定：中华人民共和国的一切权力属于人民。江泽民同志曾强调指出，贯彻"三个代表"重要思想的要求，最根本的是要不断实现好、发展好、维护好广大人民的根本利益。他还号召各级领导干部要深怀爱民之心，恪守为民之责，善谋富民之策，多办利民之事，更好地为广大人民群众服务。习近平总书记指出，"党的一切工作都是为老百姓利益着想，让老百姓幸福就是党的事业。"②回顾中国共产党的百年奋斗史，能够发现，历次党的全国代表大会都是从人民的需要和经济社会发展之间的矛盾来认识和把握中国社会的主要矛盾，并据此确定党和国家中心任务，作出战略部署的。可以说，中国特色社会主义道路是我们党着眼于中国人民对幸福的追求和对美好生活的向往、着眼于人的自由全面发展而开辟、拓展出来的。只有深刻反映和坚定维护人民群众的利益诉求，充分尊重和广泛吸纳人民群众的意志主张，致力于人民的自由全面发展，中国特色社会主义道路才能越走越宽广、持续向前。当代青少年作为中国特色社会主义伟大事业的建设者和接班人，其自由全面发展程度对中国特色社会主义

① 《习近平谈治国理政》第三卷，外文出版社2020年版，第70页。

② 习近平：《论"三农"工作》，中央文献出版社2022年版，第287页。

伟大事业的不断发展意义重大。因此,将“青少年的自由全面发展”作为社会主义核心价值观引领当代青少年精神世界建构的根本指引,是中国特色社会主义伟大事业持续向前发展的应有之义。

最后,将“青少年的自由全面发展”作为社会主义核心价值观引领当代青少年精神世界建构的根本指引,符合当代青少年成长成才的现实所需。我国正处于由社会主义社会初级阶段走向共产主义社会高级阶段,这是一个漫长的过程。在这个漫长的过程中,总的要求是培养走向共产主义社会高级阶段的自由全面发展的人,但不同的发展阶段有不同的责任和使命。我们今天的中国特色社会主义正走在实现中华民族伟大复兴新的征程上,把青少年一代培养造就成德智体美劳全面发展的社会主义建设者和接班人,以实现中华民族伟大复兴为己任的新时代青少年,事关党和国家前途命运的重大战略任务,是全党的共同政治责任。习近平总书记在给北京大学援鄂医疗队全体“90 后”党员的回信中说道:“青年一代有理想、有本领、有担当,国家就有前途,民族就有希望。”①在庆祝中国共产党成立 100 周年大会上的重要讲话中更加强调,“未来属于青年,希望寄予青年。一百年前,一群新青年高举马克思主义思想火炬,在风雨如晦的中国苦苦探寻民族复兴的前途。一百年来,在中国共产党的旗帜下,一代代中国青年把青春奋斗融入党和人民事业,成为实现中华民族伟大复兴的先锋力量。新时代的中国青年要以实现中华民族伟大复兴为己任,增强做中国人的志气、骨气、底气,不负时代,不负韶华,不负党和人民的殷切期望!”②这指明了新时代青少年成长成才的方向。以“青少年的自由全面发展”作为社会主义核心价值观引领当代青少年精神世界的根本指引,就是在价值取向上消解腐朽、消极文化对青少年精神世界产生的不良影响,发挥社会

① 《习近平著作选读》第二卷,人民出版社 2023 年版,第 57 页。

② 《习近平著作选读》第二卷,人民出版社 2023 年版,第 488 页。

主义核心价值观对青少年精神世界的积极引领。具体来讲，青少年的自由全面发展的价值指向对青少年成长成才所具有的引导作用主要体现在：有助于在政治认同上强化青少年对共产主义远大理想的价值认同，有利于培养青少年的政治意识，确立对共产主义美好生活的良好期盼，从而在意识形态上强化共产主义信仰，坚定中国特色社会主义制度自信、理论自信、道路自信和文化自信，使其成为建设社会主义的有用、有益之才。

二、明确社会主义核心价值观引领当代青少年精神世界建构的五个方向

以社会主义核心价值观引领当代青少年精神世界建构的目标既已明确，那么，又该从哪些方向推进这一目标的实现呢？这里基于青少年精神世界的构成要素，提出五大具体方向。

1. 坚定马克思主义信仰

"信仰是主体超越现实、超越自我，追求最高价值的自我意识，是对具有最高价值的对象高度信服、敬仰、向往、追求，并以之统摄自己精神生活，作为自己的精神寄托的思想倾向，是主体对终极价值的追求。"①信仰作为一种价值意识，它是理想信念的最高级表现形式，是人们关于社会最高理想和人生最佳境界的信念，在人的精神世界中占据统摄地位，在最高意义上支配着人的思想和言行。信仰是人类不可避免的，它永远构成人类精神生活、精神世界的最主要的部分，它为人类建构精神家园，为盲目的人生标示目的和归宿。不同的信仰会导致人们采取不同的行动，这对个人精神世界的发展乃至社会的发展都会产生极其重大的或积极或消极的影响。每个人正是借助于信仰来确立自

① 王玉梁：《理想　信念　信仰与价值观》，陕西人民出版社 2001 年版，第 4 页。

身的行为原则、理想追求和价值目标。然而,信仰有科学与迷信之分。马克思主义信仰深刻标注社会历史发展的客观规律和必然方向,是被实践证明的科学信仰。从本质上来说,马克思主义信仰是一种理性信仰,体现了主体对马克思主义科学理论的信服,是引导人们运用辩证唯物主义和历史唯物主义世界观、方法论不断推进社会革命,最终实现人自由而全面发展的精神指引。

习近平总书记在庆祝改革开放40周年大会上的讲话中指出:“信仰、信念、信心,任何时候都至关重要。……无论过去、现在还是将来,对马克思主义的信仰,对中国特色社会主义的信念,对实现中华民族伟大复兴中国梦的信心,都是指引和支撑中国人民站起来、富起来、强起来的强大精神力量。”①当代青少年是否坚定马克思主义信仰关系到国家的前途与命运。当前,绝大部分青少年对马克思主义信仰持认可、赞同的态度。但是,有研究表明,当代青少年在一定程度上出现了信仰危机,精神迷失现象严重,尤其是在马克思主义信仰上出现了一些问题,这些问题具体表现在:(1)部分青少年对马克思主义理论产生怀疑。信仰马克思主义的首要前提是要信服马克思主义理论。如果对马克思主义理论知之甚少或是怀疑其理论根基,那么,连“相信”尚达不到,又何谈“信仰”呢?当代部分青少年不愿意深入学习马克思主义理论,对马克思主义的精神实质不了解、不清楚,当前网络上各种虚假信息以及西方敌对势力散布的关于马克思主义的负面信息又泛滥严重,这便很容易导致当代青少年在不了解马克思主义理论的情况下就接受了西方敌对势力恶意传播的马克思主义过时论和马克思主义无用论等论调,受这种论调的影响,青少年便开始怀疑甚至歪曲马克思主义。加之我国目前社会矛盾、社会问题频发,这也让当代部分青少年对马克思主义

① 习近平:《在庆祝改革开放40周年大会上的讲话》,人民出版社2018年版,第42页。

能否解决中国的现实问题持否定态度，更加怀疑马克思主义的科学性。(2)部分青少年对中国特色社会主义的前景悲观失望。由于我国目前正处于全面转型期，在这一时期，不可避免地出现一些社会问题和社会矛盾，这是世界任何国家在转型期都会经历的、面临的。然而，部分青少年不能够客观地看待这一问题，认为社会主义社会就不应该出现这些问题和矛盾，于是他们开始对中国特色社会主义道路的前景悲观失望，甚至有部分青少年轻易接受了西方国家关于民主社会主义的宣传，并认为只有民主社会主义才能发展中国。(3)部分青少年痴迷封建迷信。“信仰的田地一旦拔去马列主义的禾苗，必然长满封建迷信的野草。”①当代部分青少年在精神上远离马克思主义之后，开始向封建鬼神迷信寻求心灵慰藉。在个人生活方面，有些青年学生到处烧香拜佛，祈求找个好工作，还有部分青少年在宿舍或者家中摆放各种吉祥物件，希望考试顺利等，诸如此种现象，可谓是屡见不鲜。

当代部分青少年出现的马克思主义信仰危机，不管是对其个人精神世界的发展、个人的成长成才，还是对社会、国家的发展而言，都是一个阻碍，因此，必须要对此进行教育引导，使马克思主义信仰深深根植于当代青少年的精神世界之中。社会主义核心价值观涵盖了社会发展的指导思想和价值准则，影响着人们的价值观念和价值取向，是一个内涵丰富的有机整体，其中，马克思主义指导思想是其灵魂与旗帜，它决定着社会主义核心价值观的性质和取向。马克思主义贯穿社会主义核心价值观的全部，因此，以社会主义核心价值观引领当代青少年精神世界建构与发展内在要求以社会主义核心价值观引领当代青少年坚定马克思主义信仰。

---

① 熊洁、张爱林：《当前大学生信仰教育重点难点分析》，《西南大学学报(社会科学版)》2010 年第 5 期。

2. 树立远大正确的理想信念

习近平总书记指出，理想指引人生方向，信念决定事业成败；理想离不开信念，需以信念为支撑，信念依靠理想，需以理想来引领；理想信念是精神世界构成中最深层的动力系统，一个人如果没有或丧失理想信念，就会导致精神"缺钙"，从而失去精神支柱而自我瓦解。

有研究表明，当代青年大学生的理想信念状况呈积极、健康、向上发展的态势，他们大都能够认识到个人的命运与国家的发展是紧密相连的，大都对中华民族伟大复兴充满希望和信心，希望祖国越来越繁荣、富强、文明、进步。但也不可忽视，部分青年大学生由于受到各种文化思潮的冲击和某些腐朽落后的生活方式的侵蚀，其理想信念的发展出现了一些问题，主要表现在：有些青年大学生理想信念模糊，弄不清个人理想与社会理想的关系；有些青年大学生的理想信念日趋功利化、物质化，"为共产主义事业奋斗终身"的价值信仰曾经激励了几代中国人，但是，现在有的青年却认为"为国家为社会做贡献"的这种人生目的及个人价值体现是表面上的"大道理"，他们不认同这种"高大上"的价值追求，反而推崇、膜拜那些"一夜暴富""一举成名"的时代传奇，并把占有物质财富、获得权力和地位作为人生孜孜以求的目标。如今和青年说理想，似乎是一件很可笑的事情。现在的青年过早地拥有了不属于这个年纪的"成熟"，曾经想要周游世界或做个伟大科学家的理想已经被金钱、名誉、地位所挟持，个人的世俗生活被无限关注，而理想则被束之高阁。还有些青年学生缺乏远大的理想，且对实现共产主义远大理想信心不足，认为社会主义前景难测。

理想信念作为人们对未来的向往和追求，它是人的活动的持久动机。当代部分青少年在理想信念上存在的这些问题对其自身，乃至社会、国家的发展都将产生不利的影响。尤其又是在当下这样一个物欲横流的时代，对当代青少年理想信念的引领和指导显得尤为必要且重要。社会主义核心价值观作为社会主义的根本价值取向和精神追求，指明了中国特色社会主义的未来发展方向，反映了全国各族人民共同的价值诉求和理想信念。以社会主义核心价值观引领当代青少年精神世界的建构与发展内在要求要引领当代青少年树立正确的、远大的、符合社会发展的理想信念。具体来说，以社会主义核心价值观引领当代青少年树立远大正确的理想信念，就是要引导当代青少年将个人理想追求与建设中国特色社会主义共同理想结合起来，将个人价值实现与为社会创造价值结合起来，将自我成才与服务祖国、服务人民结合起来，将国家的发展、民族的振兴与个人的幸福紧密地联系起来，把当代青少年培养成为志存高远、朝气蓬勃的国家栋梁之材。

3. 形成正确的价值取向

价值取向是个体精神世界的核心构成要素，当代青少年的价值取向是当代青少年人生历程的航标，它能够映射出当代青少年对价值追求、评价、选择和认同的一个倾向性态度。当代青少年的价值取向主流上是积极进步的，他们自主意识强烈，思想活跃，积极参与社会实践，努力实现自身价值。但同时也出现了一些值得注意的新特点：一是当代青少年的价值取向呈现出多元化的特点，表现为对一些明显不同甚至对立的价值观念持兼收并蓄的态度；二是当代青少年在价值追求上物质化色彩凸显而理想主义色彩淡化；三是当代青少年在价值选择上重物质需要的满足轻精神需要的激发、重个人理想轻社会理想；四是在价值评判标准上存在偏差，对自我和他人的评价标准偏向物质性因素。当代青少年的价值取向特点内在要求用社会主义核心价值观对其价值取向进行规范、整合和引导，以促进当代青少年形成正确的价值观。以社会主义核心价值观引导当代青少年形成正确的价值导向是以社会主义核心价值观引领当代青少年精神世界建构与发展的题中之义。

以社会主义核心价值观引领当代青少年的价值取向：一方面，要引导当代青少年认同并践行国家层面的价值目标。社会主义核心价值观所倡导的“富强、民主、文明、和谐”，是国家层面的价值目标，在社会主义核心价值观中居于最高层次，它为社会和公民的价值追求指明了方向。以社会主义核心价值观引导当代青少年树立正确的价值取向，内在要求引导当代青少年正确认识我国的基本国情，正确认识“富强”对于中国特色社会主义事业的重大意义，并为祖国实现民富国强而努力奋斗；引导当代青少年牢牢树立人民民主的价值取向，正确区分人民民主与西方资本主义国家民主的差异；引导当代青少年弘扬并践行社会主义文明，积极传承中华优秀传统文化，提升自身的文化修养，做新时代的文明公民；引导当代青少年树立正确的生态观、高度的社会责任感和高尚的人生目标，正确地处理好人与自然、人与人、人与社会的关系。做到人与自然、人与人、人与社会的和谐共处。另一方面，要引导当代青少年形成正确的社会价值取向。社会主义核心价值观所倡导的“自由、平等、公正、法治”，是社会层面的价值取向和追求目标，对当代青少年价值取向的形成发展有着极大的导引意义。以社会主义核心价值观引导当代青少年形成正确的价值取向，内在要求引导当代青少年正确认识自由的含义，把握自由的限度，尊重自身的个性发展，在认识世界和改造世界的实践中不断实现自身的物质自由和精神自由；引导当代青少年牢牢树立平等观念，理解他人、尊重他人，理性地看待人生中遇到的挑战和挫折，不要怨天尤人，因为所有人在投身社会的发展中时，都是既面临机遇又面临挑战的；引导当代青少年了解公正对于中国特色社会主义事业发展的重要意义，正确处理个人与他人、社会之间的利益关系；引导当代青少年认同并践行社会主义法治观，要在法律规定的范围内活动，正确处理个人与他人之间的矛盾和冲突，要重视法制，遵守法制。

4. 养成公民德性与品格

古人曰，人以德立，国以德兴，我们中华民族历来就十分重德、尚德、倡德，古人更是十分重视个人的道德修养，注重提高个人的道德境界。然而，如今，经济的快速发展，为人们提供了丰富的物质生活，推动了社会的极大进步，但与此同时，社会上的一些人，包括少数青少年也出现了道德失范问题，有些人甚至以丑为美、以耻为荣。比如，“宁可坐在宝马车里哭，也不坐在自行车上笑”的物质主义，“口碑越差，越想围观”的审丑趣味等。当下中国，无论是赞扬道德楷模、“最美人物”，还是关注“扶人”问题，都说明了国人对道德良知的珍视、对高尚品格的向往以及对道德失范、社会丑恶现象的反感。这也充分说明，越是纷繁复杂、众声喧哗，越要分得清是非、站得稳脚跟，越需要以社会主义核心价值观为思想的压舱石、价值的定盘星，培育当代青少年的德性和昂扬向上的公民品格。

社会主义核心价值观倡导“爱国、敬业、诚信、友善”，正是从公民层面提出的价值准则，涵盖了社会公德、职业道德、家庭美德、个人品德等各个方面，是每一个公民都应当树立的道德规范和价值追求。以社会主义核心价值观引导当代青少年养成公民德性与品格，具体要求要引导当代青少年热爱并忠诚于自己的国家，把个人的奋斗与中华民族伟大复兴“中国梦”结合起来，努力学好知识、锻炼能力，以为中国特色社会主义事业贡献自己的力量；引导当代青少年养成一种做事认真、踏实、专注的态度，做好自己的本职工作，要勤业、精业、乐业；引导当代青少年要诚信待人、与人为善、宽以待人、乐于助人。

事实上，社会主义核心价值观就是一种道德，是一种对当代中国公民行为具有普遍规范意义的道德，是当代中国公民道德的总规范。从哲学上看，价值与道德、价值观与道德规范这两对范畴的意义经常是相通的。价值是客体对于主体所具有的有利的、有意义的属性，价值观是人们对于价值、价值关系总的看法和根本观点。而道德作为一种意识形态,是调整人与人之间以及个人与社会之间相互关系的行为准则和规范,代表着社会的正面价值取向,其作用就是判断人们的行为是否正当,是否有意义、有价值。可见,从伦理层面看,道德、道德规范、道德价值、道德价值判断这四个概念都是在表达人们行为的社会正当性。只不过道德和道德规范是以善恶为标准,通过社会舆论、内心信念和传统习惯来评价人们的行为得失,而价值观是以社会效用为标准,通过人们所持有的相对稳定的立场、观点和态度来判断人们的行为得失。因此,道德、道德规范、价值观三者内涵是一样的,只是表现形式不同而已。价值观虽然通常表现为多层次、多维度的,但总有一个居于主导地位、起支配作用的价值观,这个价值观就是核心价值观。在阶级社会里,核心价值观都是由统治阶级所倡导和所维护的,对其他价值观起着统领作用。可见,从意识形态功能看,社会主义核心价值观就是社会主义核心道德规范。

正是基于价值观与道德之间的紧密联系,党的十八大以来,习近平总书记多次讲到社会主义核心价值观,都把社会主义核心价值观与道德相联系起来。2013 年 9 月在接见第四届全国道德模范及提名奖获得者时,习近平指出:"按照党的十八大提出的培育和践行社会主义核心价值观的要求,高度重视和切实加强道德建设,推进社会公德、职业道德、家庭美德、个人品德教育,倡导爱国、敬业、诚信、友善等基本道德规范,培育知荣辱、讲正气、作奉献、促和谐的良好风尚。"①习近平总书记的这一讲话包含了两个重要思想:一是培育和践行社会主义核心价值观,着眼点是重视和加强道德建设;二是社会主义核心价值观公民个人层面的价值要求"爱国、敬业、诚信、友善"就是当前公民的基本道德

① 《习近平谈治国理政》第一卷,外文出版社 2018 年版,第 159 页。

规范。2014 年五四青年节在北京大学师生座谈会上讲话中，习近平总书记也指出过：“核心价值观，其实就是一种德，既是个人的德，也是一种大德，就是国家的德、社会的德。”①因此，可以说，社会主义核心价值观就是当前我国公民道德的总要求、总规范，是当代公民德性和品格培育的导航灯。以社会主义核心价值观引领当代青少年精神世界的建构与发展内在要求以社会主义核心价值观引领当代青少年的公民德性与品格的养成。

5. 促进心理的健康发展

心理是精神世界的主要构成，心理的健康、和谐直接影响到精神世界的发展。以社会主义核心价值观引领当代青少年精神世界的建构与发展，内在蕴含着用社会主义核心价值观引领当代青少年心理的健康发展之意。

青少年由于生理、年龄等因素的影响，在这一阶段特别容易在心理上出现一些不和谐的情况：第一，青少年阶段身体发育已基本完成，但心理却尚未成熟。主要由于青少年正处于接受学校教育阶段，还未出入社会，虽然已经掌握了一定的理论知识，但是还缺乏实践经验，对社会环境的复杂性及生活的艰巨性更是缺乏深切的体验和了解。这便容易使青少年在心理上出现易情绪化、极端化、社会适应性差、自我控制能力差以及承受能力、抗挫能力差等不成熟的消极心理表象。第二，青少年涉世未深，面对复杂情况时缺乏一定的鉴别能力，容易产生困惑的心理。特别是在当下社会，文化多元、信息技术高速发展，社会生态更是复杂多变，青少年在面对复杂现象时，难以依据自己已有的认知经验，合理而准确地选择和认同某一社会价值观念系统，从而陷入无以参照、无以归附的境地，进而受到消极价值观的误导，容易产生心理失调、

---

① 《习近平谈治国理政》第一卷，外文出版社 2018 年版，第 168 页。

病态心理,甚至形成相互冲突、矛盾的双重人格乃至多重人格。再有,青少年尤其是青年大学生即将步入社会,容易在遭遇理想与现实的冲突之后产生矛盾心理。青年大学生普遍都是富有理想的,迫切想要对社会、对人类作出贡献。然而,当他们怀着对社会的美好憧憬并努力为自己的理想奋斗时,才发现现实社会蔓延着权利主义、极端个人主义的思潮,与自己从小接受的正面教育不太相符,理想与现实之间发生了严重冲突,导致他们产生失望和矛盾的心理。

究其根源,心理问题的产生往往与价值观有着莫大的联系。心理学的理论研究为此提供了理论依据,如人本主义心理学家罗杰斯的研究发现:“心理失调的根本原因在于个体在成长过程中摄入并内化了大量环境加给他的价值观,以这种价值观来评价自己的经验,而逐渐放弃运用受其本性支配的‘机体估价过程’,结果使一些实际上有益于个体的经验被拒绝或被歪曲,从而产生失调。”①“理性情绪心理学学派认为,人天生具有理性和非理性,人的价值观体系中的非理性信念是造成心理问题产生的主要原因。”②其代表人物艾利斯就曾说过,人的情绪根植于自己的信念与对生活的评价,他还基于此创立了“理性情绪疗法(RET)”。不仅心理学家的理论研究论证了二者之间的关系,而且一些学者的实证调查也发现了二者之间的联系。彭晓玲、周仲瑜、熊磊通过实证研究发现:“学生的价值观和心理健康具有相关性,价值观的积极因素与学生心理健康程度成正比。”③曾屹丹的实证研究也有相关发现:“价值取向模糊的大学生容易产生心理焦虑;价值评价偏差与自卑、自负、嫉妒、空虚、虚荣、双重人格、自杀等心理问题存在紧密相关;

① 转引自江光荣:《心理咨询与治疗》,安徽人民出版社1995年版,第90页。

② 蔺桂瑞:《学校心理咨询中的价值观教育》,《教育研究》2001年第12期。

③ 彭晓玲、周仲瑜、柏伟、熊磊:《大学生价值观与心理健康相关性调查分析》,《重庆科技学院学报(社会科学版)》2005年第2期。

价值认同失衡导致自我封闭、盲目从众等心理问题；价值观念错位也会引发许多心理问题，例如叛逆、自私、享乐等。”①由此可知，正确积极的价值观有助于促进当代青少年的心理和谐，相反，错误消极的价值观会导致青少年产生诸多的心理问题，使其迷失方向，影响其心理和谐。社会主义核心价值观作为我国价值体系的核心内容，是对人们价值取向的科学总结和正确引导，必然会对当代青少年的心理健康产生积极的影响。因此，以社会主义核心价值观引领当代青少年精神世界的建构与发展，就要用社会主义核心价值观去主导当代青少年的认知调节、情绪调控、情感培育以及意志磨炼，使当代青少年能够积极地适应社会并与他人和谐相处，进而获得幸福感，促进其心理的和谐，真正有效地提高当代青少年的心理健康水平。

三、贯彻社会主义核心价值观引领当代青少年精神世界建构的三大原则

原则指的是处理客观事物必须遵循的基本要求、基本规定，是行事所依据的基本准则，对处理和应对客观事物具有指导性作用。以社会主义核心价值观引领当代青少年精神世界的建构是一项系统性工作，必须明确引领的基本原则才能更好地推动这项工作的有效开展。而要确定引领原则，必须尊重青少年精神世界生成发展的基本规律，必须着眼于新时代青少年精神世界建构的新形势、新挑战，唯有如此才能确定准确的、有针对性和适用性的原则。

1. 一元引领与多元并存相统一

在以社会主义核心价值观引领当代青少年精神世界建构的过程中，

① 曾屹丹：《价值观冲突对心理健康的影响》，《渝西学院学报（社会科学版）》2004 年第 12 期。

需要辩证处理好一元和多元的关系,即坚持一元引领、多元并存的引领原则。这一原则是由人类社会的思想文化发展规律、社会主义核心价值观的内在发展规律以及青少年精神世界的生成发展规律所决定的。社会意识形态总是表现为多样性和有序性的辩证统一,即一元主导、多元并存的有序化发展。社会主义核心价值观三个层面的倡导所彰显的先进性、人民性、真实性和包容性使其具有强大的引领力。唯物辩证法告诉我们,无论过去、现在还是将来,青少年精神世界所呈现的差异性和多样性,都是一种无法忽视的客观存在。这种多样性、差异性既无法避免,又必须加以引领。唯有以一元引领、多元并存作为以社会主义核心价值观引领当代青少年精神世界的重要原则,才能形成当代青少年精神世界建构的精神指引、纽带,才能最大限度地满足青少年精神世界发展的多元诉求。

所谓"一元引领",就是要坚持社会主义核心价值观的主导地位不动摇,牢牢把握当代青少年精神世界建构的前进方向,即坚持由社会主义核心价值观引领当代青少年精神世界的发展方向和价值取向。所谓"多元并存"就是要尊重和包容广大青少年精神诉求、精神需要的差异性和多样性,即根据不同青少年的精神世界发展状况提出不同要求,在民主平等、相互补充和尊重个体的前提下,明确各个青少年精神世界发展与社会主义核心价值观的界限;在尊重差异、包容多样中凝聚价值共识,进一步增强社会主义核心价值观在当代青少年精神世界建构中的价值认同感和精神感染力,为当代青少年精神世界建构厚培精神土壤;在包容多样中增进价值认同,达成思想共识,逐渐扩大社会主义核心价值观在当代青少年精神世界建构中的包容度和影响力。然而,包容并不等于对错误的价值观置之不理,而是要在充分理解的基础上加强教育引导,努力弥补价值引领中的"短板",使当代青少年精神世界的建构始终处于良性发展状态,换句话说,即使之在多元中有砥柱、多元中有主导、多元中有准绳。

2. 尊重利益与需要相统一

人的需要，是人生命活动的内在规定性，它反映人与其生存条件的依赖关系，是人们为自身生存和发展而对客观对象的摄取和要求，因而构成人生存和发展的条件。在马克思看来，人的需要是与生俱来的人的“内在规定性”，人作为实践的存在，“他们的需要即他们的本性”①，需要是人生命活动的具体表现。马克思认为，利益需要是每一个人最为根本的需要，“人们为之奋斗的一切，都同他们的利益有关”②，他敏锐地发现，将人与社会“连接起来的唯一纽带是自然的必然性，是需要和利益”③。由是观之，利益和需要在人的社会生活中扮演着至关重要的角色。对于人的精神世界建构和发展而言，利益和需要在其中同样扮演着关键性角色。需要，特别是精神需要，构成了人们价值观的基础，并在此基础上形成人们的精神支柱和人生信念，体现着人类实现自我主体价值、直观自我本质力量的内在追求。因此，在以社会主义核心价值观引领当代青少年精神世界建构的过程中，要将对青少年利益的尊重和需要的满足统一起来。

尊重当代青少年的利益和满足他们的需要，就得充分认识当代青少年的特点和成长环境发生的变化，全面把握当代青少年的不同需求。出生在改革开放后，成长在21世纪的青少年一代，见证了祖国的快速发展，经历着国家的繁荣富强，展现出前所未有的自信、自立与自豪。社会主义市场经济体制逐步完善、经济全球化成为时代潮流、互联网快速发展的相互交织是这一代青少年成长的大背景。随着中国的经济实力、科技实力、综合国力不断迈上新台阶、取得新跨越，新时代中国青少年的发展基础日益厚实，发展底气越来越足。具体表现为：一方面，物

---

① 《马克思恩格斯全集》第25卷，人民出版社1979年版，第514页。

② 《马克思恩格斯全集》第1卷，人民出版社1995年版，第187页。

③ 《马克思恩格斯文集》第1卷，人民出版社2009年版，第42页。

质发展环境更为优越。青少年高质量发展，物质丰裕是基础。中国创造了世所罕见的经济快速发展和社会长期稳定"两大奇迹"。超过2500万贫困青年彻底摆脱贫困，中国青年共同迈向更高水平的小康生活。中国青少年向往更有品质的美好生活，消费方式从大众化迈向个性化，消费需求从满足生存转向享受生活，从有衣穿到穿得时尚、穿出个性，从吃饱饭到吃得丰富、吃出健康，从能出行到快捷通畅、平稳舒适。中国青少年的生活水平实现了质的跃升，高质量发展有了更加丰盈、更为坚实的物质基础。另一方面，精神成长空间更为富足。青少年高质量发展，离不开精神生活的多姿多彩。受益于图书馆、博物馆、文化馆、美术馆等惠及青少年的公共文化设施的不断完善，中国青少年享受的公共文化服务水平显著提高，逐渐从"去哪儿都新鲜"转变为"去哪儿都习以为常"，精神品位不断提升。随着图书、电视、电影、文艺演出等传统文化产业和数字创意、网络视听、数字出版、数字娱乐、线上演播等新兴文化产业迅猛发展，青少年所需所盼的公共文化产品日渐丰富，逐渐从"有什么看什么"转变为"想看什么有什么"，文化视野更加开阔。文化旅游、乡村旅游、红色旅游、国际旅游等各类旅游产品应有尽有，青少年走出去看世界的需求得到更好满足，逐渐从"只在家门口转转"转变为"哪里都能去逛逛"，见识阅历更加广博。不断扩展的精神文化生活空间，为中国青少年追求更有高度、更有境界、更有品位的人生提供了更多可能。但同时也要看到，当代青少年利益诉求多样，现实压力较大，尊重其利益和满足其需要面临新的挑战。因此，要积极关注、关心当代青少年所思、所忧、所盼，帮助青少年解决好他们在毕业求职、创新创业、社会融入、婚恋交友、老人赡养、子女教育等方面的操心事、烦心事，努力为青少年创造良好发展条件，让他们感受到关爱就在身边、关怀就在眼前。

3. 尊重规律

何谓规律？列宁指出："规律就是关系……本质的关系或本质之间的关系。"①毛泽东在《实践论》和《矛盾论》中认为，事物的本质是事物的相对稳定的内部联系。从这些论述可知，规律揭示的是事物之间的内在必然联系，决定着事物发展的必然趋向，具有必然性、普遍性、客观性、永恒性特点，是认识客观事物的钥匙。把握客观事物发展规律，能够更好地了解、处理、解决客观事物所面临的问题。当代青少年精神世界的生成与发展也有其规律，以社会主义核心价值观引领当代青少年精神世界的建构必须遵循青少年精神世界的生成发展规律，这是提高引领有效性的必然要求。

然而，对当代青少年精神世界建构的引领而言，对规律的尊重不仅仅体现在引领对象上，还体现在整个引领过程上。以社会主义核心价值观引领当代青少年精神世界建构的过程实质上是思想政治教育的过程。"思想政治教育的作用对象是人，开展思想政治教育，就是引导人们形成符合社会发展要求的思想道德素质，激发人们参与社会活动的主体能动性，进而推动人和社会全面发展。"②以社会主义核心价值观引领当代青少年精神世界建构的最终落脚点也是人的自由全面发展。

思想政治教育过程也有其规律。思想政治教育过程的规律体现的是思想政治教育过程各要素之间的本质联系及其矛盾运动的必然趋势，具体表现为："教育要求与受教育者思想品德发展之间保持适度张力的规律""教育与自我教育相统一的规律""协调与控制各种影响因素使之同向发挥作用的规律"。这三个规律同样适用于以社会主义核心价值观引领当代青少年精神世界建构的过程。比如"教育要求与受

① 列宁：《哲学笔记》，人民出版社 1974 年版，第 161 页。

② 陈万柏、张耀灿：《思想政治教育学原理》，高等教育出版社 2015 年版，第 5 页。

教育者思想品德发展之间保持适度张力的规律”就要求在以社会主义核心价值观引领当代青少年精神世界建构时,要给予青少年精神世界发展的空间,允许“张力”的存在,不能用控制代替引领,在确保社会主义核心价值观指导性作用产生影响的前提下,保持青少年精神世界发展中的个性。“教育与自我教育相统一的规律”则要求充分激发青少年群体的积极性和主动性,澄清青少年发展的具体指向,澄清青少年精神世界与社会发展要求不相适应的地方,在这种双向对比中,提振社会主义核心价值观的引领性作用。而“协调与控制各种影响因素使之同向发挥作用的规律”则是要综合考虑影响青少年精神世界变化发展的诸多因素。

总之,立足于新时代青少年精神世界的健康发展,我们必须将尊重规律原则贯穿于以社会主义核心价值观引领当代青少年精神世界健康发展的全过程。统筹协调引领的过程性规律和引领对象的生成发展规律:一方面将社会主义核心价值观变成“日用而不觉的价值观”,以此凝聚青少年的价值共识;另一方面,立足于青少年精神世界生成发展的规律,在客观的社会生活中寻找突破口,回应青少年现实关切,满足青少年需求,减轻青少年压力,并将社会主义核心价值观深深融入到青少年的生活中,切实发挥润物细无声的引领作用。

第三节　以社会主义核心价值观引领当代青少年精神世界建构的践履路径

社会主义核心价值观引领当代青少年精神世界的建构与发展,在本质上讲,是属于规范意义上的引领,其主要的目的就是要确保社会主义核心价值观在青少年群体的思想观念中的主导地位,使社会主义核心价值观真正成为当代青少年人生成长历程中的不竭动力和全面发展的源泉。以社会主义核心价值观引领当代青少年精神世界的建构与发展就是一个引导当代青少年逐步接受、认同社会主义核心价值观并自觉践行的过程。为了达到以社会主义核心价值观引领当代青少年精神世界建构与发展的最终目的,必须慎重选择有效的路径。具体来说,可以通过以下五大路径来探究社会主义核心价值观引领当代青少年精神世界建构的践履路径。

一、提高当代青少年精神世界建构主体的社会主义核心价值观素养

提高当代青少年精神世界建构主体的社会主义核心价值观素养是做好以社会主义核心价值观引领当代青少年精神世界建构与发展工作的关键和重要保证。只有在真正具备比较高的社会主义核心价值观素养的主体引领下,社会主义核心价值观与当代青少年精神世界的建构与发展才能成为彼此的动力,才能相互产生积极的影响。以社会主义核心价值观引领当代青少年精神世界的建构与发展的主体必须率先垂范,按照社会主义核心价值观的要求提高自己的价值观素养,主动践行社会主义核心价值观所倡导的价值观念和道德准则,努力增强自己的道德品质和人格魅力,这是以社会主义核心价值观引领当代青少年精神世界的建构与发展取得实效性的前提保证,也是推动当代青少年的精神世界向着更高层次发展的保障。

那么,谁是以社会主义核心价值观引领当代青少年精神世界的建构与发展的主体呢? 社会主义核心价值观是社会思想上层建筑的重要组成部分,是社会主义主流意识形态的本质体现。一定的意识形态要在社会中居于统治地位,成为支配人们的强有力的精神力量,总是要凭借一定的制度、设施作为其传播的手段和工具,而只有社会政治上层建筑才能承担起这一责任。因此,从这个意义上说,构成社会政治上层建

筑的政党、政权机构等便理所当然地成为引领的主体。但这不是引领的唯一主体。带有教育性质的家庭、学校、民间组织、企业、军队等等都是社会主义核心价值观对当代青少年的精神世界建构与发展引领的主体。但如果从人与人之间是相互影响、相互学习的,就像孔子所说的"三人行,必有我师焉"这个角度来看,社会上每一个接受并认同社会主义核心价值观的公民都可以是社会主义核心价值观对当代青少年的精神世界建构与发展引领的主体。

上述主体的政治素养、马克思主义理论素养及思想道德修养状况,对于社会主义核心价值观在社会的地位的巩固起着至关重要的作用,对于社会主义核心价值观引领当代青少年精神世界的建构与发展的实效性同样具有至关重要的作用。他们的马克思主义理论功底是否深厚、社会主义和共产主义理想信念是否坚定、对社会现实的把握是否全面客观、道德品质是否高尚、改革创新意识是否强烈等等,都直接制约着社会主义核心价值观研究、宣传、教育的科学性与实践效果,直接影响着当代青少年对所宣传、教育的社会主义核心价值观内容的信服度,直接影响着社会主义核心价值观引领当代青少年精神世界建构与发展的实际效果。因此,要做好社会主义核心价值观引领当代青少年精神世界的建构与发展的工作,必须注重提高用社会主义核心价值观引领当代青少年精神世界建构的主体的核心价值观素养。

二、切实把社会主义核心价值观融入当代青少年教育的全过程

当代青少年精神世界的建构与发展离不开教育的作用,要实现社会主义核心价值观对当代青少年精神世界建构与发展的引领更是离不开教育。以社会主义核心价值观引领当代青少年精神世界的建构与发展必须借助教育这一形式,通过把社会主义核心价值观融入当代青少

年教育的全过程，运用有效的教育方法让社会主义核心价值观入当代青少年的脑，入当代青少年的心，并转化为当代青少年的行，真正提高社会主义核心价值观在当代青少年精神世界中的地位。总体来说，贯穿当代青少年一生的教育主要包括学校教育、家庭教育和社会教育三种基本形式，将社会主义核心价值观融入当代青少年教育的全过程就是要将社会主义核心价值观融入当代青少年学校教育、家庭教育和社会教育之中。

首先，要将社会主义核心价值观融入当代青少年的学校教育之中。学校教育是当代青少年精神教育的主阵地，是提高当代青少年科学文化素质，形成正确的世界观、人生观和价值观的重要场所。将社会主义核心价值观融入到当代青少年的学校教育中，就要将社会主义核心价值观贯穿到青少年从中学到大学教育的全过程中。将社会主义核心价值观融入当代青少年的学校教育之中，要求教育者要根据青少年的心理特征和接受能力，制定相应的教育目标、教育要求和教育方案；要求既要在各学科中渗透社会主义核心价值观，发挥课堂主渠道的作用，又要重视青少年的日常养成，充分发挥第二课堂的熏陶作用；要求通过各种途径、方式和手段，让当代青少年了解、熟悉社会主义核心价值观的基本内容，并将这些内容内化为当代青少年的思想素质和精神品格；要求既要强调专职人员在思想品德教育中进行社会主义核心价值观教育的作用，同时又要以教书育人、管理育人、服务育人的全方位育人方法来贯穿社会主义核心价值观驾驭，在校园内形成良好的社会主义核心价值观教育氛围。

其次，要将社会主义核心价值观融入当代青少年的家庭教育之中。家庭是当代青少年精神教育的起点，也是社会主义核心价值观教育的起点。在家庭内进行社会主义核心价值观教育有其独特的优势，即父母同子女之间的亲和力可以减弱学校教育和社会教育容易产生的逆反心理,有利于强化精神教育和社会主义核心价值观教育的效果。家庭教育一方面是人接受教育的起点,儿童时期所受家庭教育的优劣对人的一生影响至深。“孟母三迁”“岳母刺字”等流传至今的故事从侧面体现了家庭教育对个体精神、人格成长的特殊意义;另一方面,家庭教育是贯穿人的一生、从起点到终点的教育。家庭生活伴随人的一生,任何个人的成长无时无刻不在受着家庭教育的影响。优良的家庭教育,不只为家庭培养好成员,更能为社会培养好公民;不仅塑造公民的个体灵魂,而且影响民族的整体精神。因此,家庭教育无论是在当代青少年的精神教育,还是社会主义核心价值观驾驭中都发挥着不可忽视的启蒙和熏陶的作用,无论是当代青少年科学世界观、人生观、价值观的培养,还是其理想信念、民族精神、时代精神和社会主义荣辱观的确立,都要从从家庭教育抓起。

最后,要将社会主义核心价值观融入当代青少年的社会教育之中。社会教育是当代青少年精神教育和社会主义核心价值观教育的大课堂,是对当代青少年学校教育和家庭教育的进一步强化和补充。社会主义核心价值观教育本身就是一项要求群众广泛参与的实践活动,一项需要多方关心支持的社会工程。只有加强综合治理,多管齐下,形成学校、家庭、社会的合力,才能营造有利于社会主义核心价值观教育的良性社会环境。社会对当代青少年进行的社会主义核心价值观教育,要帮助青少年深刻理解我们民族的历史和传统,理解近代以来我们民族的深重灾难和我们党领导人民进行的英勇斗争,理解社会主义中国的历史性进步和光明前途,不断增强民族自尊心、自信心和自豪感;要通过声势浩大的社会教育活动,向全体社会公民宣传普及社会主义核心价值观,在全社会倡导爱国、敬业、诚信、友善的道德规范,培育社会公德、职业道德、家庭美德,树立知荣辱、讲正气、促和谐的社会风尚,形成男女平等、尊老爱幼、扶贫济困、礼让宽容的人际关系,塑造自尊自信、理性平和、积极向上的社会心态，真正打牢社会主义核心价值观的群众基础。

三、提升大众传媒的社会主义核心价值观传播效力

社会主义核心价值观对当代青少年精神世界的建构与发展的引领成功与否，关键在于社会主义核心价值观在当代青少年群体中的传播是否顺畅。社会主义核心价值观的有效传播是实现其成功引领当代青少年精神世界建构的重要环节，是帮助当代青少年树立远大的理想信念、正确的世界观人生观和价值观以及提高其思想道德素质的前提条件。因此，加强对社会主义核心价值观的宣传、提高社会主义核心价值观的传播效力，是以其引领当代青少年精神世界建构的重点。在当前社会，要扩大社会主义核心价值观在当代青少年群体中的影响力，尤其要注重从社会舆论、大众传媒等方面营造浓郁氛围。

现如今，媒体已经成为当代青少年学习、生活、交往的主要渠道，同时也是社会主义核心价值观传播的主渠道。现代媒体种类繁多，包括纸质媒体、广播电视媒体、网络媒体和手机媒体；覆盖面宽，近乎囊括各层次人群，影响程度极深，不仅触及人的感官，而且改变人的态度和认识，触动人的心灵；社会作用大，公共传媒已经成为除行政、立法和司法之外的"第四权力"。各现代国家与政党对之都高度重视，将之作为巩固政权和维护国家安全的核心问题。从目前媒体对人的影响来看，影响作用最大的是大众传媒。所谓大众传媒，就是大众传播媒介，是对大多数人传播信息的媒介。"我们通常说的报纸、杂志、图书、广播、电视、网络都是大众传播媒介。"①在传统社会，青少年的知识、对社会的认知等主要是通过家庭和学校教育获得的。而在现代社会，传播媒介

① 王文科：《传媒导论》，浙江大学出版社 2006 年版，第 8 页。

所起的作用越来越明显,青少年大都是通过接触各种传媒来获取信息、认知社会、沟通交流的。“有研究表明,目前青少年对于社会的基本认识,对游戏规则的把握,甚至人生观、价值观的形成,90%以上的影响是来自传播媒介。”[①]由此可见,当代青少年作为大众传媒的高接触、高使用者,他们精神世界的形成与嬗变以及他们对社会主义核心价值观的认知与内化将越来越受到大众传媒的深刻影响。

大众传媒主要是通过传播特定的符号——意义体系参与到当代青少年的道德品质的形成与发展过程,从而对当代青少年的认知概念世界、价值观念系统形成一种隐性支配。当然,大众传媒对当代青少年价值观念的这种影响不是简单地提供一个认识上的蓝本,也不是可以任意地把价值观、道德规范和价值标准强加于当代青少年,而是通过其传递的价值观念、道德思想信息来潜移默化地改变当代青少年的价值观念。提升社会主义核心价值观的传播效力,实际上也就是希望在当代青少年的精神世界领域中,通过外界的力量使当代青少年不断增强对社会主义核心价值观的理性确信,形成正确的价值认知,塑造正确的价值观念,并自愿按照其要求而改变自己的行为。大众传媒对当代青少年日常生活方方面面的深刻影响内在地决定了它在发挥社会主义核心价值观引领当代青少年精神世界建构与发展过程中的无可替代的重要地位。因此,必须注重提升大众传媒的社会主义核心价值观传播效力。

总的来说,提升大众传媒的社会主义核心价值观传播效力,要注重加强大众传媒自身的建设和管理,提高政府对媒体的管理能力,努力营造和强化大众传媒的正向传播作用,使大众传媒成为虚假、有害信息的“过滤器”,主流价值观的“传声筒”;要加强政府和社会的舆论导向工作,发挥“二级传播”的舆论引导力;要注意转变主流媒体单一宣传的

---

① 喻国明:《传媒影响力　传媒产业本质与竞争优势》,南方日报出版社 2003 年版,第 29 页。

方式,发挥传统媒体和新媒体的优势,掌握不同大众传媒的传播规律,促进社会主义核心价值观的有效传播,进而有效发挥社会主义核心价值观对当代青少年精神世界建构与发展的引领作用。

四、完善社会主义核心价值观引领当代青少年精神世界建构的政策引导和制度保障

以社会主义核心价值观引领当代青少年精神世界的建构与发展,仅仅依靠教育和传播的手段是不行的,还必须有相应的政策引导和制度保障。

以社会主义核心价值观引领当代青少年精神世界的建构与发展,既是一个理论性、实践性很强的重大问题,也是一个政策性很强的重大问题。要实现社会主义核心价值观对当代青少年精神世界建构的有效引领,必须高度重视政策的引导和管理,不能有任何的草率和疏忽。要完善社会主义核心价值观引领当代青少年精神世界的建构与发展的政策引导,首先要加强用社会主义核心价值观引领当代青少年精神世界建构的方针政策研究、制定,这一方针政策研究、制定的总的指导原则是:以社会主义引领当代青少年精神世界的建构,以不断丰富当代青少年的精神世界,增强当代青少年的精神力量。其次,以社会主义核心价值观引领当代青少年精神世界建构的主体须率先践行党中央下发的《关于培育和践行社会主义核心价值观的意见》等相关政策,尤其是党和国家各级机关,他们是相关路线、方针、政策研究和制定的要害部门,其中的工作人员绝大多数是党员干部,他们具有较高的文化水平、接触国内外信息较多、拥有决策权力、对其他社会成员影响较大等特点,因此,要求他们要带头学习和践行社会主义核心价值观,通过模范行为和高尚的人格带动当代青少年对社会主义核心价值观的认同。

为了实现社会主义核心价值观对当代青少年精神世界建构的有效

引领，除了运用必要的教育、传播手段以及提供相应的政策引导之外，还必须建立健全一套行之有效的制度保障机制，为社会主义核心价值观引领当代青少年精神世界的建构与发展提供有力的保障。因为，任何社会的核心价值观都不可能自发地发挥作用，它必须依托一定的制度基础才能切实发挥道德教化、凝聚人心、稳定社会的效能。尤其是目前中国社会正处于社会大变革时期，各种道德价值观念并存，甚至相互激荡，要想使一种核心价值观真正在社会中确立起来，能够为人们所认同接受，自觉履行遵守，就必须按照核心价值形成和发展的基本规律，软硬结合，虚实结合，科学地进行制度设计并进行积极的引导。只有通过不断加强制度建设，增强制度管理，才能使社会主义核心价值观充分发挥作用，从而保证当代青少年的精神世界在社会主义核心价值观的引领下健康、全面发展。党的二十大报告指出，“坚持依法治国和以德治国相结合，把社会主义核心价值观融入法治建设”①。我国以宪法为核心的社会主义法律体系是社会主义核心价值观的重要载体，以具有强制力的法律法规来规制和引导人们的行为操守，对于培育和践行社会主义核心价值观具有不可替代的重要作用。党的十八大以来，我们党在治国理政中坚持德法相济、协同发力，重视发挥法律制度在核心价值观建设中的促进作用，专门制定了推动核心价值观融入法治建设的指导性文件和立法修法规划，推动出台一系列有利于培育和践行核心价值观的法律法规、规章制度和公共政策，在实践中取得了很好的效果。以法律政策承载价值理念和道德要求，社会主义核心价值观建设才有可靠支撑。要坚持依法治国和以德治国相结合，完善弘扬社会主义核心价值观的法律政策体系，把社会主义核心价值观要求融入法治

① 习近平：《高举中国特色社会主义伟大旗帜　为全面建设社会主义现代化国家而团结奋斗——在中国共产党第二十次全国代表大会上的报告》，人民出版社 2022 年版，第 44 页。

建设和社会治理，体现到国民教育、精神文明创建、文化产品创作生产全过程，增强全社会对社会主义核心价值观的认同感归属感和自觉践行力。

五、优化社会主义核心价值观引领当代青少年精神世界建构的环境

社会主义核心价值观贯穿于经济、政治、文化、社会建设等各个领域，要使社会主义核心价值观成功引领当代青少年精神世界的建构与发展，就必须对经济、政治、文化、社会各环境进行优化。在当前社会，尤其要注意文化环境和网络环境的优化。

优化文化环境，就是要创建先进的精神文化内核，打造优质的文化资源。一般来说，要发挥文化环境，或者说是文化资源对当代青少年精神世界建构与发展的作用，首先必须要有精神、理想、信念等价值观念的构建；其次要让当代青少年对精神、理想、信念等价值观念进行接受和消费；最后是使当代青少年内化文化资源所传送的精神、理想和信念等价值观念，形成他们的思想道德素质，进而形成健全的精神世界。那么，与此相适应，文化建构当代青少年精神世界优质文化环境或者说是文化资源的打造就要求：一要构建中国特色哲学社会科学。哲学社会科学在社会文化建设、发展中处于重要的地位，因为它们是直接从事社会文化的研究和生产的。新的理想、新的思想方式、新的价值观念的形成和确立，都必须依靠哲学、人文科学以及社会科学的繁荣。没有繁荣的哲学社会科学，就没有繁荣的文化，就不能为当代青少年精神世界的建构与发展提供充足的、优质的文化资源。基于当前的中国现实，构建中国特色哲学社会科学要求哲学社会科学工作者必须着重解决三个方面的问题：一是如何实现中国传统文化精神的创造性转型；二是在广泛研究西方文化精神的过程中，如何既从中吸取有利于社会主义市场经

济的合理精神和价值取向,又抵制其中的享乐主义、拜金主义、个人主义等不利于社会主义精神文明建设的思想倾向和价值观念;三是如何对马克思主义进行返本开新的创造性研究和发展。因此,要繁荣哲学社会科学,构建中国特色哲学社会科学,为当代青少年精神世界的建构与发展提供优质的、充足的文化资源,就必须要坚持中国特色哲学社会科学的民族性,对中华传统文化进行现代化创新;坚持中国特色哲学社会科学的原创性,对西方精神文化进行中国化创新;坚持中国特色哲学社会科学的时代性,对马克思主义理论进行时代化创新。要强化优质文化资源的传播。构建中国特色哲学社会科学,为当代青少年精神世界建构拥有可持续的文化资源提供了现实的可能性和可行性。但是,仅有这个是不够的,还必须注重优质文化资源的传播,保证优质文化理论、产品、信息在最大程度上让当代青少年接触到。总的来说,要扩大优质文化资源在当代青少年群体中的传播,就要大力发展教育和科学,促进优质文化资源的传承;要充分利用大众传媒,促进优质文化资源的传播;要积极开展日常交往实践,促进优质文化资源的传递。

此外,网络已经成为当代青少年学习、生活的一部分,从总体上说,我国大中学校的网络舆论,居于核心地位的是以马克思主义为指导的社会主义意识形态。然而,由于网络的开放性,也为各种社会思潮的涌现和渗透提供了广阔的空间。当下各种各样的社会思潮、"主义"充斥于互联网上,这在很大程度上削弱了马克思主义在大中学校意识形态中的主导地位。尤其是一些反马克思主义思潮,影响校园马克思主义意识形态建设和青少年正确价值观的形成。基于此,当代青少年教育工作者必须进一步提高认识,重视互联网的建设、运用和管理。首先,要注意掌握网上舆论的主动权,牢牢把握正确舆论导向。在任何时候、任何情况下,都要始终保持思想上的清醒与坚定,在校园弘扬真善美,鞭挞假恶丑,形成强有力的主流声音、正面导向和舆论强势。其次,要利用网络信息交流具有一对一、一对多、多对多的相互讨论与交流的交互性特点，在互联网上开展马克思主义理论和社会主义核心价值观学习、宣传和讨论。再次，要根据当代青少年群体的心理特点和接受习惯，遵循思想文化传播规律，重视内容和形式的更新，用生动活泼的形式、丰富多样的内容开展教育。总之，要抓住互联网提供的有利条件，在培育观念、机制、手段、方法等方面进行综合创新，营造良好的网络舆论环境，提高社会主义核心价值观引领当代青少年精神世界建构与发展的有效性。

第四章　当代青少年精神世界建构的文化内容

在运用文化去建构当代青少年精神世界的实践中，文化内容的选择是一个十分重要的问题，选择什么样的文化内容直接影响到当代青少年的精神品质。对于这一问题的研究，首先要客观地、正确地分析我国当前文化的内容构成，继而在此基础上，根据文化的性质以及当代青少年的思想行为特点、成长发展需求进行文化内容的选择和创新，以保证运用健康的、积极的、向上的以及符合当代青少年精神世界发展要求的文化内容影响青少年，使其精神世界能够向着更好的、更高级的方向发展。

第一节　当前我国文化的内容构成

当今世界经济全球化、信息全球化不断发展，加之科学技术的日新月异，不同国家与不同民族之间的文化以经济全球化为背景、以信息全球化为依据，相互影响、相互学习、相互渗透，世界文化已呈现出多元并存与相互竞争的全球化态势。而伴随着我国市场经济的建立发展和改革开放的不断深入，以及政府宽松的文化政策，多种因素共同促成并凸显了我国文化多元的品格。社会主义文化、古代传统文化、大众文化、新兴网络文化等汇聚交流，在冲突、碰撞中不断求同存异、融合发展，形成了我国以社会主义文化为主导的多元文化共同发展的局面。

一、中国特色社会主义文化

中国特色社会主义文化是当代中国文化的主流和最具生命力的文化形态。中国特色社会主义文化与中国特色社会主义的经济、政治是共生的，三者统一于中国特色社会主义实践。对中国特色社会主义文化的认识与对中国特色社会主义理论体系的认识类似，都经历了一个逐步深化的过程。据考证，首次比较明确地提出“有中国特色社会主义文化”这一术语的是李瑞环同志，他在 1990 年 1 月召开的全国文化艺术工作情况交流座谈会上，作了《关于弘扬民族优秀文化的若干问题》的讲话，他在讲话中指出：“建设有中国特色的社会主义，不但要建设有中国特色的社会主义的政治和经济，而且要建设有中国特色的社会主义文化”①，强调要重视和研究建设有中国特色的社会主义新文化。随后，江泽民同志在纪念中国共产党成立 70 周年大会上，又明确提出了“有中国特色社会主义的经济、政治和文化是有机统一、不可分割的整体”这一论断，在党的十五大报告中明确阐述了有中国特色社会主义文化的基本内涵，即：“建设有中国特色社会主义文化，就是以马克思主义为指导，以培育有道德、有文化、有纪律的公民为目标，发展面向现代化、面向世界、面向未来的，民族的科学的大众的社会主义文化。”②自此，“中国特色社会主义文化”在我国成为影响深远的政治术语，各届领导人致力于中国特色社会主义文化建设，使得中国特色社会

① 中共中央文献研究室编：《十三大以来重要文献选编》（中），中央文献出版社 2011 年版，第 276 页。

② 《江泽民文选》第二卷，人民出版社 2006 年版，第 17—18 页。

主义文化成为当代中国文化的主流和最具生命力的文化形态。

党的十九大报告指出:“中国特色社会主义文化,源自于中华民族五千多年文明历史所孕育的中华优秀传统文化,熔铸于党领导人民在革命、建设、改革中创造的革命文化和社会主义先进文化,植根于中国特色社会主义伟大实践。发展中国特色社会主义文化,就是以马克思主义为指导,坚守中华文化立场,立足当代中国现实,结合当今时代条件,发展面向现代化、面向世界、面向未来的,民族的科学的大众的社会主义文化,推动社会主义精神文明和物质文明协调发展。”①这道明了中国特色社会主义文化的基本结构。

第一,马克思主义是中国特色社会主义文化的指导思想。坚持以什么思想理论为指导,是文化建设的首要问题,关系到政党的性质、国家的方向,关系到民族的命脉、人心的凝聚。中国特色社会主义文化作为马克思主义与中国改革开放实际和时代特征结合而成的一种文化形态,以马克思主义为指导是其最鲜明的文化特色和本质特征。我国文化建设长期实践表明,只有旗帜鲜明坚持马克思主义指导地位,中国特色社会主义文化才能固本开新、永葆生机,否则就会失去灵魂、迷失方向。现在,我国文化领域正在发生广泛而深刻的变革,社会文化生态更加复杂,马克思主义、非马克思主义甚至反马克思主义的思想观点同时存在,先进的和落后的相互交织,积极的和消极的相互影响,民族的和外来的相互碰撞,坚持以马克思主义统领多样化文化发展的重要性日益突出。党的十九届四中全会审议通过的《中共中央关于坚持和完善中国特色社会主义制度、推进国家治理体系和治理能力现代化若干重大问题的决定》,强调坚持马克思主义在意识形态领域指导地位的根

① 习近平:《决胜全面建成小康社会　夺取新时代中国特色社会主义伟大胜利——在中国共产党第十九次全国代表大会上的报告》,人民出版社 2017 年版,第 41 页。

本制度,并作出一系列重大部署。这是我们党第一次把马克思主义在意识形态领域的指导地位作为一项根本制度明确提出来,是关系党和国家事业长远发展、关系我国文化前进方向和发展道路的重大制度创新,集中体现了我们党在领导文化建设长期实践中积累的成功经验和形成的方针原则,充分反映了以习近平同志为核心的党中央对社会主义文化建设规律的认识进入了一个新的境界。新的时代条件下,要深刻把握坚持这一根本制度的重大意义和实践要求,不断巩固全体人民团结奋斗的共同思想基础,为新时代坚持和发展中国特色社会主义、实现中华民族伟大复兴的中国梦提供坚强思想保证和强大精神动力。

第二,中华优秀传统文化是中国特色社会主义文化的根脉。中华优秀传统文化博大精深、灿烂辉煌、历久弥新。中华优秀传统文化是中华民族的精神命脉,是我们最深厚的文化软实力,也是中国特色社会主义文化的精神基因。人类几千年的发展历史表明,一定时期的文化总是建立在一定的文化传统基础之上的,祖辈的文化创造总是会以符号或物化的形式积淀下来,作为后辈活动的条件。马克思曾在《路易·波拿巴的雾月十八日》中指出:“人们自己创造自己的历史,但是他们并不是随心所欲地创造,并不是在他们自己选定的条件下创造,而是在直接碰到的、既定的、从过去承继下来的条件下创造。一切已死的先辈们的传统,像梦魇一样纠缠着活人的头脑。”①中国特色社会主义文化亦不例外,它建立在中华民族几千年深厚的文化基础之上,带有鲜明的民族特色。习近平总书记强调:“中华文化源远流长,积淀着中华民族最深层的精神追求,代表着中华民族独特的精神标识,为中华民族生生不息、发展壮大提供了丰厚滋养。”②“优秀传统文化是一个国家、一个民族传承和发展的根本,如果丢掉了,就割断了精神命脉。要善于把弘

① 《马克思恩格斯选集》第1卷,人民出版社1995年版,第585页。

② 《习近平谈治国理政》,外文出版社2014年版,第164页。

扬优秀传统文化和发展现实文化有机统一起来，在继承中发展，在发展中继承。”①中华优秀传统文化是中国特色社会主义文化产生、滋长的肥田沃土，缺失了中华优秀传统文化的培育和滋养，中国特色社会主义文化就会丢失专属的中华印记和独特标识。

第三，革命文化是中国特色社会主义文化的源头。革命文化是五四运动后中国人民在中国共产党领导下，以马克思主义为指导，在建立新民主主义事业的过程中形成的，以救亡图存、奋发图强、民族复兴为思想内核和价值取向的文化形态。革命文化蕴含着丰富的革命精神和厚重的历史文化内涵，它继承了中华优秀传统文化“革命”元素的基因，又成为社会主义先进文化发展的重要源头。它是革命实践的伟大创造，是中国革命事业的精神遗产和文化传承，是中国共产党人和广大人民群众优良传统和品格风范的集中体现，是推进中华民族伟大复兴的强大精神动力。共产主义理想和中国特色社会主义信念是革命文化的灵魂。2016 年 10 月 21 日，习近平总书记在纪念红军长征胜利 80 周年大会上的讲话中指出，“长征的胜利，是中国共产党人理想的胜利，是中国共产党人信念的胜利。‘风雨浸衣骨更硬，野菜充饥志越坚；官兵一致同甘苦，革命理想高于天。’在风雨如磐的长征路上，崇高的理想，坚定的信念，激励和指引着红军一路向前。在红一方面军二万五千里的征途上，平均每 300 米就有一名红军牺牲。长征这条红飘带，是无数红军的鲜血染成的。艰难可以摧残人的肉体，死亡可以夺走人的生命，但没有任何力量能够动摇中国共产党人的理想信念。”②革命文化为中国特色社会主义文化的发展注入了共产主义理想信仰和爱国主义的红色基因，赋予中国特色社会主义以价值底色和价值追求。党的十

① 《习近平谈治国理政》第二卷，外文出版社 2017 年版，第 313 页。

② 习近平：《在纪念红军长征胜利 80 周年大会上的讲话》，人民出版社 2016 年版，第 3 页。

八大以来，习近平总书记先后到过许多革命老区考察，看望老区人民，对传承红色基因、弘扬革命文化作出重要指示，强调“革命文物承载党和人民英勇奋斗的光荣历史，记载中国革命的伟大历程和感人事迹，是党和国家的宝贵财富，是弘扬革命传统和革命文化、加强社会主义精神文明建设、激发爱国热情、振奋民族精神的生动教材”①，这为新时代推进中国特色社会主义文化建设奠定坚实基础。

第四，社会主义先进文化是中国特色社会主义文化的主体。社会主义先进文化是以马克思主义为指导，以培育有理想、有道德、有文化、有纪律的社会主义公民为目标，面向现代化、面向世界、面向未来的，民族的科学的大众文化。它根植于中华优秀传统文化，形成和发展于我们党团结带领全国各族人民进行革命、建设和改革的伟大实践，代表了时代进步潮流和历史发展要求，凸显了中国特色社会主义文化的本质属性，在多样化的文化观念和社会思潮中居于主导地位。社会主义核心价值观是社会主义先进文化的精髓，它是文化软实力的灵魂、文化软实力建设的重点……是决定文化性质和方向的最深层次要素。中国共产党始终高举先进文化的旗帜，在社会主义革命、改革和建设时期，形成了井冈山精神、长征精神、遵义会议精神、延安精神、西柏坡精神、红岩精神、抗美援朝精神、“两弹一星”精神、特区精神、抗洪精神、抗震救灾精神等等，这些精神以及涌现出来的一批批视死如归的革命烈士、顽强奋斗的英雄人物和忘我奉献的先进模范，正是对社会主义核心价值观的最好诠释，也是新时代先进文化的集中体现。社会主义先进文化具有以下显著特点：(1) 现实性与理想性的有机统一。社会主义先进文化是在我国革命、建设和改革的伟大实践中形成的，服从服务于亿万中国人民创造幸福美好生活的现实需要。如果脱离这一实践基础与现

---

① 《习近平关于社会主义精神文明建设论述摘编》，中央文献出版社 2022 年版，第 164 页。

实需要，社会主义先进文化就会成为无源之水、无本之木，就失去了价值和意义。同时，社会主义先进文化以共产主义远大理想为精神支撑，以实现人的全面发展为基本价值取向，具有理想性。(2)科学性与人文性的有机统一。社会主义先进文化建立在马克思主义基本原理基础之上，符合中国先进生产力发展的要求，体现了人类文化发展趋势，具有科学性。推进社会主义先进文化建设，需要坚持以马克思主义为指导，自觉把握和运用文化建设的客观规律。同时，社会主义先进文化以实现好、维护好、发展好最广大人民的根本文化权益为基本价值追求和评判标准，坚持文化发展为了人民、文化发展依靠人民、文化发展成果由人民共享，具有鲜明的人文性。(3)民族性与开放性的有机统一。一方面，社会主义先进文化与我国的历史文化传统、经济发展状况、社会制度、发展道路等高度契合，具有鲜明的民族性和中国风格、中国气派，为广大中国人民所认同和接受。另一方面，社会主义先进文化注重吸收借鉴人类文明进步成果，具有开放性和包容性。

中华优秀传统文化、革命文化和社会主义先进文化统一于中国特色社会主义事业的伟大历史进程，共同构成中国特色社会主义文化形态的历史渊源与实践基础。中华优秀传统文化、革命文化和社会主义先进文化凝聚着中华民族共同经历的奋斗历程，蕴含着中华民族共同培育的民族精神，贯穿着中华民族共同坚守的理想信念，联结着中华民族的过去、现在和未来，是中华民族共同创造的精神家园，也是中华民族屹立于世界民族之林的强大精神力量。三者汇聚成当代中国文化的主流，构成当代中国文化优势的三大支点，共同构筑了当代中华儿女的文化自信。总而言之，中国特色社会主义文化顺应历史的发展潮流，反映着时代精神，代表着国家和民族的发展方向，体现着人民群众的根本利益，具有其他思想文化无可比拟的先进性。

二、中华传统文化

中国是一个历史悠久的文明古国，在五千多年的历史发展中，中华民族创造了博大精深的璀璨文化，为人类的文明进步作出了不可磨灭的伟大贡献。中华传统文化是基于中华民族五千多年的劳动实践，历经先秦诸子思想争鸣、汉唐宋明承续发展及近代以来的开放交融，形成的蕴含中国人民精神品格和价值取向，体现中华民族思维方式与伦理规范的文化体系。涵盖了语言文字、文学艺术、科学技术、道德伦理、法制制度、宗教、哲学、风俗等诸多领域，凝结着中华民族认识、改造自然和社会的思考与智慧。习近平总书记在中共中央政治局第十八次集体学习的讲话中深刻指出，中华传统文化源远流长、博大精深，中华民族形成和发展过程中产生的各种思想文化，记载了中华民族在长期奋斗中开展的精神活动、进行的理性思维、创造的文化成果，反映了中华民族的精神追求，其中最核心的内容已经成为中华民族最基本的文化基因。① 经过数千年的传承和发展、演绎和扬弃，中华传统文化已深入全体中华儿女的思想意识和行为规范之中，渗透到政治、经济、社会各领域，成为影响当前社会发展、支配人们思想行为和日常生活的强大力量。不仅如此，中华传统文化在世界文明史上亦占有极其重要的地位。习近平总书记十分重视中华传统文化，在多次讲话中高度肯定了中华传统文化的历史地位。“中华民族生生不息绵延发展、饱受挫折又不断浴火重生，都离不开中华文化的有力支撑。中华文化独一无二的理念、智慧、气度、神韵，增添了中国人民和中华民族内心深处的自信和自豪。”②

① 《习近平在中共中央政治局第十八次集体学习时强调　牢记历史经验历史教训历史警示　为国家治理能力现代化提供有益借鉴》，《人民日报》2014 年 10 月 14 日。

② 《习近平关于社会主义文化建设论述摘编》，中央文献出版社 2017 年版，第 15 页。

中华传统文化中包含着许多人类文明的生存智慧，诸如老子、孔子、墨子、孟子、庄子等中国诸子百家学说都思考和表达了人类生存与发展的根本问题，这些思想至今仍然具有世界性的文化意义。因此，习近平总书记强调，“中国传统文化博大精深，学习和掌握其中的各种思想精华，对树立正确的世界观、人生观、价值观很有益处。”学史可以看成败、鉴得失、知兴替；学诗可以情飞扬、志高昂、人灵秀；学伦理可以知廉耻、懂荣辱、辨是非①。

中华传统文化是中华民族区别于其他国家和民族最深刻的印记。在长期的历史发展中，中华传统文化呈现出不同于其他文化形态的显著特征。这些特征既是中华文化独有的精神属性，又能昭示中华民族与其他民族在文化形态上的差异。

第一，中华传统文化源远流长。中华民族具有5000多年漫长文化历史，这种强大的生命力是中华传统文化发展的最鲜明特征。房列曙、木华在《中国文化史纲》一书中说道：“中国历史悠久，文化体系完备，文化成就斐然，保持着完整连续的阶段性发展形态，在世界文化史上非常少见。”②梁漱溟先生也曾指出：“当近世的西洋人在森林中度其野蛮生活之时，中国已有高明的学术美盛的文化开出来数千余年了。四千年前，中国已有文化；其与并时而开放过文化之花的民族，无不零落消亡；只有他一条老命生活到今日，文化未曾中断，民族未曾灭亡，他在这三四千年中，不但活着而已！中间且不断有文化的盛彩。历史上只见他一次再次同化了外族，而没有谁从文化上能征服他的事。”③的确，在中华文化发展的历程中，我们可以发现一个独特的现象，即中华文化在历史发展中虽历经多次浩劫，但每次都能够浴火重生、发扬光大，这充

---

① 《习近平谈治国理政》，外文出版社2014年版，第405页。

② 房列曙、木华：《中国文化史纲》，科学出版社2001年版，第8页。

③ 梁漱溟：《中国文化的命运》，中信出版社2010年版，第22—23页。

分说明中华文化基因的稳定性。文化学界将古代文化划分为:埃及文化、苏美尔文化、密诺斯文化、玛雅文化、哈拉巴文化和中国文化。其中只有中华文化得以保存和延续。英国著名历史学家汤因比认为,在近6000年的人类历史上,出现过26个文明形态,只有中国的文化体系是唯一长期延续、未曾中断的文化体系。中华文明五千年来绵延不绝,而且至今充满活力。

第二,中华传统文化博大精深。中华传统文化的内容极其丰富,不仅包括政治、经济、文化、军事、史学、教育、哲学、道德、宗教等方面的理论、思想,还包括科技成就、文艺创作、文物古迹和民风民俗等等。在上述的许多领域,我们的祖先都曾分别达到过当时世界水平的巅峰。尤其是我国的文学艺术贡献了众多泽及人类的文化瑰宝,如《诗经》、《楚辞》、汉乐府、唐诗、宋词、元曲、《三国演义》、《西游记》、《水浒传》、《红楼梦》、《韩熙载夜宴图》、《清明上河图》、敦煌石窟、秦陵兵马俑等等。据史料记载,我国是世界上经济、文化发展最早的国家之一。我国人民依靠自己的勤劳和智慧,在很多方面的发展都早于世界上的其他国家,比如:在农业和手工业方面,我们的先辈们很早就从野生植物中培育出许多重要的农作物,在公元6世纪就有了完整的农耕理论著述;在观天测地方面,我国至今还保留着世界上最早最丰富的古代天象记录资料,在春秋时期就发现并记录了后来以哈雷命名的彗星,在战国时期就编制出了恒星表,在公元123年我国就发明了地震仪,开始了人类使用仪器观测地震的历史;在文化思想方面,早在周朝,我国便产生了文学巨著《诗经》,而我国的戏曲艺术发展要比英国戏剧家莎士比亚早300年;更值得一提的是,我们的祖先有举世闻名的造纸、印刷术、指南针和火药这四大发明,并且是第一个将指南针用于航海的国家。中国人民是具有伟大创造精神的人民,从蜀地三星堆青铜文化到汉唐长安,从三国曹操墓到西汉海昏侯墓,从玉器、青铜器、丝绸到漆器、瓷器、金银器,一次次重大考古发现都从不同层面和角度向世人展示了中华文物之精美，无声地述说着一个民族伟大的创造力。今天，中国人民通过与这些千百年来遗存下来的文物进行“对话”，为中华优秀传统文化感到自信和骄傲。世界各国人民也通过一件件令人叹为观止的中华文物，钦佩中华文化的博大精深。

第三，中华传统文化影响深远。中华传统文化是中华民族在实践中创造的，我们国家是一个统一的多民族国家，各民族生活在一起，中华传统文化是中华民族勤劳智慧、自强不息创造的，是我国各民族在交流、碰撞、交锋中发展起来的。其文化精神，具体表现为伟大创造精神、伟大奋斗精神、伟大团结精神和伟大梦想精神，这样的民族精神贯穿在中华民族筚路蓝缕的奋斗历程中，对于中华民族的形成、繁衍、统一、稳定和自立于世界民族之林，起着不可取代的巨大作用，有着超越时代的深远影响。正如习近平总书记所说：“中国人民的特质、禀赋不仅铸就了绵延几千年发展至今的中华文明，而且深刻影响着当代中国发展进步，深刻影响着当代中国人的精神世界。中国人民在长期奋斗中培育、继承、发展起来的伟大民族精神，为中国发展和人类文明进步提供了强大精神动力。”①不仅如此，中华传统文化对周边国家和世界文明进程亦产生了深远影响，为人类文明进步做出了不可磨灭的贡献。仅以四大发明为例，便不难看到中华传统文化带来的伟大世界意义。马克思曾说：“火药、指南针、印刷术——这是预告资产阶级社会到来的三大发明。火药把骑士阶层炸得粉碎，指南针打开了世界市场并建立了殖民地，而印刷术则变成新教的工具，总的来说变成科学复兴的手段，变成对精神发展创造必要前提的最强大杠杆。”②这里虽然没有提到造纸

① 习近平：《在北京大学师生座谈会上的讲话》，人民出版社 2018 年版，第 4—5 页。

② 《马克思恩格斯文集》第 8 卷，人民出版社 2009 年版，第 338 页。

术,但正是造纸术为印刷术的产生和推广提供了必要条件。除了四大发明,若干领域的学术思想成就也丰富了世界思想文化宝库,老子、孔子、墨子、孟子、庄子等中国诸子百家学说至今仍然具有世界性的文化意义,还有中国古代的辩证法、教育思想、军事理论等更是在当今世界上具有不衰的魅力。

当然,中华传统文化并不都是积极的、优秀的,它也有封建性的糟粕,有其历史局限性。但抛开其历史局限,中华传统文化确实是祖先给我们留下的一份极其丰厚、极其珍贵的文化宝藏,我们应该坚持辩证唯物主义和历史唯物主义,用联系的、发展的、全面的观点看待传统文化,取其精华,去其糟粕,推陈出新,革故鼎新。

三、蓬勃兴起的网络文化

"网络文化是以计算机技术和通信技术融合为物质基础,以人类最新科技成果互联网和手机为载体,依托发达而迅速的信息传输系统,以虚拟生活为核心内容,借助一定的语言符号、声响符号和视觉符号传播社会文化、表达思想感情的一种文化形态。"①我国网络文化的发展就是随着互联网技术的引进和迅速发展而不断向前推进的。作为信息时代的产物,网络文化的出现体现了人类文化发展的新形态以及新趋势,成为现阶段人类文化的一个显著特征,给人们的学习、工作、生活带来了翻天覆地的变化。

自 1994 年我国全功能接入互联网,至今已有 30 年的时间。在这短短的 30 年的发展历程中,我国互联网发展经历了从无到有、从慢到快、从弱到强的艰辛历程,网民数量从寥寥可数发展到世界第一。现如今,中国已成为全球最大的互联网市场,拥有人数最多的网民和移动互

① 廖小琴、廖小明:《重构人的精神生活》,中央编译出版社 2015 年版,第 183 页。

联网用户，互联网技术和应用创新生态非常活跃。在这30年时间里，异彩纷呈的网络文化如雨后春笋般在中国大地遍地开花。纵观我国网络文化发展的实际情况，其发展历程可以划分为三个阶段。第一阶段，从1994年至2000年，为网络文化发展的萌芽起步阶段。此间，人民网、新华网、网易、搜狐、新浪等问世，门户时代正式开启。1999年7月，中华网在美国纳斯达克上市，此后越来越多的国际投资机构将目光转向中国。2000年，新浪、网易、搜狐均在美国上市，门户时代成为中国互联网的启蒙阶段。依托于门户网站的网络社区、网络论坛、电子邮件以及早期社交软件，网络文化的主要形态表现为网络资讯、网络社交以及网络游戏等等。借助互联网逐步走进千家万户，网络文化充分展现出其强大的生命力、创新力，其成为社会主流文化形态之势已见端倪。第二阶段，从2001年至2009年，为网络文化的快速发展阶段。在此期间，各种桌面应用软件兴起，互联网的可能性被深度开发。中国的互联网建设抓住了来之不易的发展机遇，网络社交、网络消费、网络游戏等产业加速发展，不断推陈出新，网络舆论、网络语言深刻影响网民言论和行为模式，网络的意识形态属性逐步突显，网络文化迎来了蓬勃向上的快速发展期。这一时期，网络文化的一个重要代表就是网络论坛，又名网络社区。其中，国内具有代表性的网络论坛有猫扑网、人人网、搜狐论坛、天涯社区，以及后来发展起来的QQ论坛、百度贴吧等；大名鼎鼎的博客也兴起于这一阶段；淘宝、京东、当当，共同开创了中国的网络购物时代。“截至2008年6月底，我国网民数量达到2.53亿，首次大幅度超过美国，跃居世界第一位。”[①]这在一定程度上反映了中国作为网络大国的崛起。网络社交、网络游戏、网络购物、网络文学各领域多点开花，相关网络产业发展迅速，网络文化开始不断与传统大众

① 《中国网民数量达2.53亿　远超美国跃居世界第一》，《计算机与网络》2008年第14期。

文化融合,大众化、平民化的历史进程不可阻挡。第三阶段,2010 年至今,为网络文化的成熟繁荣阶段。这一时期,国家三网融合取得新的进展,移动互联网闪耀登场,电子商务持续高速增长,各种网络新技术、新业务蓬勃发展,网络治理日益完善,我国的网络文化发展真正进入了成熟稳定的发展阶段。2014 年,民众期盼已久的 4G 时代来临,云计算、大数据等新兴技术闪亮登场,中国成为全球最大智能终端市场,移动互联网的黄金时代向人们走来。在这一阶段,以微博、微信为代表的新一代网络社交媒体彻底改变了过去的网络传播格局。与网络社交一样,借助第三代互联网技术,这个时期的网络资讯、网络游戏、网络购物、网络视频、网络直播等网络文化领域均取得了快速发展。根据中国互联网络信息中心(CNNIC)发布的第 53 次《中国互联网络发展状况统计报告》,"截至 2023 年 12 月,我国网民规模达 10.92 亿人,手机网民规模达 10.91 亿人,占 99.9%,人均每周上网时间达 26.1 小时,常用的网络应用包括 4 大类 13 个小类。"①人们可以真切地感受到,网络的商业化、娱乐化、社交化已经并将继续改变社会形态和人们的生活方式,精彩纷呈的网络文化极大丰富了人们的精神世界,让亿万网民目不暇接、流连忘返。同时,以人工智能、大数据、云计算、区块链以及 5G 为代表的新兴技术已蠢蠢欲动,为网络文化的发展带来了新的无限可能。

现如今,网络文化已经发展成为网络主体表达意见和利益诉求、阐述思想和观点的重要渠道和平台。作为一种新型文化,网络文化既有一般文化的特征,也带有自身的特性,主要表现在:(1)虚拟性。虚拟性是网络文化的最本质的特性。网络文化不是对现实生活的真实反映,而是在"对真实世界的克隆、复制、仿拟,乃至于按照人在现实生活中的需求另造一个虚假的世界,……虚拟性正是网络文化诸现象背后

① 中国互联网络信息中心:《第 53 次中国互联网络发展状况统计报告》发布,2024 年 3 月 22 日,见 https://cnnic.cn/n4/2024/0321/c208-10962.html。

的‘常项’”①。一切网络信息，包括人与人之间的网络交往都是数字符号出现的，人们在网络的世界里可以以另外一个虚假的身份进行交往，可以随时更改名字、年龄、性别等，以虚拟的身份在虚拟的情景中交流。(2)开放性。在网络上，网民没有社会阶层和上下尊卑之分，每个网民既是文化信息、文化资源的消费者，同时也是文化信息、文化资源的生产者和提供者，且文化内容无所不包、不受时空限制，资源可以完全共享，这促使网络上形成一个高度开放、高度自由、高度平等的世界，使得网络文化在形式与内容上具备鲜明的开放性特征。(3)即时性。即时性是网络文化与其他文化相比比较独特的地方，已构成当今网络文化的重要特点之一。因为网络文化是基于网络而发展起来的，其最大的特点就是传播速度快，其文化信息内容可以在瞬间传播于网络空间并让全世界网民获取。如今，诸多互联网站已开发出诸如微博、微信、SNS等具有很强即时性的新型互联网应用形式。(4)互动性。网络是信息时代重要的交际、传播工具，它不是静态的网络，而是相互作用的，它可以实现一对多、多对多、一对一的互动关系。可以说，它超出了任何一种传统的单向传播媒体，突破了人类信息交流单向式的模式，表现出多方向、大范围、深层次的特征。随着信息技术的不断发展，网络文化的这种交互性将得到更大的体现。

第二节　当代青少年精神世界建构的文化内容选择

通过对当前我国文化发展的基本态势的分析，可以发现，影响当代青少年精神世界建构的文化内容是多样的、复杂的，既包含有积极的方

① 孟建、祁林：《网络文化论纲》，新华出版社2002年版，第248页。

面，又包含着消极的因素。而且文化本身就是一个涉猎范围广、内容复杂的范畴，甚至在某种意义上，可以把任何事情都进行文化意义的提升，使其具有文化内容的现象。然而，作为建构当代青少年精神世界的文化在内容上并不能够兼收并蓄。由此决定了在运用文化推进当代青少年精神世界的建构与发展时必须对其内容进行选择。当然，当代青少年的成长、发展特点也是决定其精神世界的文化建构必须进行文化内容选择的一个重要原因。只有恰当地对文化内容进行选择，才能充分发挥文化对当代青少年精神世界建构的积极作用，否则将达不到预期的效果。

一、当代青少年精神世界建构的文化内容选择之必然性

总的来说，运用文化去建构当代青少年的精神世界时之所以要进行文化内容选择，主要是由文化自身的丰富性、复杂性以及当代青少年成长、发展特点决定的。

首先，从文化的视角来看，运用文化去促进当代青少年精神世界的建构之所以要进行文化内容选择，主要源于文化性质的两极性和内容的多样性。从性质上看，文化既包含着先进的、正确的、进步的文化，同时又包含着腐旧的、错误的、落后的文化。先进的、正确的、进步的文化与腐旧的、错误的、落后的文化一般来说是泾渭分明，不易混淆的，但是，现实中存在着大量的两者相互穿插而呈现出模糊性的文化，这种文化对于思想还不成熟、是非判断能力还不强的青少年来说非常不容易判断和选择。即使是先进的、正确的、进步的文化，它的清晰性也只是表现在内容上，其在形式上大都表现得相对僵化和刻板。而青少年正处于感情丰富、理性尚且不足的阶段，他们对文化的选择普遍倾向于从文化的外在形式出发，那些腐旧的、错误的、落后的文化因在形式上表现得相对活泼且富于变化而比较符合青少年的个性，容易被青少年接

纳,而那些先进的文化因在形式上表现得相对僵化和刻板就不太容易受到青少年的青睐。在这个意义上来说,作为青少年教育工作者,理应积极主动、有目的地选择先进的、正确的文化来影响其思想,促进其精神世界的建构。另外,从文化的内容上看,其构成是丰富多样且十分复杂的。在现实生活中,我们总是习惯于用文化的眼光去解说周围的事物并赋予其文化的意义,从而使得诸多的事物都衬上了文化而成为文化概念,如建筑文化、民俗文化、图腾文化、旅游文化、休闲文化等等。很明显,不是所有的文化内容都能够用来建构当代青少年的精神世界,也不是所有的文化内容都能够对当代青少年精神世界的建构产生积极的效用。从这个意义上讲,对文化内容进行选择是运用文化去建构当代青少年的精神世界的必然要求。以网络文化为例,当代青少年是伴随着互联网长大的,是“网络的新生代”,网络文化在当代青少年群体中异常火爆,受到当代青少年的极大青睐,已经发展成为当代青少年亚文化中的最为重要的一种文化形态。然而,网络文化和其他形态的文化一样,是一种不同性质不同内容的综合。不可否认,网络文化本身具有知识传承、思想渗透、舆论导向、道德批判、社会动员等功能,其为当代青少年塑造人格、拓展视野、提高素质等创造了有利的条件,注入了新的活力。但同时,我们也不能忽视,部分青少年鉴别力、自控力不够强,存在着不成熟、非理性的一面,因此,这部分青少年在自主选择时,容易受到新奇、刺激东西的吸引,从而难以抵挡不良信息的影响,极可能成为网络时代不健康信息的最大受害群体。不少学者的研究都发现网络文化在对当代青少年的发展产生积极影响的同时,也对当代青少年的价值取向、政治素质、道德品质等的发展带来消极的影响。因此,在把网络文化作为建构当代青少年精神世界的文化内容的一部分时,就一定要进行甄别、选择,要打造有利于当代青少年健康成长的文明和谐的网络文化空间,否则就无法实现通过文化去促进当代青少年精神世界建构与发展的目标。

其次,从当代青少年自身的成长、发展特点来看,当代青少年个性鲜明,自主意识强烈,自主选择的能力相比以前大大地提高了,然而,就如上述所提到的,由于青少年正处于青春期,各方面发展还不够成熟,特别是是非分辨和理性选择的能力还不是很强,所以,在他们进行自主文化内容选择的时候,很有可能选择接纳一些不良的文化,那么,受他们所接受的不良文化的影响,其精神境界必然难以提高。因此,作为青少年教育工作者,必须要对当代青少年的文化选择进行引导。另外,当代青少年既是文化的接受者、消费者,同时又是文化的创造者、传播者,他们对于文化的接受、消费、创造、传播都有一定的偏向,并形成属于他们群体的亚文化。如果是要通过文化去促进当代青少年精神世界的建构与发展,那么,就不得不考虑当代青少年的文化喜好、文化偏向,只有尽量选择、运用贴近当代青少年所喜爱的文化内容,并赋予其教育的意义,以文化建构当代青少年的精神世界才能收到事半功倍的效果。

二、当代青少年精神世界建构的文化内容选择之原则

既然对建构当代青少年精神世界的文化内容进行选择是必要的,那么,面对异常庞大的文化现象、文化内容,我们将如何进行选择,用什么样的标准去选择呢?总的来说,当代青少年精神世界建构的文化内容选择要坚持一个总原则,即:坚持党的基本路线和方针,加强思想道德建设,发展教育科学文化,以科学的理论塑造人,以优秀的作品教育人,培养有理想、敢担当、能吃苦、肯奋斗的新时代青少年,以文化建设总体目标对文化内容进行规范。在此大前提下,当代青少年精神世界建构的文化内容选择还要坚持以下四个具体原则。

一是价值性原则。动态性和多样性是文化的天性,但先进性、正确性、进步性以及具有时代精神、民族特点和社会担当的价值导向与精神

追求才是文化的生命线。只有有价值和有意义的文化形态与文化理念,才能赋予人们以正确的思想、崇高的道德、远大的理想和丰赡的精神,并由此而外化为人们美好的社会愿景和高度的行为自觉。一切文化形态、文化产品和文化服务等,不论其具有什么特点、追求什么目标、表现什么内容、采取什么方式,在其终极效能上都应当且必须具有这样正确而积极的引导和推动作用。所以说,文化的价值性应当是当代青少年精神世界建构的文化内容选择的基点。坚持价值性原则,就是要选择健康科学、符合人类利益并代表未来发展方向的文化,选择有利于生产力的解放和发展、有利于社会的全面进步、有利于自身的解放和发展的人类文明进步的智慧结晶来影响当代青少年,促进其精神世界的丰盈、充实。其实,每个个体对文化的吸收总是具有一定的选择性的,文化的使用价值越高就越容易被采纳。作为已经形成一定价值观念、具备一定的是非判别能力的青少年,不会因为文化的新异性就都趋附其上,即使某一文化形式能赢得他们一时的青睐,但这种文化观光意识不会维持太久。只有真正有价值的东西,才有深入人心的力量,才能真正获得青少年的认同,才能真正发挥文化对当代青少年精神世界建构与发展的积极促进作用。

二是针对性原则。不同层次、不同背景、不同目的的青少年,必然表现出不尽相同的文化需求,这些文化需求代表着不同的价值追求和价值判断,反映着各种不同的价值主体的利益与冲突。因此,在选择文化内容去建构当代青少年的精神世界时,必须考虑到青少年的个性特征、心理倾向、兴趣爱好、知识结构等特殊性,只有这样,才能呈现出较强的针对性。另外,不同文化背景的青少年,其文化价值观念各不相同,我们不能因为某种文化在当今世界更为强势,就以该文化作为主要的价值参照,或是某种文化在青少年群体中占优势,就拿这种文化大讲特讲。只有有针对性地选择一些能够比较合理地反映各种文化价值关系的文化内容来影响当代青少年精神世界的建构，才能取得比较好的效益。也只有建立以青少年发展为核心的文化内容，从知识与经验、知识与现实、生活与发展相关联的角度出发，按过程性和动态性的要求，选择、调整、组合多样化的文化内容，才能满足不同青少年的兴趣和需求。

三是客观性原则。随着国际交往的不断扩大与深入，各民族在文化上相同的内容已越来越多，其语言与文化也在不断发展变化。因此，我们要避免用孤立、静止的观点将文化内容凝固化，而应用发展的、联系的观点看待文化交流现象，充分考虑不断发展变化的现实社会生活对文化的影响。同时我们也要承认并允许其他民族文化的合理性存在，避免用本民族文化的标准去评判其他文化。就像我们平时经常听到人说："所有爱尔兰人都是红头发、急脾气，所有日本人都是个子矮、龇牙、狡猾，所有犹太人都精明而贪婪，所有黑人都迷信而懒惰。虽然这些概括为人们普遍接受，但它们并不正确！"因此，我们要避免对其他文化产生刻板印象和偏见歧视。当然，作为总是生活在某种具体文化形态下的一员，其对文化的认识不可避免地会带有一定的主观色彩，但是我们应当"极力避免两种文化心理，一是民族虚无主义，二是文化沙文主义。……'客观'并不意味着要将我们所有的文化不加拣择地和盘托出，二是在我们的'主观'认识的指导下，将文化内容有选择地从某一合适的角度介绍出来。这些内容一经摆在人们的面前，它就应该是客观的，不能带着我们主观偏好的印记"①。我们要以客观的事实、合理的分析为当代青少年精神世界的建构提供国内外文化资源。

四是多元性原则。文化多元已经成为我国当前文化发展的一个重要特征，我国当前文化不仅在形式上丰富多彩，而且在价值色彩上也表

① 朱瑞平：《汉语国际推广中的文化问题》，《语言文字应用》2006 年第 6 期。

现出一种多元共存的状态。我国当前存在的中国特色社会主义文化、中华传统文化、西方文化、大众文化、网络文化等都在以其不同的形式、不同的内容和不同的价值取向为当代青少年的精神生活、精神世界的发展提供不同的营养。因此,在进行当代青少年精神世界的建构的文化内容选择时,既要以本国文化为基础,又要适当选择其他国家、民族的优秀文化;既要以主流文化为主导,又有适当选择其他具有积极向上价值的非主流文化,使用以建构当代青少年精神世界的文化内容呈现出多元化的特点。尤其是在全球化时代背景下,我们在进行文化内容选择时,应坚持国际视野,致力于使当代青少年通过学习得以接触各种不同的文化,理解和认同不同的行为和信仰,以充实和丰富其精神世界。

三、当代青少年精神世界建构的具体文化内容选择

具体的文化内容与当代青少年精神世界的建构与发展有着最直接的联系,当代多元文化格局的形成与发展,创造了在社会主义先进文化主导下,传统文化、西方文化、大众文化、网络文化等各种文化相互竞争、互促共进的文化生态,为满足当代青少年的精神需要提供了直接的、丰富的精神食粮,从而极大地推进了我国当代青少年精神世界的建构与发展。这些文化类型也直接构成了以文化建构当代青少年精神世界时应当考虑选择的具体文化内容。

1. 以中国特色社会主义先进文化主导当代青少年精神世界的发展

当代青少年精神世界的建构是一项复杂的系统工程,关涉精神文明建设和意识形态工作的方方面面。中国特色社会主义先进文化由于其固有的性质和功能,能够在当代青少年精神世界的文化建构中发挥主导性的作用。当前,中国特色社会主义先进文化已经发展成为综合

国力的重要标志，更成为我国人民群众精神世界丰富和精神力量增强的主要文化来源，为中国人民独特的精神气质和精神品格的塑造提供了丰厚的土壤。因此，在运用文化去促进当代青少年精神世界的建构与发展时，要选择以中国特色社会主义文化来主导、引领当代青少年精神世界的发展方向，增强其精神力量。

具体来说，以中国特色社会主义文化来主导当代青少年精神世界的建构与发展，最核心的要求是要大力发展社会主义先进文化，为丰富青少年精神世界培根固元。大力发展社会主义先进文化，就是要坚持以马克思主义为指导，立足当代中国现实，以马克思主义的立场、观点和方法指引中国特色社会主义文化发展的方向，增强文化自信，围绕举旗帜、聚民心、育新人、兴文化、展形象建设社会主义文化强国。在人民精神世界中，思想理论具有精神奠基和方向统领的导航作用。马克思主义是我们立党立国、兴党兴国的根本指导思想。在一百多年的奋斗征程中，我们党在不断推进马克思主义中国化时代化的同时，也注重以党的创新理论武装全党、教育人民。在推进新时代中国特色社会主义伟大实践中创立的习近平新时代中国特色社会主义思想，是当代中国马克思主义、二十一世纪马克思主义，是中华文化和中国精神的时代精华，开辟了马克思主义中国化时代化新境界。这一重要思想不但是全党全国人民为实现中华民族伟大复兴而奋斗的行动指南，而且是为人民所喜爱、所认同、所拥有的理论，是指导人民认识世界和改造世界的强大思想武器，是新征程上丰富人民精神世界的科学指南。以中国特色社会主义文化来主导当代青少年精神世界的建构与发展，就要坚持马克思主义在意识形态领域的指导地位，为当代青少年提供精神指引。

另外，以中国特色社会主义先进文化来主导当代青少年精神世界的建构与发展，还要广泛践行社会主义核心价值观，为丰富青少年精神世界铸魂塑形。价值观是人们评判人和事物的价值标准，是人的精神世界的支柱。如果一个人缺乏正确的价值观，精神世界就会缺乏主心骨；如果一个国家和民族没有核心价值观，就会魂无定所、行无依归。只有培育和践行社会主义核心价值观，才能构筑当代青少年的精神支柱。社会主义核心价值观传承着中华优秀传统文化的民族基因，承载着中国特色社会主义文化发展的前进方向，是当代中国精神的集中体现，是丰富人民精神世界的价值遵循。广泛践行社会主义核心价值观，使社会主义核心价值观深入人心，就是要弘扬以伟大建党精神为源头的中国共产党人精神谱系，用好红色资源，深入开展社会主义核心价值观宣传教育，深化爱国主义、集体主义、社会主义教育，凝聚价值共识，夯实当代青少年践行社会主义核心价值观的思想道德基础。要在全社会弘扬中华传统美德、中国革命道德、社会主义先进道德，推动明大德、守公德、严私德，发挥社会主义核心价值观对精神文明创建、道德风尚形成、文化产品创造的引领作用。同时，要积极通过各种途径方法，将社会主义核心价值观落细落小落实，使之像空气一样无处不在、无时不有，成为青少年的共同价值追求，成为青少年生而为中国人的独特精神支柱，成为青少年日用而不觉的行为准则，弘扬中国精神、彰显中国价值、凝聚中国力量，从而不断丰富青少年的精神世界。

2. 以中华优秀传统文化涵养当代青少年的精神世界之根

2013 年，中共中央办公厅印发的《关于培育和践行社会主义核心价值观的意见》中指出："中华优秀传统文化积淀着中华民族最深沉的精神追求，包含着中华民族最根本的精神基因，代表着中华民族独特的精神标识，是中华民族生生不息、发展壮大的丰厚滋养。"①习近平总书记在北京大学师生座谈会上的讲话中指出："中华优秀传统文化已经

---

① 《关于培育和践行社会主义核心价值观的意见》，人民出版社 2013 年版，第 16—17 页。

成为中华民族的基因，植根在中国人内心，潜移默化影响着中国人的思想方式和行为方式。”①习近平在纪念孔子诞辰2565周年国际学术研讨会暨国际儒学联合会第五届会员大会开幕会上的讲话中指出：“中国人民的价值观和精神世界，是始终深深根植于中国优秀传统文化沃土之中的”②。这些重要论述启示我们：中华优秀传统文化是中国人的精神命脉和文化根基。构建当代青少年的精神世界，离不开中华优秀传统文化的滋养，中华优秀传统文化是当代青少年精神世界建构与发展的文化根基。

事实上，中华民族优秀传统文化对当代青少年精神世界的建构与发展具有极大的促进作用，主要表现在：第一，中华民族优秀传统文化有助于促进当代青少年树立正确的世界观、人生观和价值观。习近平总书记在中央党校建校80周年庆祝大会暨2013年春季学期开学典礼上的讲话中指出：“中华传统文化博大精深，学习和掌握其中的各种思想精华，对树立正确的世界观、人生观、价值观很有益处。”③比如，我国古人所提倡的和谐相处、天人合一、大同世界、以民为本、俭约自守、力戒奢华等思想，有助于引导当代青少年正确处理义与利、己与他、权与民、物质享受与精神享受等重要关系，从而树立正确的世界观、人生观和价值观。第二，中华民族优秀传统文化有助于提高当代青少年的道德修养。习近平总书记曾深刻指出，中华民族的优秀传统文化是人们进行道德教育修养的“好教材”，中华优秀传统文化里蕴含着众多中华民族传统美德，是涵养社会主义核心价值观的重要源泉。比如，中华优秀传统文化中的讲仁爱、守诚信、崇正义、尚和合等思想，构成了中国传

① 《习近平著作选读》第一卷，人民出版社2023年版，第241页。

② 习近平：《在纪念孔子诞辰2565周年国际学术研讨会暨国际儒学联合会第五届会员大会开幕会上的讲话》，人民出版社2014年版，第13页。

③ 习近平：《在中央党校建校80周年庆祝大会暨2013年春季学期开学典礼上的讲话》，人民出版社2013年版，第9页。

统道德文化的核心精神,成为影响当代中国社会的重要道德力量。特别是在个人道德修养问题上,传统伦理文化所表现出来的积极的人生理想境界和强烈的社会责任感,对现代社会条件下青少年追求道德理想人格的确立,仍有不少有益的启示。第三,中华民族优秀传统文化有助于提升当代青少年的精神品格。习近平总书记在会见第四届全国道德模范及提名奖获得者时指出,“中华文明源远流长,蕴育了中华民族的宝贵精神品格,培育了中国人民的崇高价值追求。”①古人“先天下之忧而忧,后天下之乐而乐”的政治抱负;“位卑不敢忘忧国”“苟利国家生死以,岂因祸福避趋之”的报国情怀;“富贵不能淫,贫贱不能移,威武不能屈”的浩然正气;“人生自古谁无死,留取丹心照汗青”“鞠躬尽瘁,死而后已”的献身精神;等等,都体现了中华民族的优秀传统文化和民族精神,学习这些宝贵的精神对于培育当代青少年崇高的价值追求,提升当代青少年的精神品格具有重要的促进作用。

中华优秀传统文化作为中华文明的智慧结晶和精华所在,是中华民族的根和魂。中华优秀传统文化蕴含的思想观念、人文精神、道德规范是我们中国人思想和精神的内核,无论时代怎么发展,我们都必须在精神世界里不断彰显它而不能湮没它。党的十八大以来,以习近平同志为核心的党中央强调中华优秀传统文化是中华民族的突出优势,是我们在世界文化激荡中站稳脚跟的根基,要求我们必须结合新的时代条件把中华优秀传统文化传承和弘扬好。习近平总书记指出,要努力从中华民族世世代代形成和积累的优秀传统文化中汲取营养和智慧,延续文化基因,萃取思想精华,展现精神魅力;要以时代精神激活中华优秀传统文化的生命力,推进中华优秀传统文化创造性转化和创新性发展;要积极倡导求同存异、交流互鉴,促进不同文明相互借鉴、共同进

① 《习近平谈治国理政》,外文出版社 2014 年版,第 158 页。

步，共同推动人类文明发展进步。唯有如此，当代中国人的精神世界才能更加丰富多彩。新时代十年，中华优秀传统文化得到创造性转化、创新性发展，同社会主义社会更相适应，中国精神、中国价值、中国力量也得以更好构筑。焕发新的生命力的中华优秀传统文化，能够为新征程上丰富青少年的精神世界提供充沛养分。

3. 以大众文化丰富当代青少年的精神世界

大众文化作为一种文化快餐，它着力于满足、符合大众的文化需求和口味，力求创造出丰富多彩的、贴近社会实际、贴近群众日常生活的文化产品，而不会执意地去追求文化价值的永恒性，它的主要目的就是为工作忙碌的大众提供一种经验上的娱乐和感官上的享受。这样的大众文化开创了一个极具开放性和宽容性的文化共享空间，从而激发了大众强烈的参与愿望和体验的热情，个体的精神生活便越来越被置于大众文化的氛围内。在当前的中国社会，大众文化更是借助于发达的传播媒介，凭借其无深度、模式化、易复制、批量生产等特点，在很大程度上发展成为现代社会快节奏、高效率、方便、时髦的生活方式的体现。从当代中国大众的实际生活可以看出，大众文化正在以各种形式广泛渗透于人们日常生活的各个领域，成为许多人业余、休闲的重要方式，成为普通百姓不可或缺的精神生活需求，青少年群体更是对此乐此不疲，比如各种流行影视，各种“时尚”“海选”，各种层次各种形式的“互动”，以及微博、微信、易信等，都受到了当代青少年群体的极大追捧。

大众文化因其世俗化、群众性等特点，使它在当代中国的文化分层态势中和多样性文化进程中很快确立了自己应有的位置，对促进当代中国文化的繁荣发展以及当代中国人精神生活方式的创新作出了贡献，尤其是在丰富当代中国人的精神世界方面功不可没。大众文化的兴起和繁荣，彻底打破了中国传统生存方式的封闭性、狭隘性和单一性，消解了精神生活的神圣性，极大地激发了人们自主自觉创造精神生活的热情,推动了人的生存价值与生存意义的自觉生成。它对于人们解放思想、开阔心胸、释放个性以及肯定自我具有很大的促进作用,比如超女文化、选秀文化等都在人们的实际生活中产生了这样的作用。从这一点来看,大众文化无疑能够最大限度地满足当代青少年丰富精神文化生活的热切愿望及个人自由全面发展的强烈需求,是当代青少年精神生活发展的一种新的重要形式。因此,在当下中国社会,在运用文化促进当代青少年精神世界的建构与发展时,要选择大众文化来丰富当代青少年的精神世界。

但是,在选择大众文化丰富当代青少年的精神世界时,需要注意的一点是,大众文化由于其深刻性和思想性不足,且比较追求经济效益,所以一些大众文化中充斥着暴力内容、色情倾向和游戏人生的态度,一些文化产品不惜挑战道德底线,丑化经典、虚化历史,容易造成人们价值评价模糊和价值认知的混乱。因此,要充分发挥社会主义先进文化的价值导向和价值提升作用,以保证大众文化的健康可持续发展,保证大众文化发挥丰富当代青少年精神世界的积极作用。

4. 以网络文化开辟当代青少年精神世界的新领域

近年来,互联网、大数据、云计算、人工智能、区块链等信息技术加速创新发展,成为推动社会生产生活方式变革的重要力量。网络文化是以互联网技术和平台为基础,与现实文化深度勾连、融合的新型文化形态,对政治、经济、文化、社会产生深刻影响。新时代青少年是互联网的“原住民”,伴随互联网一同成长,是网络文化的接受者、参与者、传播者甚至创作者,网络文化对青少年的影响直接而深刻。根据第 53 次《中国互联网络发展状况统计报告》,截至 2023 年 12 月,我国 10 岁以上 29 岁以下的网民规模达近 4 亿,占网民整体的 28. 4%。网络文化作为一种新型文化,虚拟性是其区别于其他文化形态的根本特性。正是由于网络文化的虚拟性,人们可以在网络中通过虚拟的方式按照自己的需要和意愿自由地参与、从事在现实社会能够进行的和难以进行的各种文化活动，这一特性极大地吸引了现实社会中的各类人群，尤其吸引自我意识强烈、追求自由平等、接受新思想新事物的意识和能力比较强的青少年。虽然我国的互联网建设时间不长，但是，其发展速度却十分的惊人，我国的互联网发展逐渐从“广”到“深”，虚拟生活对象也在随之不断扩大，人们的生活愈益“网络化”。毋庸置疑，网络已经成为当代青少年生活、学习、工作不可或缺的工具，其精神生活在不断地从现实向虚拟领域扩展。同时，网络文化的多元多样为青少年提供了丰富的精神食粮。从文化业态来说，网上剧场、“云展览”、线上演唱会、VR 旅游、数字图书馆、“云端博物馆”等，以图片、音视频、互动等方式充分展现科学、美学、历史、文化和艺术价值；从娱乐休闲来看，以短视频为主的网络视听、风格多样的网络文学、类型丰富的网络音乐、推陈出新的网络互动娱乐等不断发展，产生了海量网络文化内容，这些都为青少年提供了课堂学习之外的丰富精神食粮。大量实证研究已表明，虚拟精神生活已经成为当代青少年的一种基本的、重要的生活方式，他们在虚拟空间活动的时间在不断增多，对虚拟社会的依赖性在不断增大，其虚拟精神生活对其道德情感、价值观念等发展产生了很大的影响。基于此，要求青少年教育工作者在选择文化内容去促进当代青少年精神世界建构与发展的时候，要注重选择积极的、健康的、向上的网络文化去影响当代青少年，开辟当代青少年精神世界的新领域。

具体来说，以网络文化开辟当代青少年精神世界的新领域，就要注重“培育积极健康、向上向善的网络文化，用社会主义核心价值观和人类优秀文明成果滋养人心、滋养社会，做到正能量充沛、主旋律高昂，为广大网民特别是青少年营造一个风清气正的网络空间”①。另外，还要

① 《习近平著作选读》第二卷，人民出版社 2023 年版，第 473 页。

重视引导当代青少年协调好、平衡好现实精神生活和虚拟精神生活，更重要的是要引导当代青少年遵守虚拟空间的制度规定、伦理原则和道德规范，以保证当代青少年新的精神生活方式的健康发展。

第三节　当代青少年精神世界建构的文化内容创新

创新是文化永葆生机的源泉，是推动文化发展的不竭动力。习近平总书记在对外宣传思想文化工作的重要指示中强调，新时代新征程，要“充分激活全民族文化创新创造活力”。唯有文化的不断创新，才会为人类的社会生活注入源头活水，才能更好回应人民日益增长的精神文化需求，用以构建当代青少年精神世界的文化内容也才能更具生机和活力。用以构建当代青少年精神世界的文化内容，具体包括中国特色社会主义文化、中华优秀传统文化、积极健康的西方文化、大众文化和网络文化，这些文化内容既凝结着一个民族长期历史发展的文化传统和心理积淀，又反映着时代发展对现实生活带来的新思想和新感受，可以为当代青少年精神世界的丰盈、充实提供优质文化资源。如何实现用以构建当代青少年精神世界的文化内容的创新突破，既是一个重大的理论问题，又是一个急迫的现实问题。

一、马克思主义需不断充实和发展

马克思主义是当代青少年精神世界建构和发展的科学指南、根本精神指引，具有培根固元的重大作用。为了更好发挥这一作用，内在要求不断充实和发展马克思主义，增强马克思主义的生命力、创造力和竞争力。发展马克思主义，就是要根据新的、有效的、合理的解释，对社会发展趋势、发展规律作出新的说明，提出新的论断。

从实际来看，马克思主义本身就是一个在创新中不断发展的科学理论体系。中国共产党人在推进马克思主义中国化、时代化的过程中，一直在进行着马克思主义创新发展的积极探索。毛泽东提出了马克思主义中国化的科学命题，强调要“使马克思主义在中国具体化，使之在其每一表现中带着必须有的中国的特性”①。邓小平提出：“只有解放思想”，“我们党的马列主义、毛泽东思想的理论也才能顺利发展”②。江泽民也强调：“我们必须与时俱进，继续丰富和发展马克思主义。”③胡锦涛在谈到推进理论创新时，强调要不断取得马克思主义中国化新进展，并系统阐述了不断丰富和发展马克思主义的源泉、目的、动力和着力点。习近平总书记指出：“面对快速变化的世界和中国，如果墨守成规、思想僵化，没有理论创新的勇气，不能科学回答中国之问、世界之问、人民之问、时代之问，不仅党和国家事业无法继续前进，马克思主义也会失去生命力、说服力。”④推动马克思主义发展是我们党的神圣职责，要坚持“用鲜活丰富的当代中国实践来推动马克思主义发展，用宽广视野吸收人类创造的一切优秀文明成果”⑤，要“坚持把马克思主义基本原理同中国具体实际相结合、同中华优秀传统文化相结合”⑥。这些重要论述阐明了不断创新发展马克思主义的重要性及科学路径。

具体来说，不断推进马克思主义创新发展，以更好发挥马克思主义对当代青少年精神世界的培根固元作用，需要做到以下几点：一是要坚持守正创新。所谓守正，就是要坚持真理性认识，对经过反复实践和比

---

① 《毛泽东选集》第二卷，人民出版社 1952 年版，第 534 页。

② 《邓小平文选》第二卷，人民出版社 1994 年版，第 143 页。

③ 《江泽民文选》第三卷，人民出版社 2006 年版，第 335 页。

④ 《习近平谈治国理政》第 4 卷，外文出版社 2022 年版，第 30 页。

⑤ 习近平：《在纪念马克思诞辰 200 周年大会上的讲话》，人民出版社 2018 年版，第 27 页。

⑥ 习近平：《在庆祝中国共产党成立 100 周年大会上的讲话》，人民出版社 2021 年版，第 13 页。

较得出的正确理论保持毫不动摇的态度。所谓创新,就是坚持解放思想,敢于根据现实条件的变化,变革旧观念、旧做法,推动理论不断向前发展。在马克思主义创新发展的语境中,守正是创新的前提。但守正不是守旧,不是守马克思主义的本本、条条,而是要恪守其核心、本质和灵魂。坚持守正创新,一方面,要坚持守正不动摇。这就是要“以科学的态度对待科学、以真理的精神追求真理,坚持马克思主义基本原理不动摇,坚持党的全面领导不动摇,坚持中国特色社会主义不动摇”①。另一方面,要坚持创新不停步。面对快速变化的世界和中国,不能将马克思主义经典作家在特定历史条件下作出的某些个别论断奉为圭臬,而要紧跟时代步伐,以满腔热忱直面一切新的挑战,找到解决问题的新的行之有效的办法,勇敢闯出一条属于中国人自己的新路,用创新理论引领伟大实践。二是要坚持本土化时代化。习近平总书记在向中国共产党与世界马克思主义政党论坛致贺信时提到,马克思主义要本土化才能落地生根,时代化才能充满生机,这指明了马克思主义创新发展的两条基本路径。本土化是空间意义上的具体化,指的是马克思主义基本原理与各国的实际国情、历史传统和文化传承相结合。时代化是时间意义上的具体化,指的是马克思主义基本原理与时代特征相结合。事实上,本土化和时代化是全然不可分割的,马克思主义每一次重大的创新发展,都是某一具体国家的共产党人把马克思主义基本原理与本国国情和时代特征相结合的结果。在我国,马克思主义本土化和时代化具体地表现为马克思主义中国化和时代化,而马克思主义中国化时代化又集中表现为“两个结合”,即马克思主义基本原理同中国具体实际相结合、同中华优秀传统文化相结合。坚持马克思主义本土化时代

① 习近平:《高举中国特色社会主义伟大旗帜 为全面建设社会主义现代化国家而团结奋斗——在中国共产党第二十次全国代表大会上的报告》,人民出版社 2022 年版,第 20 页。

化，一方面，要坚持把马克思主义基本原理同中国具体实际相结合，着眼解决新时代改革开放和社会主义现代化建设的实际问题，不断回答中国之问、世界之问、人民之问、时代之问。另一方面，要坚持把马克思主义基本原理同中华优秀传统文化相结合。这就是把马克思主义基本原理同中华民族的历史文化、思维方式、民族心理结合起来，不断夯实马克思主义中国化时代化的历史根基和群众基础，让马克思主义在中国牢牢扎根。三是要创新发展面向青少年的马克思主义大众化传播。在新媒体传播语境下，话语传播不再具备传统媒体时代“一传一”“一传多”或“多传多”的信息传播形态，相反，每个人都拥有打开“麦克风”和争做“意见领袖”的机会。因此，要发挥马克思主义对青少年精神世界建构所具有的培根固元的作用，便有必要将推动面向青少年的马克思主义大众化传播。新时代马克思主义的传播内容要与青少年的现实生活及思想相结合，迎合青少年的特点和需求，衔接其话语体系，善用各种新媒体新技术，将自身潜移默化为青少年的思想挂念与价值理念。

二、中华优秀传统文化需进行创造性转化和创新性发展

中华优秀传统文化是中华民族的精神命脉，是当代青少年精神世界建构与发展的文化根基。习近平总书记在纪念孔子诞辰 2565 周年国际学术研讨会暨国际儒学联合会第五届会员大会开幕会上的讲话中指出：“我们要善于把弘扬优秀传统文化和发展现实文化有机统一起来，紧密结合起来，在继承中发展，在发展中继承。要坚持古为今用、以古鉴今，坚持有鉴别的对待、有扬弃的继承，而不能搞厚古薄今、以古非今，努力实现传统文化的创造性转化、创新性发展，使之与现实文化相融相通，共同服务以文化人的时代任务。”①习近平总书记在哲学社会

① 习近平：《在纪念孔子诞辰 2565 周年国际学术研讨会暨国际儒学联合会第五届会员大会开幕会上的讲话》，人民出版社 2014 年版，第 11 页。

科学工作座谈会上的讲话中又指出:“要推动中华文明创造性转化、创新性发展,激活其生命力,让中华文明同各国人民创造的多彩文明一道,为人类提供正确精神指引。”①以中华优秀传统文化涵养当代青少年的精神世界之根,内在要求中华优秀传统文化与时俱进。“以古人之规矩,开自己之生面”,实现中华优秀传统文化的创造性转化和创新性发展,古为今用,推陈出新,用中华民族创造的一切精神财富来以文化育当代青少年。

对中华优秀传统文化进行创造性转化和创新性发展,一要进行观念创新。解放思想,与时俱进,增强文化自觉和文化自信,不故步自封、陈陈相因,不隔断血脉、凭空虚造,学古不泥古,以现代的文化理念对传统优秀文化资源进行创造性重释与重构,全面推进中华优秀传统文化的现代转型。二要进行内容创新。即按照时代的新进步、新发展,对中华优秀传统文化的内涵加以补充、拓展、完善,使中华民族最基本的文化基因与当代文化相适应、与现代社会相协调,增强其对青少年的影响力和感召力,让中华文化展现出永久魅力和时代风采。中华优秀传统文化博大精深,挖掘其中的思想观念、人文精神、道德规范,有助于推动文化传承发展不断开创新局面。比如说《中国诗词大会》,注重挖掘古诗词魅力,把其中的家国情怀与奋进新征程相结合,以古人之志抒今人之情,受到了当代青少年青睐。还有以中国传统节日为切入点,创新表达方式、传播渠道的《唐宫夜宴》等系列节目,同样受到了当代青少年的追捧。中华优秀传统文化中包含的自强不息的民族精神、和而不同的文化胸怀、整体性的思维方式等创造性转化,赋予新的时代精神,便能成为当代中国文化建设和创新可利用的宝贵的历史资源,亦构成当代青少年精神世界建构的宝贵文化资源。三要进行形式创新。即按照

① 习近平:《在哲学社会科学工作座谈会上的讲话》,人民出版社 2016 年版,第 17 页。

时代特点和要求，对中华优秀传统文化陈旧的表现形式加以改造，赋予其新的现代表现形式，激活其生命力。习近平总书记指出："要正确运用新的技术、新的手段，激发创意灵感、丰富文化内涵、表达思想情感，使文艺创作呈现更有内涵、更有潜力的新境界。"①数字技术具有跨领域、跨时空、跨层级、跨系统等特征，能够整合各类文化资源，不断丰富文化创新创造的手段形式。比如，运用虚拟现实、增强现实、混合现实等数字技术，对中华优秀传统文化进行时代化表达、多元化表达，推动文化场景拓展，能够更好展现中华文化的魅力韵味。比如，在杭州亚运会开幕式的文艺表演中，高科技赋能的地屏全景呈现钱塘江两岸水墨画卷，江南风韵尽展风采。浙江杭州良渚国家考古遗址公园通过"云展览""慢直播"等开放活动，能真切感受良渚文化；陕西西安大唐不夜城的古诗灯光秀、互动节目"盛唐密盒"，能够在沉浸式体验中领略璀璨的盛唐文化。北京故宫博物院、西安秦始皇帝陵博物院等以虚拟展览、数字文物等形式复现文物细节，实现了博物馆陈列展览、精品馆藏、相关知识图谱等内容的可视化、创意化。神秘独特的三星堆文化通过数字表情包、网络游戏等创意 IP 与潮流单品跨界融合，让更多人更加便捷地感受沉甸甸的历史宝藏。青少年对凝结文化记忆、凝聚宏大文化叙事、广泛参与文化事业的诉求，正在通过数字技术得以实现。科技让青少年的文化需求得到更好满足。

三、人类文明精华需加强融合化育

马克思、恩格斯在《共产党宣言》中曾深刻指出："过去那种地方的和民族的自给自足和闭关自守状态，被各民族的各方面的互相往来和各方面的互相往来代替了。物质的生产也是如此，精神的生产也是如

① 习近平：《在中国文联十一大、中国作协十大开幕式上的讲话》，人民出版社 2021 年版，第 12 页。

此。各民族的精神产品成了公共的财产。民族的片面性和局限性日益成为不可能,于是,由许多民族的和地方的文学形成了一种世界的文学。"①的确,当今的全球化浪潮不仅对经济产生深刻影响,而且渗透到思想、政治、文化领域,深刻影响着人们的观念和行为。不可否认,人类文明精华对于开阔当代青少年的精神生活视野、丰富当代青少年的精神世界、满足当代青少年多元的精神文化需求具有积极、明显的促进作用。开放的社会给青少年提供了开放的选择空间,但如何应对青少年思想观念的一系列嬗变,如何引导青少年检验和评估新的价值观念和生活方式,是青少年教育引导面临的新问题。加强对人类文明精华的融合化育是对这一新问题的积极、有效回应。

其实,中华文化自古以来就具有融合化育异质文化的特性。中国传统文化观中的"礼失而求诸野"的思维模式,体现出来的就是一种对待异质文化的开放和学习态度。学者欧阳湘指出,礼失而求诸野"是指自居正统地位的文化从同源旁系支裔和异质文化中吸纳优秀成果为己所用,是开放性对待异己的态度"②,这说明中国文化始终坚守自身的主体性,积极主动吸收外来文化中的优秀成分为我所用。可以说,中华文化就是一个多元融合文化体,其形成过程就是一个对不同民族文化、异域文化进行吸收、化育的过程。也正如费孝通先生所讲,没有哪一种文明是完全独立的、单一的,无不是由多种文化融合而来,这也是文明再生的保障。从历史上看,中华文明历经 5000 多年风雨沧桑而绵延不绝,不断发扬光大,一个非常重要的原因就在于开放包容。历史上,佛教、伊斯兰教、基督教等域外文化先后传入中国,同以儒家文化为代表的中国传统文化交流、沟通与融合。进入近代,西方的天文学、医

---

① 《马克思恩格斯选集》第 1 卷,人民出版社 2012 年版,第 404 页。

② 欧阳湘:《"礼失而求诸野"——近代中国学习西方文化的思想武器》,《广州社会主义学院学报》2007 年第 1 期。

学、数学、几何学、地理学等开始激荡中国人的头脑，“西学东渐”让中华文化因不断吸纳新鲜的知识、新鲜的理念、新鲜的视角而焕发新的活力。特别是来自欧洲的马克思主义，用真理的力量激活了中华民族历经几千年创造的伟大文明，使中华文明再次迸发出强大精神力量。进入新时代，习近平总书记多次强调，要秉持开放包容，要积极主动学习借鉴人类创造的一切优秀文化成果。

但需要注意的是，开放包容不是邯郸学步，不是反客为主，更不是依附盲从。科学有益的开放包容一定要有充分的精神主动，做好融合化育的功夫。正如习近平总书记所指出的：“对丰富多彩的世界，我们应该秉持兼容并蓄的态度，虚心学习他人的好东西，在独立自主的立场上把他人的好东西加以消化吸收，化成我们自己的好东西，但决不能囫囵吞枣、决不能邯郸学步。”①运用人类文明精华充实当代青少年的精神世界，便要充分吸收人类文化的各种长处，挖掘人类文明具有现代精神和进步精神的价值内涵，并借助文化传承，加速文化转化，形成文化整合，滋养我们自己的文化，形成我们的民族特色，使我们的文明更具活力、更加强大。把青少年培养成为具有全球视野和世界眼光的人，具备自主、公共意识、宽容、理解、正义、责任、义务、参与、奉献等公共精神和公共美德，成为主体性精神、权利与义务统一精神、德性精神的统一体，从而兼具两种身份与人格特征，不仅可以成为影响中华民族命运的建设者和接班人，而且可以成为影响全球社会未来和走向的国际公民。

四、大众文化文化品位提升

当代中国大众文化已经构成中国特色社会主义文化的重要组成部分，深刻地影响着当代青少年的精神世界和日常生活。从整体上看，我

---

① 《习近平著作选读》第一卷，人民出版社2023年版，第262页。

国绝大部分大众文化的价值观是契合我国主流文化精神的，能够实现不断丰富人的精神世界、塑造健全人格、开发人的潜能、提升人的本质力量的化人育人作用。但不能否认的是，还有部分大众文化缺乏基本的文化品格，没有起码的价值底线，以所谓“群众喜欢”“大众欢迎”为借口，以追逐市场利益为目的，忽视真善美的价值取向，无原则地迁就和迎合一些人的低级趣味，以低俗化的娱乐搞笑取悦大众，在潜移默化中将人性更加引向粗鄙乃至堕落，显然有违“文化化人”的本性，从而异化成为“文化害人”的灾祸。因此，为更好发挥大众文化丰富当代青少年精神世界的作用，需要注重提升其文化品位。

客观地说，“任何文化形态的价值取向和理想目标概括起来不外三种：真、善、美”①，提升大众文化的品位，就是要引领大众文化通过文艺作品传递真善美，传递向上向善的价值观，实现真善美对大众文化的价值引领。如果大众文化缺乏优秀、先进文化的引领，那么，“其他事情搞得再热闹、再花哨，那也只是表面文章，是不能真正深入人民精神世界的，是不能触及人的灵魂、引起人民思想共鸣的。”②用以促进当代青少年精神世界建构的大众文化需要优秀文化进行价值引领，需要先进的价值观引领。换句话说，大众文化的价值导向应与社会主义价值立场一致。

总的来说，提升当代中国大众文化的品位，具体要做到：一要坚持社会效益优先的价值准则，不能用简单的商业标准取代艺术标准，不能把文化作品简单等同于普通商品；要自觉抵制那些粗糙、低俗的大众文化产品，使大众文化真正成为人民群众休闲娱乐、陶冶性情的文化类型。二要坚持人民主体的价值原则，应当充分体现人民的利益和愿望，

---

① 邹广文：《当代中国大众文化论》，辽宁大学出版社 2000 年版，第 185—186 页。

② 习近平：《在文艺工作座谈会上的讲话》，人民出版社 2015 年版，第 7 页。

满足人民多层次、多方面的精神文化需要；不能片面追求市场效应、忽视文化的品位与格调以及片面追求文化品位、“不食人间烟火”；大众文化既要有市场更要有格调，既要叫好又要叫座。三要坚持社会主义的价值立场，凸显社会主义制度的优越性、社会主义文化的先进性和社会主义信念的崇高性；赋予社会主义的价值追求，承载社会主义的意识形态，努力夯实文化自信的大众心理基础。总而言之，以大众文化丰富当代青少年的精神世界，必须对以大众文化生产为依托的当代精神生活进行自我反思、批判和重构，以宽容姿态主动寻求与社会主流文化相融合，致力于大众文化的多元创新与当代青少年精神生活的富饶、精神世界的丰富相得益彰。

五、网络文化创新创造的加强

随着现代信息技术的迅速发展和快速进步，网络正推动着人类精神文化活动向网络空间全面拓展与延伸。信息化时代的兴起和发展，把网络文化与人的发展结合在一起。“网络文化作为信息时代的特有产物，其应时出现和迅猛发展，对社会进步和人的发展起着巨大的推动作用。而社会进步和人的发展，又会在更高层面上推进网络文化的创新和繁荣。”①在新时代，随着网络社会的快速发展，互联网技术的日新月异、虚拟空间与现实空间的深度融合，网络文化育人作用的重要性日益凸显。毋庸置疑，网络生活已经成为我国青少年网民的一种新的生活方式，并日益对青少年网民产生巨大影响。网络文化在不断满足青少年精神需求的同时，也面临着信息茧房、多元思潮侵蚀、感官享乐沉溺等诸多新挑战，这给我国网络文化建设带来全新的挑战。要有效应对挑战，唯有创新才是重要法宝和最佳出路。因此，以网络文化开辟当

① 宋元林：《网络文化与人的发展》，人民出版社 2009 年版，第 196 页。

代青少年精神世界的新领域，就需要加强网络文化的创新创造。

习近平总书记多次提及要注重加强网络文化的创新创造，以增强网络文化发展的前进动力。2018 年 4 月，他在全国网络安全和信息化工作会议上郑重强调，“要提高网络综合治理能力……推进网上宣传理念、内容、形式、方法、手段等创新，把握好时度效，构建网上网下同心圆，更好凝聚社会共识”①。网络文化作为现代信息技术和传统文化相结合而形成的独特文化形态，不但具有现代信息技术日新月异的显著特征，也同时与传统文化保持着紧密联系，网络文化要实现自己“以文化人”的神圣使命就不得不在实践中依靠现代信息技术不断实现创新发展。

推进中国特色网络文化创新发展，首先，要坚持创新理念引领网络文化建设。创新理念是指企业或个人不因循守旧，突破现状、突破常规、突破瓶颈，以敢为天下先的勇气和魄力，敢于挑战未来、敢于挑战困难，不断开创新境界和谋求新出路的思维定势。就推进网络文化创新发展而言，如果没有先进的理念引领，就无法在现代信息技术蓬勃发展中实现网络文化的繁荣发展。因而推进中国特色网络文化创新发展，要坚持创新理念，以创新谋求网络文化发展的最佳出路。其次，要注重网络文化内容创新。网络文化内容是网络文化的灵魂，推进网络文化创新发展要坚持内容为王，以此增强网络文化内容的创新动力和能力，敢于尝试、大胆创新，充分运用新媒体、多媒体、全媒体努力创作和提供充满生命力、感染力、渗透力、吸引力和凝聚力的优秀网络文化原创作品，不断满足广大青少年网民对美好网络文化生活的向往和期盼。最后，要加强网络文化手段创新。网络文化作为依靠现代信息技术为基础而产生和发展起来的一种重要文化形式、重要文化形态，从一开始就

① 《习近平谈治国理政》第三卷，外文出版社 2020 年版，第 306 页。

依赖于网络信息技术这个手段，此后便始终在各方面都深受网络信息技术手段的影响。因此，推进中国特色网络文化创新发展从根本上就离不开“技术”作为重要手段。习近平总书记指出：“网络信息技术是全球研发投入最集中、创新最活跃、应用最广泛、辐射带动作用最大的技术创新领域……我们要顺应这一趋势……完善网络治理体系。”①“要正确运用新的技术、新的手段……使文艺创作呈现更有内涵、更有潜力的新境界”②，努力在互联网核心技术上攻坚克难，进而争取在移动通信、量子通信、人工智能、核心芯片、操作系统等方面实现“弯道超车”，让网络文化搭乘互联网核心技术的快车实现繁荣发展。总而言之，要以创新精神不断引领中国特色网络文化建设，不断开辟当代青少年精神世界的新领域。

---

① 《习近平在中共中央政治局第三十六次集体学习时强调　加快推进网络信息技术自主创新　朝着建设网络强国目标不懈努力》，《人民日报》2016 年 10 月 10 日。

② 《习近平在中国文联第十一次全国代表大会中国作协第十次全国代表大会开幕式上强调　增强文化自觉坚定文化自信　展示中国文艺新气象铸就中华文化新辉煌》，《人民日报》2021 年 12 月 15 日。

第五章　当代青少年精神世界建构的文化方式

方式是言行所采用的方法和样式，有效的方式方法能够起到“事半功倍”的作用，无效的方式方法则是“事倍功半”，甚至会“徒劳无功”。毛泽东曾经用形象的比喻来说明方式方法的重要性，他说：“我们的任务是过河，但是没有桥或没有船就不能过。不解决桥或船的问题，过河就是一句空话。不解决方法问题，任务也只是瞎说一顿。”①对于用文化来建构当代青少年的精神世界来说也一样，把握文化建构的方式十分重要。总的来说，当代青少年精神世界建构的文化方式主要包括文化教育、文化消费和文化活动三个方面。在运用文化去建构当代青少年的精神世界时应着重把握好这三种文化方式。

第一节　加强青少年文化教育

一、文化教育在当代青少年精神世界建构中的作用

18 世纪法国唯物主义哲学家爱尔维修、霍尔巴特等人主张“人是环境和教育的产物”，认为人的道德面貌、聪明才智以及精神状况等，

① 《毛泽东选集》第一卷，人民出版社 1991 年版，第 139 页。

是由环境和教育所决定的。这一观点从本质上看是唯心主义的,但是其中也包含着唯物主义的积极因素,看到了环境和教育对人的作用,这一点是正确的。的确,就教育而言,它对人的发展所起的重要作用是不容置疑的,历史上许多思想家、教育家都有所肯定。如我国古代著名的思想家荀子在《劝学》篇中说道:“干越夷貉之子,生而同声,长而异俗,教使之然也。”著名的德意志哲学家康德也曾说道:“人只有通过教育才能成为一个人。人是教育的产物。”①可见,教育对人的发展而言影响重大,特别是对青少年的身心发展而言意义非凡,因为青少年正处于长知识、长身体的时期,可塑性是他们最大的特点,他们的主要任务是学习,他们知识的获得和思想品质的形成,他们向什么方向发展以及能发展到什么程度,主要依赖于学校所给予的教育。可以说,教育对青少年的发展起着主导作用。那么,对于青少年精神世界的建构与发展,教育自然也在其中起着重要的作用。因此,要想通过文化途径去促进当代青少年精神世界的建构与发展,必须重视对当代青少年进行文化教育,充分发挥文化教育对当代青少年精神世界建构与发展的促进作用。

那么,什么是文化教育呢?简单地说,就是教育者依据受教育者身心发展的规律,有目的、有计划、有组织地向受教育者传授一定的文化知识、文化规范,以促进受教育者的精神发展的一种活动。文化教育在价值取向上,倡导关注人的精神处境、精神的发展和精神生活。其终极价值目标在于提升人的精神生活质量、促进人的精神世界的发展。从其具体的指向上来看,文化教育主要指向三个方面:

其一,文化教育指向人的心理健康。心理是精神世界的重要组成部分,是精神世界的其他构成要素——道德、价值观、理想信念形成与发展的基础。心理健康是精神世界全面和谐发展的内在要求。在现实

---

① [苏]阿尔森·古留加:《康德传》,贾泽林等译,商务印书馆 1981 年版,第 86 页。

生活中,人的心理活动会随着周围环境的变化而发生改变,在这个过程中,人的心理会遭遇到各种困扰,从而出现不健康、不和谐的因素。特别是在当代社会,人们的生活节奏快、压力大,极易产生心理焦虑和情感困扰,如若得不到有效的调适和引导,将会诱发心理疾病。如今,我国大中小学都十分重视学生的心理健康教育,积极探索各种有效措施以促进学生心理健康发展。其中,文化教育就是一种旨在引导、帮助人们获得一种健康的心理发展条件,使其精神状态处于平静、适宜和积极的水平的教育实践活动,是促进青少年心理健康发展的重要途径。

其二,文化教育指向人的道德水准的提升。道德是人之为人的一种特有标志,同时也是人所专属的一种荣誉。张世英先生认为,人的道德发展是人的精神发展的现实实践的最高范畴。将人的道德发展纳入人的精神发展和文化教育所要达到的目的这一范畴,不仅有助于人们对文化教育内涵和内容的认识,也能引发人们对我国当前道德教育更深层次的思考。我国传统的道德教育在价值取向上偏重于适应社会以及政治的发展要求,特别强调道德教育的统一性、可控性和意识形态性,基本不考虑学生个体的现实生活需要,这便导致道德教育很多时候陷入一种尴尬的处境,即社会要求的道德境界与受教育者实际具有的道德水平出现较大差异。英国教育哲学家彼得斯认为:"一个人接受道德原理是在具体的社会情景中亲自体验的,也就是说,一个人必须有一个强烈的个人动机去寻求这些道德原理所要求或所规定的东西。"①因此,要提高道德教育的实效性,必须要注重规范约束与价值引导的统一,更多地要求尊重主体的选择和情感体验,而这正是文化教育本身的特点与优势所在。

其三,文化教育指向人的精神信念的确定与坚守。所谓精神信念,

---

① 转引自王坤庆:《精神与教育:一种教育哲学视角的当代教育反思与建构》,华中师范大学出版社 2009 年版,第 179 页。

"主要是在超越的意义上讲人的精神追求,它既指向于人的精神归宿,又指导人的现实精神生活,是人们选择生活类型的根本价值标准。"① 从人的精神世界的构成来看,它是人的精神世界的内核,表现为世界观、人生观等根本理念。从其对人的影响作用来看,它辐射到人的生活的各个方面,使人的整个精神生活、精神世界染上一种鲜明的个人色彩,体现出人的个性品质和人格精神。不管是从人的精神世界的构成来看,还是从精神信念对人的精神世界发展的作用来看,引导受教育者确定并坚守其精神信念是其精神世界建构与发展的题中之义。

从上述的文化教育的具体指向来看,文化教育终极指向于人的精神世界的发展与完善,指向于满足个人精神生活的需要。这是文化教育与其他教育活动或教育形式,如知识教育、技能教育、职业教育等相区别的最主要的地方。虽然说其他的教育活动也有涉及人的精神世界的发展,但是它们更多的是从现实的社会基础出发,为解决人如何适应社会物质生产的需要而把人培养成合格的社会公民,本质上属于人的"社会化"教育形式。而文化教育则是一种人的"个性化"教育形式,它侧重于强调维护人格的独立与尊严、追求人的自身价值、提升个人审美的素养和品位以及实现对于个人来说具有挑战和超越意义的理想与目标。从这个意义上来说,文化教育对于人的精神世界的发展具有十分重要的作用,那么,可以说,文化教育是文化建构当代青少年精神世界的一种重要方式。

其实,对于教育(包括文化教育)对人的精神生活、精神世界发展的重要作用在很早之前就已受到各国教育家的重视,且他们都极力强调通过教育的途径来促进受教育者精神世界的发展。如奥地利教育家艾·阿德勒在其《理解人性》一书中指出:"学校是每个儿童在其精神

① 王坤庆:《精神与教育:一种教育哲学视角的当代教育反思与建构》,华中师范大学出版社 2009 年版,第 188 页。

发展过程中所必然要经历的一个场景。因此，它必须能够满足健康的精神成长的要求。只有当学校与健康的精神发展的必要性保持和谐，我们才说这是一个好的学校。只有这样的学校才能被认作是社会生活所必不可少的学校。”①在阿德勒看来，构建人的精神世界从来都是教育的基本任务。持这种观点的代表人物还有苏联著名的教育家苏霍姆林斯基。苏霍姆林斯基坚信：“培养青年一代高尚的精神世界，使他们为参加共产主义建设事业做好思想上的准备，是共产主义教育一个极其重要的理论问题和实践问题。”②早期的教育家们不仅主张在教育中要重视人的精神世界的发展，而且十分肯定教育在促进人的精神世界建构与发展中的重要作用。如德国教育家贝内克，他从自然主义哲学观来看教育与儿童的发展问题，他将儿童的整个发展看作是其精神成熟的过程，而教育则是这个过程的重要促进力量。马克思、恩格斯亦十分肯定教育，尤其是文化教育对人的精神世界发展的引导作用。他们在揭示资本主义物质生产、精神生产的方式和特点时，认为共产主义者不仅要在物质生产领域“消灭阶级的所有制”，也要在精神生产领域消灭阶级所有制，在教育领域消灭阶级的教育。由此可见，历史上的教育家、思想家们都十分重视人的精神世界的存在及其发展对人的生活的价值与意义，并强调教育，尤其是文化教育，是培养具有健全的精神、独立的个性、完善的人格的“新人”的重要途径、方式。正如黑格尔所说：“精神是足以制裁‘心情’的力量，而这种力量只有依赖精神自身的新生才能发生。精神之所以能达到这种从自然的无知状态和自然的迷失错误里解放出来而得新生，是由于教育”③。

---

① ［奥］艾·阿德勒：《理解人性》，陈刚、陈旭译，贵州人民出版社 1991 年版，第 209 页。

② 转引自王坤庆：《精神与教育：一种教育哲学视角的当代教育反思与建构》，华中师范大学出版社 2009 年版，第 150 页。

③ ［德］黑格尔：《小逻辑》，贺麟译，上海人民出版社 2009 年版，第 39 页。

既然教育对人的精神世界的发展具有如此大的促进作用，那么，在运用文化去建构当代青少年精神世界时，就要采用文化教育的方式，充分发挥文化教育对当代青少年精神世界建构与发展的引导作用，力求通过文化教育不断提高当代青少年的精神水准，让当代青少年在现代社会能够享有一种高尚的、独立的精神生活情趣并具有一个丰富的、充盈的精神世界。

二、青少年文化教育的理念遵循

促进青少年的健康成长、全面发展一直都是教育的根本着力点，学校教育不仅注重青少年智力的发展，同时也重视青少年健全人格的塑造，以及精神的成长。在提高青少年的思想道德素质、培育青少年正确的价值观以及提升青少年的精神品质方面，教育领域也承传着我国古代的文化教化思想，一直倡导以文化人、文化育人。可以说，对青少年进行文化教育是一直存在的，特别是在当前中国社会，尤其强调通过文化来培育青少年。但是，由于种种客观原因，当前的青少年文化教育还存在一些问题，其中一个表现便是教育理念不明。

文化教育的终极目标诉求是人的精神世界的发展和完善，它与知识教育、职业教育、技能教育不同，它更强调人自身的第一目的，更多地考虑人自身的价值实现。然而，由于受实用主义思想的影响，我国的青少年文化教育出现了功利化与人文传承弱化的问题，文化教育的育人属性愈显孱弱。实用主义思想最初产生于 19 世纪 70 年代，到了 19 世纪末 20 世纪初发展成为美国最大的哲学流派。五四运动时期，胡适将实用主义第一次引入中国。之后，这种哲学思潮逐渐影响到教育领域。实用主义的特点在于，把实证主义功利化，尤其强调“效果”，它把“经验”归结为“行动的效果”，把“知识”归结为“行动的工具”，把“真理”归结为“行动的成功”。受实用主义教育思想的影响，青少年文化教育越来越不受重视,其教育的真正价值无法彰显,教育几乎被限制在工具与技术的领域,不再从人的自由全面发展出发,而是越来越重视短期化、显性化的功利价值,隐性化的人文价值则被严重忽略甚至抛弃。实用主义教育将升学率、就业率作为首要目的,这必然会导致教育其他方面的功能受到忽视,尤其是学生正确价值观的形成、整体素质的提高和健康个性的培养。在这种实用主义教育取向的影响下,青少年容易出现实惠主义的人生态度,盲目信奉"有用即真理"的信条,把有利、方便、实惠作为"立身处世"的根本原则,把有用作为检验知识与理论真理性的标准。如今在校的"00后"青少年与过去的青少年对待学习的态度大为不同,过去的青少年学习是为了提升自身的思想道德素质,丰富精神世界,提升人生境界,而当代的青少年更多的是以就业为导向,学习更多的是为了提升自己的专业素质。

因此,在对青少年进行文化教育时,要更新教育理念。观念是行动的先导。教育者作为文化知识、文化理论的传授者,自身的观念和态度在很大程度上决定着教学活动的进行。教育者的文化修养水平高低也直接决定着课堂上文化的渗透程度。更新青少年文化教育观念,实质上就是要让教育者明确文化教育的核心理念,即"让教育凸显文化,充满文化,并将教育的过程变成文化的过程,从而'以人化文'和'以文化人'"①。要清楚认识到对青少年进行文化教育不仅仅是给青少年传授文化知识、文化理论,更重要的是要关照青少年的情感需求、价值引导以及精神成长。换句话说,青少年文化教育要以落实立德树人根本任务为指向。2016年,在全国高校思想政治工作会议上,习近平总书记强调指出:"高校思想政治工作关系高校培养什么样的人、如何培养人以及为谁培养人这个根本问题。要坚持把立德树人作为中心环节,把

---

① 孟建伟:《教育与文化——关于文化教育的哲学思考》,《教育研究》2013年第3期。

思想政治工作贯穿教育教学全过程,实现全程育人、全方位育人,努力开创我国高等教育事业发展新局面。”①这是以习近平同志为核心的党中央围绕教育根本问题,结合新的时代要求和过去的历史经验,对新时代教育事业做出的整体规划和战略设计,也是中国特色社会主义教育事业改革发展应当遵循的基本原则。党中央以立德树人根本任务为指向的关于教育的系列谋划,明确了青少年文化教育的教育导向。即坚持“立德”,大力弘扬和培育社会主义核心价值观,为青少年生命生活提供一种道德的标准和尺度;坚持“树人”,将青少年培养成德智体美劳全面发展的社会主义建设者和接班人,帮助青少年在精神意义上让其真正作为人而成为“人”。

另外,青少年文化教育理念的更新,还要求做到以文化自信为根基。文化自信是文化创造主体对于文化发展的历史积累、现实状况、未来前景的信心和信念。2014 年 2 月,习近平总书记在主持十八届中央政治局第十三次集体学习时,首次使用“文化自信”的概念。2023 年,在文化传承发展座谈会上的讲话中,习近平总书记继而指出:“自信才能自强。有文化自信的民族,才能立得住、站得稳、行得远。”②文化自信主要包括对中华优秀传统文化、革命文化、社会主义先进文化的自信和建设社会主义文化强国的自信。文化自信不仅是一个国家发展进步的不竭源泉,也是促进青少年成长成才的不竭动力。青少年是国家的未来和民族的希望,“把青年一代培养造就成德智体美劳全面发展的社会主义建设者和接班人,是事关党和国家前途命运的重大战略任务,是全党的共同政治责任。”③长期以来,西方国家利用最新的媒介工具,

---

① 《习近平谈治国理政》第二卷,外文出版社 2017 年版,第 376 页。

② 习近平:《在文化传承发展座谈会上的讲话》,人民出版社 2023 年版,第 10 页。

③ 习近平:《在纪念五四运动 100 周年大会上的讲话》,人民出版社 2019 年版,第 12 页。

通过文化产业、学术理论等手段竭力宣传他们的价值观念、意识形态及宗教信仰等，不断制造“中国威胁论”“中国崩溃论”等强盗逻辑，不断散布“历史虚无主义”“文化虚无主义”等反动思潮，致使当代青少年处于一元文化思想与多元文化思潮相互激荡、中国本土文化与世界外来文化相互碰撞、优秀传统文化与先进现代文化相互交融的复杂文化境遇中。青少年时期是人生成长与发展的关键时期，其世界观、人生观、价值观正处于可塑与定型的交叉点上，故而对青少年进行文化教育，要以坚定文化自信为根基，为青少年的成长与发展提供持续动力、正确方向和坚定立场。

三、青少年文化教育的主要方法

方法是文化教育过程中不可或缺的重要因素。文化教育要取得实际效果，就需要讲究方法。方法得当，可以使教育内容更好地为青少年所接受；方法不当，就难以达成预期的教育目标。总的来说，对青少年进行文化教育，可采用如下方法。

1. 理论灌输法

理论灌输法也叫理论教育法，是教育者有目的、有计划地向青少年进行文化知识教育，引导青少年树立正确、科学的文化观，坚定文化自信的方法。主要包括理论讲授、理论学习、理论宣传、理论培训、理论研讨等具体形式。

之所有要有理论教育法，是因为构成精神世界的心理、道德、价值观、理想信仰等有其自身的发展规律和特殊作用。这就是意识的相对独立性和它对社会存在的反作用。这种相对独立性和反作用在人的思想和行动方面的表现，就是人的自觉能动性，也叫人的主观能动性。人的自觉能动性，就是有意识、有目的的活动。在马克思主义看来，人的实践活动是绝对不能离开思想和理论指导的，精神世界构成中的道德、价值观、理想、信仰等精神因素不是青少年自发形成的，更不是凭空产生的，而是青少年在实践过程中学习、认同、运用一定的思想和理论的思想成果。所以，毛泽东特别强调，人是要有一点精神的。人的思想、精神，不仅体现了人的本质特征，而且具有巨大的作用，对此，毛泽东也作过深刻的阐述："理论是重要的，它的重要性充分地表现在列宁说过的一句话：'没有革命的理论，就不会有革命的运动'。"①"代表先进阶级的正确思想，一旦被群众掌握，就会变成改造社会、改造世界的物质力量。"②因此，对于文化教育而言，文化理论、文化思想的学习和掌握，十分重要。

2013 年 8 月 9 日，习近平总书记在全国宣传思想工作会议上，针对中华优秀传统文化的弘扬、创造性转化和创新性发展问题，提出了四个"讲清楚"，即要讲清楚每个国家和民族的历史传统、文化积淀、基本国情不同，其发展道路必然有着自己的特色；讲清楚中华文化积淀着中华民族最深沉的精神追求，是中华民族生生不息、发展壮大的丰厚滋养；讲清楚中华优秀传统文化是中华民族的突出优势，是我们最深厚的文化软实力；讲清楚中国特色社会主义植根于中华文化沃土、反映中国人民意愿、适应中国和时代发展进步要求，有着深厚历史渊源和广泛现实基础，蕴含着丰富的理论内容。这些理论内容，青少年是不可能不学而知，不教而会的，需要通过各种不同方式和途径的学习、教育，才能在头脑中确立起来，并在认知、认同这些文化理论、义理的基础上，进而落实到行动中。只有这样，才能真正发挥文化教育对青少年精神世界的积极建构作用。

前青少年文化教育在内容上存在着知识化发展的问题，主要体现在两个方面：一是在文化教育过程中主要侧重文化知识、文化理论的传

① 《毛泽东选集》第一卷，人民出版社 1991 年版，第 292 页。

② 《毛泽东著作选读》下册，人民出版社 1986 年版，第 839 页。

授,而忽视了对青少年德性的培育和精神的提升。通过文化教育来促进青少年精神世界的发展,掌握一定的文化知识和文化理论是不可或缺的,可以说,一定的文化认知是用文化建构青少年精神世界的必要前提。从这个意义上说,文化知识教育在以文化建构青少年精神世界中具有十分重要的作用。但是,片面强调文化知识的传授,而忽视通过文化培育青少年的德性,提升青少年的精神水准,最终将使青少年文化教育发展成为文化信息教育、符号教育,也终将无助于青少年精神世界的建构与发展。二是文化教育脱离青少年的成长需求。要通过文化教育来促进青少年精神世界的建构与发展,教育者仅仅对青少年进行文化知识、文化理论的传授是不够的,还必须要对青少年进行思考能力的培训和综合素养的培养,在潜移默化中唤醒青少年内心深处的生命意识,激发青少年的价值追求,引导青少年的精神成长。然而,在当前青少年文化教育中,大部分教育者只注重文化知识系统的呈现和抽象概念的阐述等单纯的文化传递,忽视将文化教育与青少年成长的实际需求结合起来。

2. 生活融入法

精神世界是人的实践活动的结果生成,是对物质世界的反映,既独立于物质世界又依托于物质世界而存在。精神世界始终存在于人的整体生活之中,没有脱离生活的精神世界。可以说,生活性是精神世界的基本属性。既是如此,那么,青少年文化教育只有契合青少年精神世界的生活性属性才能更好地促进青少年精神世界的丰富、充盈。换句话说,青少年文化教育只有融入现实生活才能更好地发挥作用。这为通过文化教育促进青少年精神世界的健康发展确立了逻辑衔接点,也为青少年文化教育的生活融入法提供了依托。生活融入法就是将文化教育内容融入青少年的社会交往生活和精神生活,使文化教育内容在不知不觉、润物无声中,潜移默化影响青少年的精神世界的构建的方法。

那么,如何运用生活融入法呢？生活融入法要求青少年文化教育“贴近日常、贴近实际、贴近需求”。贴近日常即要求青少年文化教育与青少年的日常生活相结合,让文化教育内容像空气一样弥漫在青少年的日常生活当中,以存在感提高认知度,以主导型提高认同度。贴近实际则要求立足于青少年精神世界发展的实际,从文化对青少年的实际影响入手,提供具体化、有针对性的教育路径。贴近需求则要求以青少年的精神生活需求为对象,尊重青少年的话语空间需求、尊重青少年对精神文化产品的差异化需求,以服务代替管理,创作更多的融入中国特色社会主义文化的影视剧、歌曲等文化产品,尽最大可能满足青少年的精神需求。

中国共产党历来重视对青少年进行文化教育,将文化教育生活化便是其中最常用的一种方法。就革命文化教育为例,100 多年来,中国共产党始终将青年学生作为革命文化教育的主要对象,在新中国成立后便开始探索将革命文化教育融入革命文艺的生活化方式。面对人民精神发展的需要,毛泽东提出“百花齐放、百家争鸣”的方针。党在此基础上引导文艺创作者以新民主主义革命历史为蓝本,从小说、诗歌、戏曲、影视、绘画等多个维度推进,以为当时中国人民,尤其是青年学子提供精神食粮。《歌唱祖国》《红旗谱》《林海雪原》《红色娘子军》等都是那一时期典型的革命历史题材作品。这些作品中所蕴含的革命理论、革命历史、革命精神,以润物无声的方式融进青年学生日常生活,对青年学生的情感意志和人生追求产生了深远影响。新时代以来,我们党还增设了“抗战胜利纪念日”“中国烈士纪念日”“南京大屠杀死难者国家公祭日”等革命纪念日,并且常态化推进革命文化教育仪式活动,使青年学生在日常生活的各场域和各方面,都能潜移默化地接受革命文化教育。

3. 环境濡染法

青少年的生存与发展一刻都离不开社会环境。青少年精神世界的生成、发展是在社会环境因素与青少年精神需要相互作用的过程中逐步实现的。青少年文化教育也只能在社会环境中进行,只能在文化教育者、青少年与社会环境的交互活动中开展。因此,青少年文化教育要注重创设良好的环境,来潜移默化、循序渐进地浸润、感染、熏陶青少年,从而达到“入芝兰之室久而自芳”的效果。

环境育人思想是中国传统文化育人的重要理念。从“孟母三迁”的故事到“蓬生麻中,不扶而直”的成语,无不在强调环境对于人的成长的重要性。孔子、孟子、荀子、墨子等思想家,都提倡要主动创设环境,使受教育者受到熏陶教化。马克思主义同样高度重视环境育人,马克思就曾指出:“有一种唯物主义学说,认为人是环境和教育的产物,因而认为改变了的人是另一种环境和改变了的教育的产物,——这种学说忘记了,环境正是由人来改变的,而教育者本人一定是受教育的。”①实际上,“人创造环境,同样,环境也创造人。”②在马克思看来,人与环境是相互创造的,一方面,环境给人以影响,制约人的活动;另一方面,人的实践活动可以改变环境,并在改变环境的同时改造自身。毛泽东在其《矛盾论》《实践论》等著作中,也强调了环境的重要性。环境育人的作用机理,恰如哲学大师、教育家涂又光教授提出的著名“泡菜理论”所阐释的,泡菜的味道最终取决于泡菜汤,这一理论非常形象地说明了环境对人的濡染作用。学者万明钢认为:“‘濡化’过程实际是文化对个体潜移默化的熏陶过程,人们不可能总是清晰地意识到这一过程,彻底被‘濡化’的人很少意识到在塑造他们行为的过程中文化所

---

① 《马克思恩格斯选集》第1卷,人民出版社1995年版,第59页。

② 《马克思恩格斯选集》第1卷,人民出版社1995年版,第92页。

扮演的角色。”①总而言之，环境影响和制约着人的精神世界的生成与发展，人的活动在不断地改变环境，使其有利于人的发展，这是基于马克思主义关于人与环境关系基本观点所得出的一个结论，也是文化教育的环境濡染法的基本依据。

因此，青少年文化教育要重视文化环境的建设、优化，以使其对青少年精神世界的丰盈、充实产生更积极的影响。首先，要在整个文化建设中坚持马克思主义的指导思想，坚持社会主义核心价值观，高扬中国特色社会主义共同理想，弘扬以爱国主义为核心的民族精神和以改革创新为核心的时代精神，使社会主义文化建设始终保持正确的政治方向，持续发挥为青少年精神世界培根固元、铸魂塑形的作用。其次，要促进各项文化事业的发展。各项文化事业是文化环境的重要因素，在满足青少年的精神文化需求、促进青少年精神世界的健康发展方面具有其他形式不可替代的重要作用。因而必须大力发展文化事业，提高其水平，从而促使整个文化环境的健康发展，为青少年文化教育创造良好的文化条件。再次，要努力建设家庭文化、校园文化、社区文化等亚文化环境。家庭文化、校园文化、社区文化是文化的重要组成部分，构成一种亚文化环境，对生活于其中的人们有着直接的重要影响。优化亚文化环境，使之成为社会主义和谐文化的有机组成部分，对于青少年精神世界的发展和文化教育的开展无疑具有十分重要的意义。最后，要抓好文化市场的建设和管理。我国的文化市场在丰富人民群众的精神文化生活、推进社会主义精神文明建设方面发挥着重要作用。但不能否认的是，目前还存在一些突出问题，腐朽、落后文化依然存在，这有损于青少年的身心健康，也会对青少年文化教育造成一定的冲击。因此，加强文化市

① 万明钢：《文化视野中的人类行为》，甘肃文化出版社 1996 年版，第 77 页。

场建设和管理，是发挥文化教育促进青少年精神世界健康发展的题中之义。

四、青少年文化教育的具体路径

青年文化教育路径，是教育者为有效弘扬、传播、普及中国特色社会主义文化所采取的教育手段、工具、途径、技术和保障的总和，是对“如何教育”“依托什么教育”“如何保障教育”等教育实施问题的根本回答。具体来说，教育实践过程中，要注重从教育教学、教育载体和教育保障三方面探索有效路径。

1. 完善青少年文化教育的教育教学

学校教育是青少年文化教育的主阵地，课堂教学是主渠道，推进大中小学一体化是侧重点。在具体的教育教学实践中：一要构建起“主辅兼顾”的学校课程体系。近年来，大中小学各学科课程教材不断强化中华优秀传统文化、革命文化等内容，取得了不少进展和成效，但依然存在一些突出问题，集中表现为整体设计不够、系统性不强，存在碎片化倾向。归结起来就是始终没有解决好中华优秀传统文化、革命文化等进大中小学课程教材“进什么”和“怎么进”的问题。2021 年 1 月，教育部为指导中小学课程教材系统、全面落实革命传统、中华优秀传统文化教育，专门制定了《革命传统进中小学课程教材指南》和《中华优秀传统文化进中小学课程教材指南》（以下简称《指南》）。在这两大《指南》中，都明确提出，要以语文、历史、道德与法治（思想政治）三科为主，艺术（音乐、美术等）、体育与健康学科有重点地纳入，其他学科有机渗透，“3+2+N”全科覆盖。以革命传统进课程教材为例，道德与法治（思想政治）主要选择的是习近平新时代中国特色社会主义思想等马克思主义中国化成果；革命领袖、革命英雄等革命人物的英雄事迹；革命人物的名言名句、重要论述等。语文学科，主要选的是革命英雄人物的代表性作品及反映他们生平事迹的传记、故事、文学作品；反映党领导人民革命、建设、改革伟大历程和重要事件的作品；有关革命传统人物、事件、节日纪念日活动等方面的新闻、通讯、报告、演讲、访谈等；阐发革命精神的优秀论文与杂文；与选文内容相关的革命圣地、革命旧址和文物的插图等。历史主要为重要历史事件、革命英雄人物事迹和遗物、文献史料、革命旧址、重要纪念日和纪念活动等。艺术主要为反映革命文化的美术、音乐、舞蹈、影视、戏剧（含歌剧、戏曲等）、动画等。数学、地理、物理、化学、生物学、体育与健康等也要结合学科特点，选择有关学科领域专家、模范人物的事迹、成果等，引导学生体会他们为国争光、服务人民的精神追求，厚植爱国主义情怀。青少年文化教育在教育教学上要以这两个《指南》为指导，着力构建一整套“主辅兼顾”的学校课程体系，以更好发挥文化育人、立德树人的作用。

二要构建“一体推进”的分学段衔接机制。文化教育要贯穿国民教育始终，要按照一体化、分学段、有序推进的原则，坚持由易到难，有机衔接，助力教育实践。一体化设计，即对大中小学文化教育的目标设置、内容安排和教育评价进行统一考量。所谓教育目标一体化，即要根据习近平总书记、教育部关于中华优秀传统文化教育、革命传统教育、社会主义先进文化教育等的系列论述及相关政策文件，为各领域、各学段的教育教学制定统一的育人目标，保证目标与目标之间不冲突、不矛盾、不对立，而是相互支撑、相互佐证。所谓教育内容一体化，不跳跃、不重复、不疏漏地规划教育内容，既做到将中国特色社会主义文化的全部关键性内容完整准确地传导给学生；又要保证内容与内容之间互为映照、互不重叠，从而达到最好的教育效果；还要根据青少年成长发展规律，科学合理地安排不同学段之间的教育内容。所谓教育评价一体化，即要将有关文化教育的考核评价纳入整体的考试体系之中，与其他课程一道同步进行督导和评估。分学段推进，即遵循青少年学生认知规律和教育教学规律，分学段、由易到难地安排大中小学文化教育重点。以中华优秀传统文化教育为例，《中华优秀传统文化进中小学课程教材指南》中强调指出，要分学段有序推进中华优秀传统文化教育：小学阶段，以培育学生对中华优秀传统文化的亲切感和感受力为重点，由启蒙教育入手，介绍中华民族重要历史人物、传统节日、节气与风俗、发明发现、特色技艺等，使学生初步了解中华优秀传统文化的源远流长、丰富多彩，培养学习兴趣。初中阶段，以增强学生对中华优秀传统文化的理解力为重点，比较系统地介绍我国各族人民创造灿烂文化的历史及伟大成就，引导学生进一步认识中华优秀传统文化的博大精深、悠久历史及其对世界的意义，提高对中华优秀传统文化的认同度。高中阶段，以增强学生对中华优秀传统文化的理性认识和践行能力为重点，讲述中华民族多元一体的历史渊源及重要学术、艺术流派等，使学生在与世界文化的比较中，更加客观全面地认识中华文化，领悟民族独特智慧，更加理性地看待外部世界，坚定文化自信。而大学阶段，则要以提高学生对中华优秀传统文化的自主学习和探究能力为重点，培养学生的文化创新意识，增强学生传承弘扬中华优秀传统文化的责任感和使命感。

2. 拓展文化教育的时空边界

青少年文化教育长期以来存在着“教育内容的系统性、整体性明显不足”“全社会共同参与的教育合力有待加强”等实施难题，为此，党中央、教育部先后发布了《完善中华优秀传统文化教育指导纲要》《关于实施中华优秀传统文化传承发展工程的意见》《习近平新时代中国特色社会主义思想进课程教材指南》《中华优秀传统文化进中小学课程教材指南》《革命传统进中小学课程教材指南》《中华优秀传统文化传承发展工程“十四五”重点项目规划》等政策文件，对文化教育的实践路径作出了整体性擘画和系统安排。加强青少年文化教育，要求坚持学校、家庭、社会教育紧密结合，坚持线上教育和线下教育有机联动。

一要坚持学校、家庭、社会教育相结合。青少年文化教育既要充分发挥课堂教学的主渠道作用，又要加强家庭、社会与学校之间的配合，形成教育合力。家庭是一个人出生后的第一个生活环境，是最早接受教育的地方，也自始至终地影响一个人的成长。家庭教育在文化教育过程中起着基础性作用，具有长期性和持久性。学校是每个人学习基础知识、提高智力因素的重要场所。学校教育是教育的正规形态和主导形态，是制度化的教育。社会则是家庭和学校教育的延伸和发展。社会教育是使人身心和谐发展的各种社会活动，是除了学校和家庭之外的另一类教育环境。家庭教育、社会教育、学校教育要有机衔接，相互支持，相互配合，才能共同完成文化教育促进青少年精神世界健康发展的使命。

二要注重线上教育与线下教育相联动。当前，以人工智能、元宇宙、大数据、区块链、5G、移动互联网为主要内容的数字技术不断取得突破，正以全新的理念、业态和模式深刻影响着人们的精神生产、交往、消费等活动，同时也在影响着和重塑着整个教育体系，对青少年文化教育的实践开展影响深远。近年来，党中央、教育部相继出台了《教育信息化 2.0 行动计划》(2018)、《关于促进在线教育健康发展的指导意见》(2019)、《关于大力加强中小学线上教育教学资源建设与应用的意见》(2021)、《关于加强普通高等学校在线开放课程教学管理若干意见》(2022)等政策文件，这表明，推进文化教育的网络化、信息化、数字化、智能化，使线上教育与线下教育有机联动，实现更加开放、更加适合、更加人本、更加平等、更加可持续的文化教育，已经成为时代发展的大势所趋。如今，在后疫情时代，线上线下混合教学日渐普遍化、制度化、规范化。这样的教育教学模式广受青少年学生欢迎，也取得了不错的效果。

3. 强化文化教育的多元支撑

青少年文化教育的有效路径不仅强调教育教学的完善和时空边界的拓展，更强调支撑体系的强化。具体来说，一要加强青少年文化教育的人才保障。教育总是依托于人来开展。教育者作为文化教育的组织者、实施者和调控者，在教育过程中发挥着主导作用。然而，相关调查显示，目前只有“55.68%的学校没有设置专门的中华传统文化教师，还有超九成的教师认为应该加强针对教师的传统文化教育培训，近六成的教师提出已经超过一年没有参加相关培训”①。可以说，全面提升师资队伍水平，是推进文化教育的基础性工作。在具体的教育实践中，一方面，要打造一支文化教育骨干队伍。文化教育工作者要加强自身理论学习，提升自身“软实力”。习近平总书记指出：“本领不是天生的，是要通过学习和实践来获得的”②，加强理论学习是文化教育工作者顺利开展教育活动、科学履行教育职责的前提条件。另外，还可以通过在中小学教师资格考试内容中增加中国特色社会主义文化的比重；在师范院校开设中华优秀传统文化或革命传统课程；在长江学者奖励计划、新世纪优秀人才支持计划、高等学校青年教师培养计划等各类人才计划，以及“万人计划”教学名师评选中，增加中国特色社会主义文化教学和研究人才比重，培养和造就一批中国特色社会主义文化教学名师和学科领军人才。另一方面，要加强面向全体教师的中国特色社会主义文化教育培训。在哲学社会科学教学科研骨干研修、高校思想政治理论课骨干教师研修、高校辅导员骨干培训中加大中国特色社会主义文化内容比重。在中小学教师国家级培训计划、义务教育学校校长和农村幼儿园园长研修培训计划、职业学校教师和校长素质提高计划中

---

① 杨东平、宝丽格、刘胡权：《中国传统文化教育发展报告（2018）》，中国社会科学出版社2019年版，第89页。

② 《习近平谈治国理政》第一卷，外文出版社2018年版，第403页。

增加中国特色社会主义文化培训内容，提高各级各类学校教师开展中国特色社会主义文化教育的能力。

二要完善青少年文化教育的平台支撑。一方面，要建设互为补充、相互协作的文化教育实地教育平台体系，比如，开发、检修、完善典藏人文自然遗产的博物馆、收藏相关图书资料的图书馆、存留重大历史遗迹的纪念馆、开展群众文化活动的文化馆、展映重大历史事件和历史人物的剧院和音乐厅、保留历史文化风貌的古街区等教育资源，为文化教育提供实地考察和现场教学的重要场所。另一方面，要建设不断适应时代需要的中国特色社会主义文化网络教育平台。利用好现有全国文化资源共享工程、公共电子阅览室建设工程、数字图书馆推广计划等数字文化惠民工程的数据资源成果，推动中国特色社会主义文化网络传播，制作适合互联网、手机等新兴媒体传播的中国特色社会主义文化精品佳作。重点打造一批有广泛影响的中国特色社会主义文化特色网站，支持和鼓励学校网站开设中国特色社会主义文化专栏。加强校园网络建设，依托高校网络文化示范中心、大学生网络文化工作室等，拓宽适合青少年学生学习特点的线上教育平台。在中国大学生在线、易班网等设立中国特色社会主义文化教育专栏，进行形式活泼、内容丰富的在线学习。

第二节　引导青少年文化消费

一、文化消费与当代青少年精神世界的建构

随着科技的不断进步，越来越多的发明创造应用于人的生活，为人们的生活腾置出比以往任何时候都要多的空闲时间，在人们满足生理需求和物质需要之外，人应该如何度过生命中的空闲时光呢？当下社

会中人们对于空闲时间的安置成为文化和消费碰撞的场域之所在。那么,何谓文化消费呢?所谓文化消费,主要是指“人们为了获得知识、艺术熏陶、满足精神生活的需要,在教育学习、享受艺术、休闲娱乐等活动中对精神文化类产品及精神文化性劳务的占有、欣赏、享受和使用,以满足人们精神需求的一种消费。”①任何一种消费活动都是在一定的消费需求刺激下产生的,“消费需求是人的消费心理活动的基础和重要动力,它促使人们产生购买动机,并通过支配购买行为来满足人们物质生活的实际需要,或缓冲人们在精神生活方面所感受到的匮乏。”②正是因为人有满足精神生活的需求,并会通过一定的方式(主要是购买方式)去获取文化消费品或文化劳务,历史地使得文化消费成为一种人类社会现象的合理性依据。

文化消费的内容是十分广泛的,不仅包括专门的精神、理论和其他文化产品的消费,也包括文化消费工具和手段的消费;既包括对文化产品的直接消费,比如影视节目、电子游戏、音乐、文学艺术等的消费,也包括为了消费文化产品而消费各种物质消费品,如电视机、照相机、计算机以及各种各样的文化设施,如图书馆、展览馆、影剧院等。与其他消费活动不同,文化消费具有鲜明的独特性,主要表现在:第一,文化消费是一种精神消费,是一种满足人们精神归属和社会认同的消费。人之所以为人是因为人有自己的意识、语言、知识、道德、精神、生活习惯和技能等,也可以说是因为人是文化人,是生活在人所创造的文化世界之中的。人通过参与社会的浅层文化实践活动,如人际交往、饮食起居、文艺欣赏等,能够增强并丰富人们精神的文化归属感并建立起特定的文化身份和社会认同基础。第二,文化消费是一种社会规范和行为

① 赵泽润、蒋昀、温芳:《文化市场营销学》,中山大学出版社 2015 年版,第 73 页。

② 蔡嘉清:《文化产业营销》,清华大学出版社 2007 年版,第 130 页。

准则的消费。人类在把握世界的文化生成过程中,形成、积淀出了深厚的价值精神和社会规范。无论是风俗习惯、道德准则,还是法律规范都是以文化的方式存在。人们认同并遵循这些规范和准则之时就是自觉对自身行为进行规范和整合之时。第三,文化消费是一种价值谱系和信仰信念的消费。任何文化实践活动和文化要素的背后都有其深层的价值谱系,人们参与某种文化实践活动或是消费某种文化产品,都会受其蕴含其中的价值观的影响。

文化消费是消费社会中人们对文化的一种使用方式,而世存的任何一种文化对于人的发展而言都具有建构性,因此,任何一种文化消费对人的发展也都是具有解构性和建构性的。“任何一种意义上的文化消费都与人的本质及精神世界的建构与再造密切相关,或者说就是人的本质与精神世界建构与再造的社会方式”①,因此,可以说,文化消费的本质是人的主体精神世界的再造,是对对象世界的再认识,并且在这个过程中实现人的自我超越。人的主体精神世界本身就是在不断地解构与建构的过程中存在的。任何一次建构意味着对已有的精神世界构成方式和构成内容的解构,同样,任何一次解构也都是一次建构。人的主体精神世界不存在一个完全意义上的解构空间和建构空间。在这个过程中,文化消费,也就是说,人对文化消费内容接受的过程和对消费内容接受的程度,将直接规定和决定了人的主体精神世界解构和建构的程度以及占主导地位的程度,文化消费对于青少年精神世界的建构作用亦是如此。可以说,文化消费是建构青少年精神世界的一种社会文化方式,其对青少年精神世界的建构与解构的效用是十分明显的。比如,未成年人的性罪错与其消费色情文化消费品具有直接的关联性。未成年人由于其生理和心理发育尚未成熟,一般来说,自我控制能力

① 胡惠林:《文化经济学》(第2版),清华大学出版社2014年版,第120页。

差，世界观、价值观尚处在形成阶段，缺乏完整的辨识能力，因此，处在这一阶段的未成年人的主体精神世界的脆弱建构极易遭到破坏性色情解构，从而由文化消费行为走向社会实践行为，导致未成年人性犯罪。许多法治国家之所以设置分级制度，就是源于对未成年人文化消费特点以及文化消费对人的主体精神世界解构与建构作用的认识而构筑的国家保障机制。

当然，文化消费内容有消极与积极之分，消极的消费内容自然会导致青少年的精神世界朝着不良的方向发展，然而，积极的消费内容，诸如阅读经典文艺作品、观赏影视歌舞、欣赏高雅音乐、享用艺术装饰品等等，则能够促使青少年获得精神满足与全面发展。如20世纪的科学巨人爱因斯坦从青年时代起就把艺术和科学、哲学一起作为支撑他精神世界的三大支柱，他不仅酷爱音乐，而且十分喜爱阅读文学作品，他曾说:"陀思妥耶夫斯基给予我的东西比任何科学家给予我的都要多，比高斯还多!"无独有偶，我国著名的地质学家李四光青年时期也对音乐十分着迷。正因为他们从青年时代起就进行积极的文化消费，才使他们的情操及个性都得到了全面发展，从而在自己从事的科学领域作出了杰出的建树。不仅科学家是这样，中外伟大的政治家也是无不如此。马克思青年时代就广泛涉猎莎士比亚的多部剧本，并能熟练背诵；青年时代的列宁也对贝多芬的《热情奏鸣曲》如醉如痴；毛泽东从青少年时代就博览群书，对上至先秦、下至明清的中国古典文艺作品无不烂熟于心……他们之所以后来能成为叱咤风云的无产阶级革命家，与他们青年时代所进行的积极文化消费活动是分不开的。

正因为文化消费对青少年精神世界具有建构意义，是建构青少年精神世界的一种社会文化方式，所以，在运用文化去建构当代青少年的精神世界时，必须要重视这种文化建构方式的运用。

二、当代青少年文化消费的特点及存在的问题

党的十九大报告提出:“满足人民过上美好生活的新期待,必须提供丰富的精神食粮,加快构建把社会效益放在首位、社会效益和经济效益相统一的体制机制。”①社会主义市场经济体制下,文化消费已经成为当代青少年精神文化生活的重要路径。分析当代青少年文化消费的特点及存在问题,是通过引导青少年文化消费进而促进其精神世界健康发展的必要前提。

1. 当代青少年文化消费的特点

青少年文化消费是整个青少年文化活动过程中,直接参与者最多,社会影响面最大的一个环节。它受青少年的多种内在需要所驱使,是使青少年获得精神满足和个性发展的社会行为。当代青少年的文化消费在多种因素的综合影响下,表现出与其他群体的文化消费所不一样的特点。

第一,当代青少年文化消费追求时尚和个性。时尚似乎天生与年轻人联系在一起,青少年是时尚的先锋,他们天然地有着接受时尚文化的基因,也有着创造时尚文化的天赋。放眼全世界,无论哪个国家的青少年都在努力追求个性化,把握自己的未来,他们不断尝试并对各种尝试的结果作出评价。无论世界的哪一个角落都可能会有这样的青少年,突然有一天他剪了一个绿色或橙色的奇异发型,以一种刺耳的方式说话并穿着一件有奇怪图案的衣服。这些青少年正是借此尝试大胆地展示自己的个性并获得他人的注意与尊重。当前,我国青少年对时尚的追求,可谓是日新月异,“追求时尚,展现自我”似乎已经成为当代青

① 习近平:《决胜全面建成小康社会　夺取新时代中国特色社会主义伟大胜利——在中国共产党第十九次全国代表大会上的报告》,人民出版社 2017 年版,第 44 页。

少年一致行动性的口号。这种价值追求也很鲜明地反映在他们的文化消费活动中。一方面,他们紧跟时代潮流,消费最新潮、最流行的文化产品或文化服务,他们的文化消费基本表现为一种时尚文化消费;另一方面,他们通过文化消费来满足自己求新、求异、彰显个性的心理需求,在进行文化产品或文化服务选择时,会尤其注重那些文化产品是否符合自身的兴趣爱好以及适合自己的个性特点。

第二,当代青少年文化消费具有时效性。现代商品社会、现代高科技在不断地改变着人类的传统文明和生活方式,在现代社会,一种快节奏的生活方式逐渐代替了以往人们慢悠的生活习惯。生活于此环境下的当代青少年无论是在生活上,还是在文化消费上也都在追求一种"快",在某种程度上来说,当代青少年的文化消费是一种"快餐文化"消费,他们尤其青睐速成的、通俗的和短期流行的文化思潮和文化现象,比如那些包装花哨的娱乐杂志,五颜六色的口袋书籍,各种主题的网络小说,种类繁多的名著缩写本和经典恶搞剧,还有转瞬即逝的娱乐流行时尚以及新新人类的疯狂调侃、逗乐和戏谑等在当代青少年群体中拥有广大的市场,他们几乎是"快餐文化"消费中最活跃的群体。据团中央宣传部、中国青少年研究中心"青少年流行文化现象与对策研究"课题组对 2710 位大中学生的问卷调查显示:"大多数学生都希望花最少的时间和精力来追求尽可能显著的效果。大中学生接收信息 88%以上来自于报纸、杂志、广播、互联网等大众传媒。在市场这只看不见的手的作用下,以'找乐'、'刺激'为目的,以'快餐型'为特征的'三消'(消遣、消闲、消费)文化和'地摊文学'大行其道,逐渐成为学子的最爱。在闲暇时间内,62%的学生看以'三消'为主的报纸、杂志,而科普读物、书籍选择率仅为 22.5%、33%。"①大量研究都表明当代青

① 陈家顺、张改娥:《大学生生涯规划与指导》,经济日报出版社 2009 年版,第 102 页。

少年的文化消费具有明显的时效性特点。

第三，当代青少年的文化消费中网络文化消费占比增大。据第51次《中国互联网络发展状况统计报告》显示，截至2023年12月，我国网民规模达10.92亿人，其中，10—29岁网民占整体的28.4%；网络视频用户为10.67亿人，网络直播用户为8.16亿人，网络音乐用户为7.15亿人，网络文学用户为5.20亿人。可见，青少年已经成为信息时代较为积极活跃的人群，是网络使用的主要用户，其各种文化消费也发展为主要通过网络甚至是移动互联网等平台来实现，各种高端智能手机、笔记本电脑等电子设备成为当代青少年的必备之物，网络聊天、网络游戏、网络阅读、网络学习以及网络搜索、浏览新闻等成为当代青少年网络文化消费的主要方式，"云上生活"逐渐成为青少年文化消费的主战场。而且随着科技创新不断推动数字文化产业裂变发展，内容形态边界融合，长短视频、直播、游戏、影视、文学等不同内容形态IP联动成为主流，融合多形态元素的内容新物种涌现，例如云游戏的升温扩展，网络电影的精品化发展，虚拟主播等形态的虚拟文娱，叠加IP元素的竖屏短剧等网络视听新现象，不断创造文化消费新热点和增长动力。

2. 当代青少年文化消费存在的主要问题

当前，面向青少年的文化消费产品数量繁多、内容丰富、形式多样，为他们的文化消费提供了更多的选择。发展越发繁荣的青少年文化消费都在很大程度上改变了、促进了青少年的思想素质、价值观念以及精神境界的发展。但是，在我们看到当代青少年的文化消费发展欣欣向荣的同时，也必须冷静地看到，当代青少年的文化消费还存在一些问题，主要包括以下几个方面。

第一，当代青少年文化消费缺乏理性。当代青少年文化消费的意识很强，文化消费的欲望也十分强烈，但同时他们文化消费的鉴别能力却不是很高，无法正确把持"理性消费"的原则，导致一些畸形消费、

“病态”消费等非理性消费行为在一些青少年群体中有愈演愈烈的趋势。比如当下青少年群体中存在一些疯狂追星的现象，有些青少年不顾自己的钱财情况，疯狂地追捧明星、跟风明星的文化消费，不仅影响了自己的学业，严重的甚至给家庭带来痛苦的灾难。另外，由于当代青少年成长于思想文化观念多元化、国内外文化交流频繁的社会转型期，加上西方敌对势力企图在我国渗透其社会意识形态，是非分辨能力不高的青少年在面对如此复杂的文化生态时，难免会出现信奉、追捧西方文化的问题。当代青少年出现的这些非理性的文化消费现象不同程度地影响到了他们的人生观、世界观、思想品质和精神境界，对他们的学习、生活乃至人格发展都有很大的负面影响。

第二，当代青少年文化消费取向不当。随着我国经济的快速发展，人们的物质生活水平得到了普遍提高，在人们的物质生活得到基本满足之后，人们的文化消费类型也越来越多样化，总体来说，主要可以分为消遣型、娱乐型、享受型、社交型和发展型文化消费。不同的文化消费取向决定了文化消费的类型。当代青少年在文化消费取向上表现为娱乐型消费高于发展型消费，他们在选择文化消费形式时，多是注重感官的娱乐需求，大尺度、感官刺激、无厘头的文化产品最受他们的欢迎、喜爱，而适合其未来发展需要的文化消费则被他们置于边缘地带。比如阅读，有学者针对在校学生的阅读情况做过实证调查，结果显示：“76%的学生课余时间用于上网，时间在 1 小时以上的超过 7 成；43%的学生平均每天阅读时间在 1 小时以下，只有 15. 4%的在 2 小时以上；每学期阅读 1—3 本的占 46%，阅读 4—5 本的占 25. 4%。”①导致当代青少年文化消费出现这一问题背后的深层次原因，值得我们深入分析和研究。

---

① 颜琪：《大学人文教育与人格塑造：困境与出路》，《上海师范大学学报（哲学社会科学版）》2014 年第 5 期。

第三，当代青少年文化消费存在一些低层次和不健康消费。受社会无意识心理的影响，当代青少年的文化消费并没有跳出大众文化消费的窠臼。尽管政府、高校及社会各界一直在努力满足当代青少年多层次、多样化的文化需求，并引导其健康向上的文化选择，但是，在文化的市场准入和商业化浪潮的推动下，风起云涌的大众文化更加容易得到青少年的认同。大众文化既有积极、健康的一面，也有消极、庸俗的一面。“大众文化作为市场经济的产物，追求点击率、收视率、畅销度和经济效益，容易把崇高当作落伍、把出格当作新潮、把低俗当作流行。”①显然，这让因缺少基本的人文素养而造成文化批判力缺失的当代青少年难以抵抗，不少青少年成为盗版图书和影像制品，以及一些不健康的、庸俗的文化产品的主要消费者。

三、促进当代青少年精神世界建构的文化消费引导措施

当代青少年在文化消费活动中存在的非理性、取向不当以及不健康消费等问题会对沉迷其中的青少年的精神和心理产生麻醉腐化作用，使青少年的人生观、价值观发生扭曲和变异，极不利于青少年精神世界的建构与发展。因此，必须对当代青少年的文化消费活动进行科学引导。由于导致当代青少年文化消费存在这些问题的原因是多方面的，既有社会方面的原因，也有学校和青少年自身方面的原因，因此，在引导当代青少年文化消费时应从这三个层面着手。

1. 从社会层面来看，要努力为当代青少年的文化消费营造良好的环境

青少年是时代的先锋，走在时代的最前沿，他们思想开放，接受新事物、新观念的能力比较强。但同时青少年的思想还不是特别成熟，价

① 李俊、蔡涛：《当代大学生文化消费现状分析》，《中国商贸》2010 年第 18 期。

值观还未完全定型，是非辨别能力还不够强，所以，在面对我国文化领域正在发生的广泛而深刻的变化以及西方文化的冲击时，当代青少年的文化消费观很容易迷失方向，继而将对当代青少年的精神世界发展产生不良的影响，因此，社会要承担起为引导当代青少年树立正确的消费观，以发挥文化消费对其精神世界建构的积极效用而创造良好的消费环境的责任。一要净化网络文化环境。网络文化消费已成为当代青少年最主要的一种文化消费方式，但网络文化中充斥着诸如谣言、色情、暴力、诈骗、赌博等不良文化，这会对当代青少年的身心健康和精神世界的发展产生极大的负面影响。因此，政府和社会要加强网上思想文化阵地建设，要充分发挥法律的规范作用，依法办网、依法管网、依法治网。另外，有关部门也要加强积极的宣传、教育和引导，以为当代青少年的精神成长创造良好的网络文化环境。二要加强舆论引导。一方面要注重引导网上舆论走向，各级政府应当重视和加强政务微博的建设和管理，积极参与到网络舆论阵地当中，加强与青少年网民的互动，使网络充分发挥舆论阵地的作用。此外，也要加强网上宣传队伍的建设，多宣传倡导科学真理，弘扬社会正气，充分发挥网络传播的优势，积极引导网上热点，疏导公众情绪。另一方面，要注重加强主流媒体建设，注重新闻报道、节目的质量，切实承担起社会责任，以充分发挥主流媒体的舆论引导作用。三要培育规范有序的文化市场。当代青少年文化消费问题的产生与文化市场不无关系，习近平总书记在2014年文艺工作座谈会上的讲话中指出："低俗不是通俗，欲望不代表希望，单纯感官娱乐不等于精神快乐。"①这对规范文化市场具有很强的针对性和指导性。政府要大力推动、鼓励优秀的、高质量的文化产品的生产，坚决抵制低俗的、不健康的文化产品进入市场，相关部门要打击盗版，维

① 习近平：《在文艺工作座谈会上的讲话》，人民出版社2015年版，第10页。

护知识产权，加强文化市场监管，以形成一个相对完善和成熟的文化市场体系。

2. 从学校层面来看，要加强对当代青少年文化消费的引导和教育

合理、科学的文化消费要求消费者具有较高的消费能力，即要具备与文化消费相适应的知识、经验和理解力。文化消费能力的强弱直接决定了消费者的文化消费层次，即文化消费能力强的消费者能够消费高质量的、内涵深刻的文化产品，而文化消费能力弱的消费者只能消费低级的、浅显的文化产品。学校具有培养全面发展人才的重大责任，学校的教育和引导对青少年学生消费能力的强弱具有直接的关系，因此，学校要通过多种渠道和途径提高青少年文化消费的理解力和鉴别力，以保障青少年文化消费对其精神世界建构与发展的促进作用。

一要加强马克思主义理论教育，激发当代青少年学习马克思主义理论的自觉性，用马克思主义的立场、观点和方法武装当代青少年头脑，不断提升当代青少年的马克思主义理论素养和理论水平，丰富当代青少年的精神世界，提高当代青少年的精神境界。二要加强社会主义核心价值观教育，引导当代青少年形成正确的文化消费观念。就当前青少年的文化消费现状而言，其消费的价值取向过于偏向娱乐和享受层面，而忽视发展和提升层面，这与青少年的角色和培养目标很不相符，因此，必须要用科学的价值观、幸福观、消费观引导当代青少年的文化消费活动，从根本上解决其文化消费的目的和价值导向的问题，要使他们真正认识到：什么才是真正的享受，什么才是文明，什么才是幸福，以使其文化消费有助于其精神世界的建构与发展。三要注重加强审美教育，提升当代青少年的审美素养。在立足美育规律和当代青少年群体特点，充分利用艺术陶冶、理论灌输和情景体验等方式不断丰富当代

青少年审美知识、提升当代青少年审美情趣和强化当代青少年审美意识，激发当代青少年对崇高的敬畏和优美的追寻的基础上，借助立体化、多元化的美育方法不断提升当代青少年的审美判断力和甄别力，从而帮助当代青少年分清文化消费中美与丑、善与恶、真与假的界限，真正实现当代青少年审美素养的提升和审美境界的跃迁。四要加强对当代青少年自由时间、闲暇时间利用的引导。马克思十分重视人的自由时间，认为自由时间才是人真正的财富。随着学校课程的改革，青少年学生的自由时间、闲暇时间相对比较充裕，尤其是青年大学生。如何利用好自由时间来丰富当代青少年自身的精神文化生活，充实其精神世界，是学校必须重视的一个问题。学校要加强对当代青少年自由时间利用的引导，使其能在自由时间主动学习科学技术、文化知识，以发展自己的智力、陶冶自己的情操。

3. 从学生层面来看，要提高自我修养和自制能力

马克思主义哲学认为，事物的发展是由内外因共同作用导致的，其中，内因是根本原因。

当代青少年的文化消费之所以存在问题，与青少年自身的修养和自制能力有很大的关系。因此，当代青少年要提高自我的修养和自制能力。一要充分认识到青少年时期在整个人生中的重要地位，对未来要有明确的规划和长远的目标，合理地利用闲暇时间发展自己的兴趣爱好，提高自我修养，自觉地为实现自己的理想努力奋斗。文化消费本质上是人们的精神生活需要的满足，是“人的本质力量的新的证明和人的本质的新的充实”①。青少年要自觉树立科学合理的文化消费观念，要明确科学合理的文化消费观就是“要求消费者自觉抵制个人主义、拜金主义、享乐主义等倾向，反对炫耀性、符号性、虚假性的异化消

① 《马克思恩格斯全集》第 3 卷，人民出版社 2002 年版，第 339 页。

费模式，弘扬勤俭节约、艰苦奋斗的精神”①。二要自觉以社会主义核心价值观为引领，养成健康理性的文化消费习惯。社会主义核心价值观在公民层面的要求即“爱国、敬业、诚信、友善”，其中“爱国”就是要求个人与国家间要建立亲密的情感联系，力戒个人至上倾向；“敬业”就是要求个人在自己的岗位上努力奋斗、发光发热，抵制享乐主义倾向；“诚信、友善”就是要求个体间保持和谐良好的联系，做到“人人为我，我为人人”，反对个人主义倾向。当代青少年要自觉践行社会主义核心价值观，将自身精神文化生活发展的微观叙事同宏大的历史叙事相结合，超越个人享乐的低俗境界，追求奉献社会的崇高境界，重新找回建设精神家园的正确方向。三要形塑积极正向的消费心态。文化消费主义诱发的攀比、跟风、炫耀、虚荣消费心理在一定程度上成为当代青少年精神生活、精神世界异化的重要推手。为此，当代青少年要从自身实际需要出发理性适度消费，摒弃错误消费心理引导下的盲目消费行为，自觉养成健康向上、理性平和、积极正面的消费心态。四要多参加自我教育、自我管理和自我服务等方面的活动，如演讲辩论、读书汇报、思想自省等，自觉培养起自主、自辨、自控的能力，走出文化消费的误区，以避免、抵制不良文化对自身思想素质、道德品质、价值观以及精神境界的消极作用。

第三节　丰富青少年文化活动

一、文化活动是建构当代青少年精神世界的重要文化形式

文化活动是人类活动的一种。关于人类的活动以及人类活动与人

---

①　殷文贵：《文化消费主义的存在样态及其意识形态批判》，《思想理论教育》2019 年第 10 期。

类自身的发展之间的关系,早在很久以前就有哲学家、心理学家以及教育家们做过研究。追根溯源,“活动”这一概念最早是被当作近代哲学的基本范畴提出来的,黑格尔是首位阐述关于活动思想的哲学家。在黑格尔看来,存在于我们思想之中的精神本性是自由的、抽象的、内在的东西,只有通过主体意志的创造活动,才能使理性的自由本性外化、对象化,并在世界历史中实现自己和确证自己,然后又通过活动回到自身,人正是借助意志的活动实现“理性”向世界历史现实的转化和世界历史现实向“理性”的转化。马克思、恩格斯批判地吸取了黑格尔和费尔巴哈关于活动理论的合理内核,在唯物史观和辩证法的基础上建立了科学的人的活动理论。在《1844 年经济学哲学手稿》中,马克思揭示了人的活动的基本特征,赋予了人的活动现实客观性、自觉能动性、社会历史性等特征,并指明人的活动是对象性的感性活动,是主客体之间双向转化的运动过程,是能动和受动的统一,指出“全部社会生活在本质上是实践的”①,“人们的存在就是他们的现实生活过程”②。马克思、恩格斯将人类的活动作为他们建立理论大厦的奠基石,他们认为活动对人类的发展,特别是人的思维的发展具有重要作用。恩格斯在其著作《自然辩证法》中就说道:“自然科学和哲学一样,直到今天还完全忽视人的活动对他的思维的影响;它们一个只知道自然界,另一个又只知道思想。但是,人的思维的本质和最切近的基础,正是人所引起的自然界的变化,而不单独是自然界本身;人的智力是按照人如何学会改变自然界而发展的。”③

从 20 世纪 20 年代开始,在马克思主义哲学观的指导下,苏俄的心理学家开始把哲学范畴的“活动”概括到心理学中,着重分析、研究了

① 《马克思恩格斯选集》第 1 卷,人民出版社 1995 年版,第 56 页。
② 《马克思恩格斯选集》第 1 卷,人民出版社 1995 年版,第 72 页。
③ 《马克思恩格斯选集》第 3 卷,人民出版社 1995 年版,第 551 页。

“活动”对人的心理发展的作用，主要的代表人物是苏俄心理学家维果斯基和列昂节夫。

维果斯基依据马克思的活动观，通过对人的实践活动的深入分析后指出，人的心理是在活动中发展起来的，是在人与人之间相互交往的过程中发展起来的。维果斯基提出的“心理发展的文化历史学说”有一个重要的理论假设，即“人的心理过程的变化与他的实践活动过程的变化是同步的”。其实，维果斯基早在1920年就注意到活动在高级心理机能形成中的重要作用，认识到意识与活动的统一性，即意识不是与世隔绝、与活动分离的内部封闭系统，活动是意识的客观表现。因而，可以通过活动对意识进行客观研究，把意识的内容加以物化，转换成客观的语言，转换成客观存在的东西。由此，维果斯基明确区分了“意识”与“心理”。

列昂节夫则根据马克思、恩格斯的活动观，以活动为基本范畴，着重探讨了活动与意识、个性统一的问题，构建了其活动理论。列昂节夫首先十分肯定马克思将活动作为基本理论概念的重要意义。他在其著作《活动・意识・个性》中写道：“众所周知，马克思在他的著名的关于费尔巴哈的提纲中，一开始就指出了‘从前的一切唯物主义……的主要缺点’。这个缺点就在于对事物现实只是从主体的或者直观的形式去理解，而不是把它们当作人的活动，不是从主观方面去理解。马克思在谈到旧唯物主义的直观性时，所指的是这样一种情况，即它将认识只看作是对象作用与认识主体，作用于感觉器官的结果，而不是物质世界中主体认识的产物。由此可见，旧唯物主义使认识脱离了感性活动，脱离了人和周围世界极为重要的实际联系。”①其次，他提出了心理发展的活动理论。他指出，人与客观世界之间不可分割的联系是以活动

① 转引自黄兴丰：《上海数学课堂的编码研究》，广西教育出版社2009年版，第20页。

为中介的，人“正是在活动中，实现着对客观现实的心理反应，被反应的东西转化为主观映象、观念的东西，而观念的东西转化为活动的客观产物、物质的东西。人对客观现实的积极反应，主体与客体的关系都是通过活动而实现的，活动在主客体相互转化过程中起着极其重要的中介桥梁作用”①。也即是说，人们任何一个心理过程都是在某种实践或理论活动中进行的，人的心理、意识是在活动中形成与发展起来的。

不仅哲学家、心理学家肯定活动对人的发展的积极促进作用，而且历史上的教育家亦认为活动对人的认知能力、主体意识等的发展具有极大的推动作用。有教育家指出：“活动能推动儿童运用工具的能力和解决问题能力的发展；能推动儿童语言与认知能力的发展；能推动儿童适应环境能力的发展；能推动自我概念和社交能力的发展；能提高儿童身体运动能力的发展。活动更是发展儿童个性的唯一手段；是实现儿童创造愿望的场所；是促进儿童全面平衡发展的途径。儿童的一切发展，任何能力都是在活动中生成、活动中发展、活动中体现的，几乎都寓于活动过程之中。……学前教育应以儿童的主体性活动为基础。”②著名教育家苏霍姆林斯基在研究学生的精神世界时，也借鉴了心理学家列昂节夫的观点，把分析学生的活动作为其研究学生精神世界的基点。

通过上述对各个时期不同哲学家、心理学家以及教育家们关于活动以及活动与人的发展之间的关系的思想、理论可以看出，在他们看来，主体与客体相互作用的中介正是人参与的各种活动，人的主体活动是影响人的思维、情感、价值观等发展的重要因素之一。只有通过活

---

① 刘惠、李媛：《大学生集体心理教育　活动设计与操作》，电子科技大学出版社2010年版，第28页。

② 夏力：《学前儿童科学教育活动指导》，复旦大学出版社2014年版，第19页。

动,人的发展才能得以实现。活动性质、活动类型、活动水平的差异都会影响到主体的发展。由此,我们可以认为,当代青少年精神世界的建构与发展亦离不开活动,活动是影响当代青少年精神世界建构与发展的一种重要形式。那么,当我们在强调以文化去建构当代青少年的精神世界的时候,文化活动自然成为一种重要的建构方式。

二、丰富当代青少年文化活动的基本思路

依据当代青少年的生活场域,其参与的且对其成长与发展有着重要影响的文化活动主要有家庭文化活动、校园文化活动和群众性文化活动这三大类型。要通过文化活动的方式去促进当代青少年精神世界的建构与发展就应着重创建、组织好这三种文化活动。

1. 创建积极健康的家庭文化活动

党的十八大以来,习近平总书记在不同场合多次谈到要“注重家庭、注重家教、注重家风”,他指出,“家庭是社会的基本细胞,是人生的第一所学校”①,“家庭是人生的第一个课堂,父母是孩子的第一任老师。孩子从牙牙学语起就开始接受家教,有什么样的家教,就有什么样的人。……家长特别是父母对子女的影响很大,往往可以影响一个人的一生。”②的确,家庭对一个人的成长与发展,尤其是对其精神世界的建构与发展的影响是既深刻又长远的,它主要是通过家教、家风,也可以说是一个家庭的文化来对家庭成员产生影响的,其中,家庭文化活动是一种重要的影响方式。

家庭文化活动是家庭成员在闲暇时间,为消除疲劳和满足精神需要而开展的各种有益活动的总称。现代社会闲暇时间日益增多,为满

---

① 《习近平关于社会主义精神文明建设论述摘编》,中央文献出版社 2016 年版,第 121 页。

② 《习近平著作选读》第一卷,人民出版社 2023 年版,第 545—546 页。

足人们的精神文化需求提供了良好的条件，使得家庭文化活动空前活跃起来，并越来越朝着提高人的素质、完善人的个性方面发展。对当代青少年而言，家庭文化活动是对其进行家庭教育的重要途径，家庭文化活动对其精神生活的发展、精神世界的建构具有重要的调节和引导作用。健康有益的家庭文化活动不仅有利于青少年丰富知识、开阔视野、陶冶情操、培养兴趣爱好，而且对青少年的成长和发展也起着潜移默化的熏陶作用。家庭文化活动尤其是对青少年艺术素质的提高起着直接的作用，许多“小艺术家”的成长就是因为长期感受到家庭文化的熏陶和教育。

当代青少年的家庭文化活动形式是多种多样，内容是丰富多彩的，大体可以分为：(1)娱乐消遣型。这是以追求娱乐消遣为目的的家庭文化活动，也是家庭文化活动中最普及的活动。现代家庭娱乐活动的方式，主要包括观看影视录像、玩扑克、搓麻将、玩游戏、听音乐等等。在这些活动中，又以观看影视最为经常。(2)培养兴趣型。这是为了满足和发展各种兴趣爱好而开展的有益的文化活动，主要包括摄影、演奏、绘画、种花、工艺制作等活动。这种家庭文化活动不仅有助于丰富、提高青少年的精神生活质量，而且对其特长的形成而言是必不可少的。许多儿童少年就是从家里培养起来的兴趣爱好而走上成才之路的，如著名的国际象棋冠军就是从小受家庭的影响而对象棋产生浓厚兴趣，并最终成为世界冠军的。(3)益智型。这类文化活动主要是为了帮助青少年扩充知识，开阔视野，提高文化修养水平和陶冶情操。这类文化活动的形式主要包括阅读报纸、杂志、图书，收听、收看专题广播、电视等等。(4)运动型。体育运动有竞技类和健身类两种，一般家庭文化活动多为健身类，主要是为了强健体魄。这类活动多在户外进行，如跑步、打球、踢毽、游泳、跳绳、登山等等。

作为家长，特别是父母要合理安排家庭文化活动，提高文化活动质量，充分发挥家庭文化活动在促进青少年精神世界建构与发展中的作用。总的来说，要正确处理好几个关系：(1)物质生活与精神生活的关系。家庭文化活动涉及物质生活和精神生活两个方面，物质生活与精神生活共同构成人的全部生活，其中，物质生活是精神生活的基础和前提，而精神生活的发展又必然会反过来影响物质生活的发展，这二者是相互依赖，互相作用的，对于人的生存与发展而言，这二者又是缺一不可的。可以说，当前我国大部分家庭的物质生活的基本条件已经具备，能够为家庭文化活动的开展提供必要的保障，但是，物质上的富有并不等于精神上的富有。当然，开展家庭文化活动需要一定的文化设备，如琴、棋、书、画一类的传统文化设备和电视机、照相机、电子计算机一类的现代文化设备，但是要根据家庭的经济收入合理购置，不能盲目跟风、攀比，要协调好、平衡好青少年的物质生活与精神生活。(2)文化娱乐与工作、学习的关系。家庭文化娱乐是正常工作或学习后进行的一种家庭范围内的活动。在现代社会，由于竞争激烈、生活压力大，有的家庭工作、学习、休闲时间并无明确界限，越来越多的“家庭作坊”“家庭办公”出现，容易产生加班工作、业余学习代替家庭文化生活的偏向。这很容易导致家庭成员，特别是青少年孩子的精神生活贫乏、身心发展不协调，从而给家庭带来一系列问题。因此，这类家庭要重视家庭文化娱乐，正确处理好文化娱乐与工作、学习的关系。(3)民族传统文化的批判与继承的关系。中国家庭教育基本上都承袭着中华民族的传统家庭教育理念，如都会将家和万事兴、天伦之乐、尊老爱幼、勤俭持家等观念传承给下一代，这些观念都是传统文化的瑰宝，对于家庭美德教育具有重要作用。但是，传统文化是和历史同步形成的，其中既有精华又有糟粕，有些家庭将封建文化的“父为子纲”“天下无不是的父母”等观念应用于家庭教育和家庭文化活动之中，强调子女对父母的绝对服从，这些观念是传统文化的糟粕，极不利于青少年孩子的健康成长与发展,应该批判、去除。所以,在开展家庭文化活动时,要注重中华优秀传统文化的弘扬,尽可能让中华民族文化基因在广大青少年心中生根发芽。

2. 打造丰富多彩的校园文化活动

与家庭相比较而言,学校是青少年的第二课堂,是青少年成长的重要平台,青少年时期将近一大半的时间都是在学校中度过的,其道德品质、价值观以及理想信念的形成与确立基本上也是在这一时期完成的。可见,学校的教育及各方面影响对青少年的发展,尤其是其精神世界的建构与发展具有十分重要的作用。除了学校的正规教育之外,对青少年精神世界发展有很大影响的就是校园文化活动。所谓校园文化活动,就是相对于理论教学、实践教学而言的第二课堂活动,包括课外进行的各种有益于学生能力素质培养和成长成才的一切文化活动。校园文化活动有着深刻的育人内涵和良好的育人效果。活泼愉快、寓教于乐的校园文化活动能够起到对学生晓之以理、动之以情、导之以行的作用。校园文化活动的开展不仅使校园变得绚丽多彩,同时也使学生的生活变得斑斓多姿,是学生能力素质培养和发展成才的重要途径之一。

校园文化活动契合了青少年学生的身心发展需要,开展丰富多彩的校园文化活动,是满足青少年学生精神生活的一个直接而有效的方式。青少年正值青春期,“他们思想活跃,兴趣广泛,爱好多样,精力充沛,求新求异,人生观和价值观尚处于未定型阶段;他们往往通过自身的体验来认识、了解世界,确立自己可作为依据的价值标准;他们的情感丰富,情绪表现强烈而且复杂多变、感情脆弱、思维偏激;他们既具有奋斗精神又易于消沉,既富有理想却又时常迷惑彷徨,既热情活泼有朝气但又常常会感到孤独和压抑;他们不再局限于专业知识的学习上,而是喜欢参加丰富的课余文化体育活动,渴望在学习专业知识的同时,能够得到全面的发展，成为思想进步、品德高尚、知识面宽”①，对社会有用的人。这就需要我们为他们提供表现自我的舞台、阐述自我的场所以及发挥兴趣特长的机会。而内容丰富、形式多样的校园文化活动正好契合了当代青少年的身心发展需要，也为满足当代青少年精神文化生活需求提供了重要的、有效的途径。

正因为校园文化活动对当代青少年的精神生活、精神世界的健康发展具有重要的促进作用，所以学校必须要组织好、引导好、开展好校园文化活动。首先，要确立“让每个学生拥有自己的舞台”的理念。校园文化活动是课堂教育的延伸，是一种“润物细无声”的渗透教育，通过这个平台有利于引导当代青少年精神世界的建构与发展。为了取得好的效果，前提是需要调动起每位学生的积极参与性，让每位学生都能受到影响、感染。因此，校园文化活动工作必须确立“让每个学生拥有自己的舞台”的理念，以“服务学生成长成才”为目标，真正做到“为了全体学生、影响全体学生、服务全体学生”。其次，要打造校园文化活动品牌。品牌是标志，更是标杆，是成果，更是导向，校园文化活动必须实施品牌化引领。当前，有些高校已探索并形成自己学校的品牌校园文化活动，如武汉大学于 2003 年启动了一项校园文化活动品牌，即“校园文化活动超市”，由“珞珈剧苑”“珞珈文苑”“艺术竞技场”“艺术万花筒”“科海扬帆”“周末艺苑”等六大板块 30 多个子项目构成，内容涉及文学、艺术、科技、实践等诸多方面，内容丰富，深受学生欢迎。再次，要实行项目化运作。过去，我们的校园文化活动多是采取自上而下的设计、开展的方式，实践证明，这种运作方式容易脱离学生实际，形式大于内容，实效性不强。因此，校园文化活动必须转向学生自我设计、自我申报、自我组织的方向发展，在校团委统筹主抓大型典礼、个别专业

① 胡建、谭伟平：《优化知识　强化能力　内化素质：新建地方本科院校应用型人才培养模式研究》，世界图书出版广东有限公司 2013 年版，第 230—231 页。

竞赛活动的前提下，全面放开各学院团委、各级学生组织的日常校园文化活动项目，充分发挥学生的主体地位。最后，要充分运用大众化载体。校园文化活动中的一些传统形式和内容，如诗歌朗诵、演讲比赛、书画比赛等，对活动参与者的要求比较高，导致青少年学生参与面有限，难以达到调动更多青少年学生积极性的目的，也无法实现“让每个学生拥有自己的舞台”的愿望。因此，必须将活动载体“大众化”，让参与面更广，影响面更大，为更多青少年学生提供展示自我的机会和满足其精神文化需求的途径。

3. 开展高质量的群众性文化活动

青少年成长的生活环境主要包括家庭、学校和社区，不同生活环境所组织、开展的文化活动对其精神世界的建构与发展都具有十分重要的作用。其中，青少年的社区文化活动，也可以称为群众性文化活动，在一定意义上可以说是家庭文化活动、校园文化活动的延伸和扩展，良好的群众性文化活动对于青少年增长知识、发展能力以及丰富其精神生活、精神世界具有不可替代的作用。

随着社会的不断发展，群众性文化活动内容越来越丰富多彩，形式也越来越灵活多样，如今已经发展成为人们不可缺少的精神生活内容。其中，对当代青少年具有极大教育意义的群众性文化活动形式主要有：(1)报告和讲座。各种各样的报告和讲座是当代青少年增长理论知识的重要渠道，对青少年的精神世界具有不可忽视的培养和塑造作用。文学艺术类的报告和讲座能够提升青少年的文明素养，陶冶青少年的情操；指导性的报告和讲座能够给青少年切实的人生指导，引导他们养成正确的价值观和健康的生活方式；等等。(2)各种比赛。当前，我国很多省市都会组织开展各类青少年比赛活动，包括书画比赛、歌咏比赛、摄影比赛等。这种类型的文化活动能够直接为当代青少年提供丰富的、高质量的精神文化食粮。(3)参观和访问。一般组织青少年的参观和访问主要有博物馆、图书馆、科技园等，这类参观对当代青少年具有很大的教育意义，如现在很多学校都将博物馆作为学生爱国主义教育、理想信念教育的重要基地。通过参观，可以让青少年更加形象、生动地了解国家历史，对于其确立科学的价值观和理想信念，以及提高其精神追求具有很直接的作用。(4)社会公益活动和节庆活动。各种社会公益活动，如环境保护活动、安全卫生活动、爱心推广活动和慈善活动，以及各种中国传统节庆活动，如春节、清明节、劳动节、建军节、中元节、国庆节等活动的举办，能够很好地传播、弘扬中华民族的传统文化、传统美德，也能够通过活动的开展促进青少道德品质、精神境界的提升。

当前，我国已组织、开展比较多以青少年群体为主要参与对象的群众性文化活动，取得了一定的成效，但也还存在一些问题，所以，在新时期开展以青少年群体为主体的群众性文化活动时要注意：(1)要实现对以青少年为主体的群众性文化活动的有力引导。一是要从体制上进行扶持引导。通过“推进文化体制改革，建立健全党委领导、政府管理、行业自律、社会监督、企事业单位依法运营的文化管理体制和富有活力的文化产品生产经营机制”①，以丰富和提升以青少年为主体的群众性文化活动。二是要从人力上进行扶持引导。要加强文化队伍建设，培养一批德才兼备、锐意创新、结构合理、规模宏大的文化人才队伍。(2)创建良好的青少年参与群众性文化活动的氛围。举办以青少年为主体的群众性文化活动必须要时刻把握青少年的文化脉搏，关注青少年的文化现象和文化热点，了解青少年的文化心理需求，加强对青少年文化的积极宣传和引导，以营造积极向上的以青少年为主体的群众性文化活动氛围。(3)积极开展适合青少年参与的丰富多彩的、高

---

① 《中共中央关于深化文化体制改革　推动社会主义文化大发展大繁荣若干重大问题的决定》,《求是》2011 年第 11 期。

质量的群众性文化活动。以青少年为主体的群众性文化活动的开展以及成效的取得,都有赖于青少年的积极参与,因此,在开展以青少年为主体的群众性文化活动时要关注青少年的成长特点,要积极打造以青少年为主体的群众性文化活动品牌,侧重于形成示范性和导向性,以期达到促进青少年精神世界建构与发展的目的。

参考文献

1.《马克思恩格斯全集》第 1 卷，人民出版社 1956 年版。

2.《马克思恩格斯全集》第 3 卷，人民出版社 1960 年版。

3.《马克思恩格斯全集》第 12 卷，人民出版社 1962 年版。

4.《马克思恩格斯全集》第 18 卷，人民出版社 1964 年版。

5.《马克思恩格斯全集》第 23 卷，人民出版社 1972 年版。

6.《马克思恩格斯全集》第 25 卷，人民出版社 1974 年版。

7.《马克思恩格斯全集》第 30 卷，人民出版社 1995 年版。

8.《马克思恩格斯全集》第 33 卷，人民出版社 1973 年版。

9.《马克思恩格斯全集》第 40 卷，人民出版社 1982 年版。

10.《马克思恩格斯全集》第 42 卷，人民出版社 1979 年版。

11.《马克思恩格斯全集》第 46 卷，人民出版社 1979 年版。

12.《马克思恩格斯选集》第 1—4 卷，人民出版社 1995 年版。

13.《马克思恩格斯文集》第 1—10 卷，人民出版社 2009 年版。

14.《列宁全集》第 39 卷，人民出版社 1986 年版。

15.《列宁选集》第 1—4 卷，人民出版社 1995 年版。

16.《毛泽东选集》第一至四卷，人民出版社 1991 年版。

17.《毛泽东文集》第三卷，人民出版社 1996 年版。

18.《毛泽东文集》第七卷，人民出版社 1999 年版。

19.《毛泽东文集》第八卷，人民出版社 1999 年版。

20.《邓小平文选》第一至二卷,人民出版社 1994 年版。

21.《邓小平文选》第三卷,人民出版社 1993 年版。

22.《江泽民文选》第一至三卷,人民出版社 2006 年版。

23.《胡锦涛文选》第一至三卷,人民出版社 2016 年版。

24.《习近平谈治国理政》第一卷,外文出版社 2018 年版。

25.《习近平谈治国理政》第二卷,外文出版社 2017 年版。

26.《习近平谈治国理政》第三卷,外文出版社 2020 年版。

27.《习近平谈治国理政》第四卷,外文出版社 2022 年版。

28. 习近平:《之江新语》,浙江人民出版社 2007 年版。

29. 习近平:《在纪念马克思诞辰 200 周年大会上的讲话》,人民出版社 2018 年版。

30. 习近平:《在庆祝中国共产党成立 100 周年大会上的讲话》,人民出版社 2021 年版。

31. 习近平:《高举中国特色社会主义伟大旗帜　为全面建设社会主义现代化国家而团结奋斗——在中国共产党第二十次全国代表大会上的报告》,人民出版社 2022 年版。

32. 中共中央宣传部:《习近平总书记系列重要讲话读本》,学习出版社、人民出版社 2014 年版。

33.《中国共产党第十七次全国代表大会文件汇编》,人民出版社 2007 年版。

34. 中共中央文献研究室、中共湖南省委《毛泽东早期文稿》编辑组:《毛泽东早期文稿　1912 年 6 月—1920 年 11 月》,湖南人民出版社 2008 年版。

35. 中央文献研究室、新华通讯社编:《毛泽东新闻工作文选》,新华出版社 2014 年版。

36. 中共中央文献研究室编:《十四大以来重要文献选编》上,人民出版社 1996 年版。

37. 中共中央文献研究室编:《十三大以来重要文献选编》(上、中、下),中央文献出版社 2011 年版。

38. 中共中央文献研究室编:《十八大以来重要文献选编》(上、中、下),中央文献出版社 2014 年版、2016 年版、2018 年版。

39.《习近平关于青少年和共青团工作论述摘编》,中央文献出版社 2017 年版。

40.《习近平关于社会主义文化建设论述摘编》,中央文献出版社 2017 年版。

41.《关于培育和践行社会主义核心价值观的意见》,人民出版社 2013 年版。

42.《中国共产党第十八次全国代表大会文件汇编》,人民出版社 2012 年版。

43. 教育部社会科学研究与思想政治工作司:《马克思主义经典著作选读》,人民出版社 1999 年版。

44. 刘德华:《马克思主义思想政治教育著作导读》,高等教育出版社 2001 年版。

45. 张耀灿等:《现代思想政治教育学》,人民出版社 2006 年版。

46. 张耀灿等:《思想政治教育学前沿》,人民出版社 2006 年版。

47. 张耀灿、徐志远:《现代思想政治教育学科论》,湖北人民出版社 2003 年版。

48. 罗国杰:《马克思主义思想政治教育理论基础》,高等教育出版社 2002 年版。

49. 陈万柏、张耀灿:《思想政治教育学原理》,高等教育出版社 2015 年版。

50. 郑永廷等:《思想政治教育方法论》,高等教育出版社 2018 年版。

51. 冯刚、郑永廷:《思想政治教育学科 30 年发展研究报告》,光明日报出版社 2014 年版。

52. 冯刚、彭庆红、白显良:《思想政治教育学科 40 年发展研究报告》,中国人民大学出版社2024年版。

53. 万美容:《思想政治教育方法发展研究》,中国社会科学出版社2007年版。

54. 张健:《论人的精神世界》,河南人民出版社2011年版。

55. 王海滨:《人的精神结构及其现代批判——当代中国人的精神世界重构之思》,新华出版社2015年版。

56. 王坤庆:《精神与教育——一种教育哲学视角的当代教育反思与建构》,华中师范大学出版社2009年版。

57. 孙正聿:《属人的世界》,吉林人民出版社2007年版。

58. 孙正聿:《人的精神家园》,江苏人民出版社2013年版。

59. 张艳涛:《知识与信仰:当代大学生精神世界研究》,中国文史出版社2014年版。

60. 童世骏:《当代中国人精神生活研究》,经济科学出版社2009年版。

61. 陈定学:《精神的革命》,郑州大学出版社2015年版。

62. 王书道:《精神生活论》,解放军出版社2007年版。

63. 廖小琴、廖小明:《重构人的精神生活》,中央编译出版社2015年版。

64. 陈赟:《现时代的精神生活》,新星出版社2008年版。

65. 骆郁廷:《精神动力论》,武汉大学出版社2003年版。

66. 曾向阳:《当代意识科学导论》,东南大学出版社2003年版。

67. 庞立生:《当代精神生活的物化问题及其批判》,吉林人民出版社2013年版。

68. 雷启立:《在呈现中构建——传媒文化与当代中国人精神生活研究》,上海文化出版社2007年版。

69. 窦志力、武京玉:《当代青年精神生活分析》,军事科学出版社2001年版。

70. 朱白薇:《当代青年精神追求研究》,中国社会科学出版社2017年版。

71. 吴元梁等:《精神系统和精神文明建设》,人民出版社2004年版。

72. 邵道生:《现代化的精神陷阱:嬗变中的国民心态》,知识产权出版社2001年版。

73. 杨桂华:《社会转型期精神迷失现象分析》,南开大学出版社2009年版。

74. 李德顺等:《精神家园——新文化论纲》,黑龙江教育出版社2010年版。

75. 胡海波等:《中华民族精神家园的生命精神研究》,人民出版社2015年版。

76. 张慧君等:《马克思主义视域中的精神生活与全面建设小康社会》,长春出版社2011年版。

77. 黄力之:《马克思主义与资本主义文化矛盾》,河南大学出版社2010年版。

78. 宫丽:《精神家园论》,中国社会科学出版社2015年版。

79. 张世英:《论黑格尔的精神哲学》,上海人民出版社1986年版。

80. 金国华:《青年学》,中国青年出版社1999年版。

81. 万美容:《青年学概论》,中国人民大学出版社2016年版。

82. 万美容:《当代青年发展研究》,湖北人民出版社2006年版。

83. 刘书林、陈立思:《青年社会学》,中国青年出版社1999年版。

84. 陈志尚:《人学原理》,北京出版社2004年版。

85. 黄楠森:《人学原理》,广西人民出版社2000年版。

86. 黄楠森:《人学的科学之路》,河南人民出版社2011年版。

87. 韩庆祥:《马克思人学思想研究》,河南人民出版社1996年版。

88. 韩庆祥、邹诗鹏:《人学:人的问题的当代阐释》,云南人民出版社2001年版。

89. 袁贵仁:《马克思主义人学理论研究》,北京师范大学出版社2012年版。

90. 赵敦华:《西方人学观念史》,北京出版社2004年版。

91. 李中华:《中国人学思想史》,北京出版社 2004 年版。

92. 严春友:《人:西方思想家的阐释》,中国社会科学出版社 2005 年版。

93. 刘进田:《文化哲学导论》,法律出版社 1998 年版。

94. 周正刚:《文化哲学论》,研究出版社 2008 年版。

95. 梁漱溟:《东西方文化及其哲学》,商务印书馆 2015 年版。

96. 周晓阳、张多来:《现代文化哲学》,湖南大学出版社 2004 年版。

97. 李鹏程:《当代文化哲学沉思》,人民出版社 1994 年版。

98. 黄力之、张春美:《马克思主义文化哲学与现代性》,上海三联书店 2006 年版。

99. 李燕:《文化释义》,人民出版社 1996 年版。

100. 顾建光:《文化与行为——文化人类学巡礼》,四川人民出版社 1988 年版。

101. 司马云杰:《文化价值论——关于文化建构价值意识的学说》,安徽教育出版社 2011 年版。

102. 万明钢:《文化视野中的人类行为》,甘肃文化出版社 1996 年版。

103. 李炳全:《文化心理学》,上海教育出版社 2007 年版。

104. 孟维杰:《心理学文化品性》,黑龙江大学出版社 2008 年版。

105. 傅铿:《文化:人类的镜子——西方文化理论》,上海人民出版社 1990 年版。

106. 施忠连:《文化的生物——人》,湖南文艺出版社 1988 年版。

107. 梁漱溟:《中国文化的命运》,中信出版社 2010 年版。

108. 房列曙、木华:《中国文化史纲》,科学出版社 2001 年版。

109. 肖川:《教育与文化》,湖南教育出版社 1990 年版。

110. 顾明远:《中国教育的文化基础》,山西教育出版社 2004 年版。

111. 郑金洲:《教育文化学》,人民教育出版社 2000 年版。

112. 刁培萼:《教育文化学通论》,江苏凤凰教育出版社 2014 年版。

113. 沈壮海:《思想政治教育的文化视野》,人民出版社 2005 年版。

114. 柳恩铭:《思想政治教育的文化传承与创新研究》,广东人民出版社2009年版。

115. 鲁洁、王逢贤:《德育新论》,江苏教育出版社2010年版。

116. 蒋一之:《品德发展与道德教育》,浙江大学出版社2013年版。

117. 丁钢:《文化的传递与嬗变:中国文化与教育》,广西师范大学出版社2009年版。

118. 戚万学:《道德教育的文化使命》,教育科学出版社2010年版。

119. 郑忠梅:《文化视野中的思想政治教育研究》,吉林人民出版社2006年版。

120. 李佳国:《当代文化变迁与大学生思想政治教育》,西南财经大学出版社2008年版。

121. 张季菁:《文化视野中的大学生思想政治教育》,宁夏人民出版社2009年版。

122. 肖川:《教育与文化》,湖南教育出版社1990年版。

123. 傅维利、刘民:《文化变迁与教育发展》,四川教育出版社1988年版。

124. 袁贵仁:《价值观的理论与实践　价值观若干问题的思考》,北京师范大学出版社2013年版。

125. 李德顺:《价值新论》,中国青年出版社1933年版。

126. 王玉梁:《理想　信念　信仰与价值观》,陕西人民出版社2001年版。

127. 佘双好:《青少年思想道德现状及健全措施研究》,中国社会科学出版社2010年版。

128. 吴潜涛:《当代中国道德状况调查》,人民出版社2010年版。

129. 宣兆凯:《中国社会价值观现状及演变趋势》,人民出版社2011年版。

130. 孟维杰:《心理学文化品性》,黑龙江大学出版社2008年版。

131. 林崇德:《品德发展心理学》,上海教育出版社1989年版。

132. 沈政、林庶芝:《生理心理学》,北京大学出版社 1993 年版。

133. 费孝通:《乡土中国》,北京大学出版社 2012 年版。

134. 费孝通:《从实求知录》,北京大学出版社 1998 年版。

135. 易法建:《从“生物人”到“道德人” 道德社会化研究》,红旗出版社 2006 年版。

136. 冯建军:《生命与教育》,教育科学出版社 2004 年版。

137. 叶志良:《大众文化》,上海文艺出版社 2003 年版。

138. 邹广文:《当代中国大众文化论》,辽宁大学出版社 2000 年版。

139. 孟建、祁林:《网络文化论纲》,新华出版社 2002 年版。

140. 宋元林:《网络文化与人的发展》,人民出版社 2009 年版。

141. 杨东平、宝丽格、刘胡权:《中国传统文化教育发展报告(2018)》,社会科学出版社 2019 年版。

142. 李昉:《太平御览》,中华书局 1960 年版。

143. 许慎:《说文解字》,岳麓书社 2006 年版。

144.《管子》,时代文艺出版社 2008 年版。

145. 孔丘:《论语》,刘琦译评,吉林文史出版社 2004 年版。

146. 杨永杰、龚树全注:《黄帝内经》,线装书局 2009 年版。

147. 全景芳:《周易・系辞传新编详解》,辽海出版社 1998 年版。

148. 张载:《张载集》,张锡琛点校,中华书局 1978 年版。

149. 庄子:《庄子》,秦简注译,西南师范大学出版社 1995 年版。

150. 吕不韦:《吕氏春秋》,任明、昌明译,上海出版社 2001 年版。

151. 司马迁:《史记》,线装书局 2006 年版。

152. 刘义庆:《世说新语》,刘孝标注,王根林校点,上海古籍出版社 2012 年版。

153. 孔子:《尚书》,周秉钧注释,岳麓书社 2001 年版。

154. 梁鸿:《礼记》,时代文艺出版社 2003 年版。

155. 张觉:《荀子译注》,上海古籍出版社 2012 年版。

156. 郭丹、程小青:《左传》,李彬源译注,中华书局 2012 年版。

157. 任继愈:《中国哲学史　第 2 册　两汉魏晋南北朝部分》,人民出版社 1963 年版。

158. 陈来:《古代宗教与伦理——儒家思想的根源》,生活 · 读书 · 新知三联书店 2009 年版。

159. [德]黑格尔:《精神现象学》,商务印书馆 2013 年版。

160. [德]黑格尔:《精神哲学》,人民出版社 2006 年版。

161. [德]黑格尔:《小逻辑》,贺麟译,上海人民出版社 2009 年版。

162. [美]乔治 · 瓦利恩特:《精神的进化:美好生活的构成》,张庆宗、周琼译,华东师范大学出版社 2018 年版。

163. [德]米夏埃尔 · 兰德曼:《哲学人类学》,张乐天译,上海译文出版社 1988 年版。

164. [德]恩斯特 · 卡西尔:《论人——文化人类哲学导论》,刘述先译,广西师范大学出版社 2006 年版。

165. [德]恩斯特 · 卡西尔:《人论》,甘阳译,上海译文出版社 2004 年版。

166. [美]L.A.怀特:《文化的科学——人类与文明研究》,沈原等译,山东人民出版社 1988 年版。

167. [美]露丝 · 本尼迪克特:《文化模式》,王炜等译,社会科学文献出版社 2009 年版。

168. [美]米德:《三个原始部落的性别与气质》,宋践等译,浙江人民出版社 1988 年版。

169. [美]哈维兰:《当代人类学》,王铭铭译,上海人民出版社 1987 年版。

170. [美]克拉克洪等:《文化与个人》,高佳等译,浙江人民出版社 1986 年版。

171. [美]W.哈奇:《人与文化的理论》,黄应贵等译,黑龙江教育出版社 1988 年版。

172. [美]M.E.斯皮罗:《文化与人性》,徐俊等译,社会科学文献出版社

1999 年版。

173. [美]罗杰·M.基辛:《当代文化人类学概要》,北晨译,浙江人民出版社 1986 年版。

174. [英]菲利普·史密斯:《文化理论——导论》,张鲲译,商务印书馆 2008 年版。

175. [美]亨廷顿、哈里森:《文化的重要作用——价值观如何影响人类进步》,程克雄译,新华出版社 2010 年版。

176. [奥地利]路德维希·维特根斯坦:《文化和价值》,黄正东、唐少杰译,清华大学出版社 1987 年版。

177. [美]克利福德·格尔茨:《文化的解释》,韩莉译,译林出版社 1999 年版。

178. [美]伊恩·罗伯逊:《社会学　上册》,黄育馥译,商务印书馆 1991 年版。

179. [美]弗雷德·艾伦·沃尔夫:《精神的宇宙》,吕捷译,商务印书馆 2005 年版。

180. [美]贝格尔:《神圣的帷幕　宗教社会学理论之要素》,高师宁译,上海人民出版社 1991 年版。

181. [奥]艾·阿德勒:《理解人性》,陈刚、陈旭译,贵州人民出版社 1991 年版。

182. [英]查尔斯·汉迪:《饥饿的灵魂》,刘海民、张建新译,上海三联书店 1999 年版。

183. [苏]阿尔森·古留加:《康德传》,贾泽林等译,商务印书馆 1981 年版。

184. [叙]爱勒吉斯尔:《回教真相》,马坚译,商务印书馆 1951 年版。

185. [美]丹尼尔·贝尔:《资本主义文化矛盾》,赵一凡等译,生活·读书·新知三联书店 1989 年版。

186. 冯青来:《文化与教育——教育理念的文化哲学沉思》,博士学位论文,华中师范大学,2007 年。

187. 杨秀莲:《论人格的文化生成》,博士学位论文,东北师范大学,2007 年。

188. 兰文华:《中华民族共有精神家园现代建构的双重文化进路》,博士学位论文,华中科技大学,2009 年。

189. 张健:《社会主义市场经济背景下人的精神世界研究》,博士学位论文,中共中央党校,2004 年。

190. 朱白薇:《当代青年精神价值追求研究》,博士学位论文,中山大学,2012 年。

191. 王崎峰:《改革开放以来中国大学生精神生活研究》,博士学位论文,武汉理工大学,2012 年。

192. 凌石德:《当代大学生精神追求引导研究》,博士学位论文,湖南师范大学,2015 年。

193. 刘耀霞:《关注人的精神世界与促进人的全面发展》,《理论导刊》2006 年第 2 期。

194. 张天宝:《建构学生完满的精神世界:当代教学活动的重要使命》,《教育研究与实验》2013 年第 3 期。

195. 庞桂美:《人的精神世界的建构与精神教育》,《当代教育科学》2010 年第 7 期。

196. 刘华:《人类精神世界的追寻与阐释——评〈意识的起源与结构〉》,《伦理学研究》2006 年第 3 期。

197. 赵兴良:《试论习近平"中国人的独特精神世界"概念》,《江西社会科学》2015 年第 6 期。

198. 李鹏程:《论文化转型与人的自我意识》,《哲学研究》1994 年第 6 期。

199. 余常德:《简论社会关系"总和"的实现过程》,《探索》1996 年第 3 期。

200. 林坚:《马克思主义视野中的文化思想》,《人文杂志》2011 年第 1 期。

201. 郑发祥、叶浩生:《文化与心理——研究维果斯基文化历史理论的现代意义》,《心理学探新》2004 年第 1 期。

202. 吴松:《教育与文化》,《高等教育研究》2002 年第 6 期。

203. 孟建伟:《教育与文化——关于文化教育的哲学思考》,《教育研究》2013 年第 3 期。

204. 刘献君:《论文化育人》,《高等教育研究》2013 年第 2 期。

205. 李建国:《文化育人的哲学省思》,《高等教育研究》2014 年第 4 期。

206. 李家珉:《文化育人的三维思考》,《思想教育研究》2012 年第 1 期。

207. 张志学:《自我发展与文化环境的相互作用》,《心理发展与教育》1990 年第 2 期。

208. 左益:《社会文化环境与未成年人成长》,《当代青年研究》2009 年第 7 期。

209. 戴钢书:《论文化环境对人的思想道德素质的塑造作用》,江汉论坛 2003 年第 4 期。

210. 石凤妍:《从心理的文化建构看人类心理的文化本质》,《自然辩证法研究》1999 年第 2 期。

211. 万增奎:《论道德自我的文化建构观》,《黑龙江高教研究》2010 年第 9 期。

212. 韩庆祥、王海滨:《当代中国发展的现实逻辑与人的精神世界重建》,《求索》2019 年第 1 期。

213. 万美容、张艳斌:《当代大学生精神生活治理的文化路径》,《马克思主义理论学科研究》2018 年第 2 期。

214. 金飞、冯正垚:《以社会主义核心价值观为引领构建大学生精神生活世界》,《学校党建与思想教育》2019 年第 4 期。

215. 叶方兴:《精神世界的政治呈现——思想政治教育的精神本性初论》,《思想理论教育》2018 年第 10 期。

216. 周游:《以社会主义核心价值观构建当代中国人的精神世界》,《思想理论教育导刊》2017 年第 11 期。

217. 柳礼泉、汤素娥:《社会主义核心价值观生命力的内在特征与外部呈现》,《伦理学研究》2016 年第 6 期。

218. 张志宏:《信息化时代人的精神困境与文化救赎》,《江汉论坛》2016 年第 10 期。

219. 何中华:《关注人的精神世界》,《前线》2002 年第 3 期。

220. 韩庆祥:《重建当代中国人的精神世界》,《中国职工教育》2010 年第 11 期。

221. 刘荣荣:《关注当代人的精神世界——中央党校韩庆祥教授访谈录》,《文明与宣传》2001 年第 9 期。

222. 廖小琴:《论现代消费与人的精神生活发展》,《云南社会科学》2014 年第 1 期。

223. 廖小琴:《再论人的本质——兼谈人的精神生活之理论根据》,《求实》2005 年第 3 期。

224. 陈士锟:《关注青少年的精神追求》,《青少年研究》(山东省团校学报)2002 年第 2 期。

225. 姚定一:《论西方哲学古典理性主义的历史流变》,《四川师范大学学报(社会科学版)》1991 年第 4 期。

226. 郑发祥、叶浩生:《文化与心理——研究维果斯基文化历史理论的现代意义》,《心理学探新》2004 年第 1 期。

227. 丁道群:《文化心理学的兴起》,《心理学探新》2002 年第 1 期。

228. 叶浩生:《试析现代西方心理学的文化转向》,《心理学报》2001 年第 3 期。

229. 葛鲁嘉:《心理生活论纲——关于心理学研究对象的另类考察》,《陕西师范大学学报(哲学社会科学版)》2005 年第 3 期。

230. 李述一:《再论文化无意识——实践活动中文化无意识的参与及再造》,《求索》1990 年第 4 期。

231. 檀传宝:《论儒家德育思想的三大特色与优势》,《教育研究》2002 年第 8 期。

232. 曾屹丹:《价值观冲突对心理健康的影响》,《渝西学院学报(社会科学版)》2004 年第 12 期。

233. 孟建伟:《教育与文化——关于文化教育的哲学思考》,《教育研究》2013 年第 3 期。

234. 颜琪:《大学人文教育与人格塑造:困境与出路》,《上海师范大学学报(哲学社会科学版)》2014 年第 5 期。

后　记

在本书完成之际，我不禁回想起20多年的求学之路，其间有过困惑与迷茫，也有过快乐和满足，但经过时间的沉淀，原本以为过不去的坎、找不到方向的迷茫、走不出瓶颈的彷徨以及坚持不下去的煎熬，这些在当时看似极大的痛苦，现在却没有了很深的印记，留在记忆深处的都是求学带给我的快乐、满足与幸福。我想，经过20多年的求学，我成长了，也成熟了。学习于我而言是一件美好而幸福的事情，它让我遇见一个更好的自己，成为一个自己喜欢的人。在这20多年的求学生涯中，太多太多的人给予我关心、鼓励和帮助，如果没有他们，也许我不会像今天这样感觉到美好和幸福。在此，我要向一路以来给予过我帮助、鼓励与支持的师长、家人与朋友致以最诚挚的谢意！

首先，衷心感谢我的导师万美容教授！万老师渊博的学识、高尚的品德、严谨认真的治学精神以及对学生无私的关爱等等都深深地影响着我，是我为人处世、学术研究的榜样！万老师是引领我进入学术领域的恩师，是他激发了我的学术兴趣，是他为我打开了学术之窗，是他帮助我追求到自己渴望的人生！能够成为恩师的学生，是我这20多年求学路上最幸运的一件事！回想六年的硕博求学，恩师给予我太多的关心、鼓励、指导和帮助，特别是在学习和科研道路上，恩师给予我太多的指导，从小论文的写作到博士论文的定题、开题、撰写、修改，恩师都投入了极大的心血。恩师于我之恩情，非“谢谢”二字能够承载、表达，我唯有永铭师恩，潜心学术，奋力前行，方不辜负恩师的栽培之恩！

其次，由衷感恩我的父母！我的父母是普通农民，他们有着朴实善良、勤劳诚恳、不忘恩义的高尚品格，他们言传身教，教我做善良的人，行正直的事。我的父母学识不多，但是他们思想进步，总是尽他们最大的能力支持我求知、逐梦，总是鼓励我、教导我要做一个对社会有用的人。我的父母给予我宝贵的生命，给予我体验人生的权利和自由，他们对我无私的关爱和支持是我不断成长、不断前行的最大动力！父母之恩，难以为报，唯有不断努力，成为他们所希冀的善良之人，行他们叮嘱的正直之事，做一个对社会有用的人，方不负他们的养育之恩！

再次，诚挚感谢华中师范大学马克思主义学院的张耀灿老师、林剑老师、龙静云老师、梅萍老师、秦在东老师、唐克军老师、何祥林老师、蔡红生老师、谢守成老师，他们对我的学习提供了很多的帮助和启发，在此对各位老师一并致以衷心的感谢！此外，还要感谢一位特别的老师，那就是我的师母——洪星老师。师母就似秋日之菊，恬静淡雅，她看上去总是那么的安宁、美好！师母就似母亲一样的存在，她总是能够理解我们的学术探索之苦，总是尽她所能关心我们的生活点滴，总是时不时地跟我们分享生活趣事，总是为我们创造美好的记忆，她让我们这些在外求学的学子时时能够感受到母亲般的温暖和关爱。有师如此，何其有幸！

最后，还要感谢那些相识于美丽的桂子山，与我一起同行的朋友、同学。正是有他们的陪伴，求学生活才变得丰富有趣。特别是六年的同窗好友徐杨巧、吴长锦、杜朝举、朱逸、张凡、肖薇薇让我的硕博生涯不那么孤单。六年里，我们相互学习、彼此交流，实现了各自的提升与发展，我由衷地感谢他们的陪伴。同时也要感谢导师组的兄弟姐妹，他们给了我数不清的关心和感动、鼓励和支持，有幸与他们同在一个师门,让我感到十分的温暖和幸福,我由衷地感恩能够与他们相识,由衷地感谢他们曾给我的关爱和鼓励!

曾有人说:世间万事的运行其实就是一个圆环,越接近终点就越靠近了起点。的确,很多时候,终点即是起点。于我而言,博士求学之终即是我学术道路之始。我很庆幸且感恩能有这个开始。人生有限,学海无涯,前路漫漫,我必将奋力前行,不断求索,不负父母、师友之恩、之期!

彭红艳

2024 年 6 月 6 日

责任编辑:赵圣涛
封面设计:胡欣欣

图书在版编目(CIP)数据

当代青少年精神世界的文化建构研究 / 彭红艳著.
北京 : 人民出版社,2024. 10. -- ISBN 978-7-01-026802-6

Ⅰ. D432.62

中国国家版本馆 CIP 数据核字第 2024ZP6163 号

当代青少年精神世界的文化建构研究
DANGDAI QINGSHAONIAN JINGSHEN SHIJIE DE WENHUA JIANGOU YANJIU

彭红艳 著

人民出版社 出版发行
(100706 北京市东城区隆福寺街 99 号)

中煤(北京)印务有限公司印刷 新华书店经销

2024 年 10 月第 1 版 2024 年 10 月北京第 1 次印刷
开本:710 毫米×1000 毫米 1/16 印张:17.25
字数:260 千字

ISBN 978-7-01-026802-6 定价:89.00 元

邮购地址 100706 北京市东城区隆福寺街 99 号
人民东方图书销售中心 电话 (010)65250042 65289539